D0207585

Sprachtraumata in den Texten Wolfgang Hilbigs

DDR-Studien/East German Studies

Richard Zipser
General Editor

Vol. 10

PETER LANG
New York • Washington, D.C./Baltimore
Bern • Frankfurt am Main • Berlin • Vienna • Paris

Gabriele Eckart

Sprachtraumata in den Texten Wolfgang Hilbigs

PETER LANG
New York • Washington, D.C./Baltimore
Bern • Frankfurt am Main • Berlin • Vienna • Paris

Library of Congress Cataloging-in-Publication Data

Eckart, Gabriele.
Sprachtraumata in den Texten Wolfgang Hilbigs/ Gabriele Eckart.
p. cm. — (DDR-Studien = East German studies; vol. 10)
Includes bibliographical references and index.
1. Hilbig, Wolfgang, 1941- —Criticism and interpretation. I. Title.
II. Series: East German studies; vol. 10.
PT2668.I323Z65 833'.914—dc20 94-26825
ISBN 0-8204-2645-8
ISSN 0893-6919

Die Deutsche Bibliothek-CIP-Einheitsaufnahme

Eckart, Gabriele:
Sprachtraumata in den Texten Wolfgang Hilbigs/ Gabriele Eckart.
- New York; Washington, D.C./Baltimore; San Francisco; Bern;
Frankfurt am Main; Berlin; Vienna; Paris: Lang.
(DDR-Studien; Vol. 10)
ISBN 0-8204-2645-8
NE: GT

Cover design by George Lallas.

The paper in this book meets the guidelines for permanence and durability
of the Committee on Production Guidelines for Book Longevity
of the Council of Library Resources.

Printed in the United States of America.

Dank

Ich danke Professor Jochen Schulte-Sasse dafür, daß er mich zum Studium der Theorie zwang und bei der Arbeit an diesem Text mit klugen Hinweisen unterstützte. Auch gilt mein Dank Professor Janet Swaffar und Professor Frank Hirschbach, die mich für dieses Projekt unentwegt ermuntert hatten. Der Universität von Minnesota danke ich für die finanzielle Hilfe.

Inhaltsverzeichnis

Liste der Abkürzungen

Zitate aus den Büchern Wolfgang Hilbigs werden im Text unter den folgenden Abkürzungen sowie den entsprechenden Seitenzahlen markiert:

A	*Abwesenheit*. Frankfurt a.M.: Fischer, 1979.
UN	*Unterm Neomond*. Frankfurt a.M.: Fischer, 1982.
DB	*Der Brief*. Frankfurt a.M.: Fischer, 1985.
DV	*Die Versprengung*. Frankfurt a.M.: Fischer, 1986.
DW	*Die Weiber*. Frankfurt a.M.: Fischer: 1987.
EÜ	*Eine Übertragung*. Frankfurt a.M.: Fischer, 1989.
AA	*Alte Abdeckerei*. Frankfurt a.M.: Fischer, 1991.
ZP	*Zwischen den Paradiesen*. Leipzig: Reclam, 1992.

Einleitung

Wolfgang Hilbigs Text als ein Beispiel dessen, was wir mit Deleuze und Guattari als eine *kleine Literatur* bezeichnen. Zur Methode meiner Arbeit.

> Offenbar hatte ich mich aus diesem Grund immer vehement gewehrt, wenn man mich als Arbeiterschriftsteller apostrophierte. Und meine Gegenwehr erschien mir völlig vernünftig, weil diese Kategorie auf mich wirklich zutraf... nur war diese wohlmeinende Kategorisierung nicht von der gleichen Konsequenz getrübt wie bei mir: für mich lauerte der Tod in dieser Konstellation.
> Wolfgang Hilbig (EÜ,73)

Wolfgang Hilbigs Texte konstituieren innerhalb der DDR-Literatur etwas, das wir seit einigen Jahren als eine *kleine Literatur* (littérature mineure) bezeichnen, und Deleuze und Guattari zufolge "gibt es nichts, das groß oder revolutionär ist außer dem kleinen."[1] Zwar lebt Wolfgang Hilbig nicht innerhalb einer sprachlichen Minorität wie etwa Kafka als Mitglied der deutschsprachigen jüdischen Gemeinde in Prag. Hilbig schrieb seine Bücher vor allem in Meuselwitz, inmitten des sächsischen Braunkohlenreviers, auf Deutsch mitten in Deutschland, allein er schreibt so, wie ein Hund ein Loch gräbt, wie sich eine Ratte eine Höhle buddelt. Mit dieser Umschreibung drücken Deleuze und Guattari das Wesen einer *kleinen Literatur* aus. Anders gesagt, es geht darum, "seinen eigenen Punkt der Unterentwicklung zu finden, seinen eigenen *patois*, seine eigene dritte Welt, seine eigene Wüste... innerhalb einer Hauptsprache einen anderen Gebrauch dieser Sprache zu etablieren."[2]

Gelingt dir dies, schreibst du wie ein Fremder *in* deiner eigenen Sprache, verfaßt du *kleine Literatur.*

Dieser großartige Begriff erlaubt mir, Wolfgang Hilbigs Text aus der DDR- Literatur, in der er sich fremd ausnimmt, herauszuheben, ohne daß ich ihn einer Arbeiterliteratur zuordnen muß. Letzteres böte sich an, hat dieser "Kafka aus Meuselwitz"[3] doch seine beiden bislang erschienenen Lyrik- und die Mehrzahl seiner Prosabände verfaßt, während er hauptberuflich als Werkzeugmacher, Erdbauarbeiter, Außenmonteur, Hilfsschlosser und schließlich als Heizer beschäftigt war. Allein Wolfgang Hilbig sträubt sich meines Erachtens zu recht dagegen, in die Schublade einer Arbeiterliteratur gesteckt zu werden, denn diesen Begriff habe "das sogenannte Bildungsbürgertum" erfunden, um sein "Schuldempfinden... gegenüber dem unterdrückten Geist in diesen (den unteren) Klassen" zu relativieren. Bezeichnet dieses Bürgertum den Geist eines schreibenden Arbeiters als "unverfälscht", so entspringt dieser Trugschluß

> der Annahme, etwas wie Geist ließe sich entwickeln oder ausbreiten ohne die Mittel, die zur Ausführung von Gedanken nötig sind... wie absurd. Der Geist existiert doch gar nicht ohne sein Material, er ist womöglich das Material selbst... Und das Material, die geistigen Produktionsmittel, sie waren bisher nie in den Händen der unterprivilegierten Klassen.(DB,87f.)

Hinzukommt, daß der Begriff Arbeiterliteratur durch die Kampagne des *Bitterfelder Weges* in der DDR kompromittiert wurde. Mit einem phantastischen Aufwand an Propaganda wurden einerseits die Schriftsteller aufgerufen, in die Fabriken zu eilen, um dort den "vorbildlichen Menschen"[4] (auch *Held der Arbeit* genannt) zu entdecken, andererseits sollten die Arbeiter selbst literarische Texte verfassen–die Losung: *Greif zur Feder, Kumpel!* Selbstverständlich gab die Partei für diese erwünschte Literatur die Normen vor; jene verhinderten jede ernstzunehmende literarische Artikulation. Der Arbeiter und Schriftsteller Wolfgang Hilbig verschmähte es, diesen Normen Genüge zu tun. Dies ist einer der Gründe dafür, daß seine Texte in der DDR nicht verlegt wurden, von einer schmalen Auswahl Gedichte abgesehen. Den wesentlichen Grund für das Verbot seiner Texte sehe ich allerdings darin, daß er eben das verfaßte, was wir heute als eine *kleine Literatur* bezeichnen, für das geschlossene System der DDR und für jedes System ein revolutionärer Sprengstoff.

Worum handelt es sich bei dieser anderen, kleinen (nicht im Sinn von minderwertigen, sondern von aufrührerischen) Praxis innerhalb einer Hauptsprache? Es handelt sich um eine literarische Kultur mit einer unmittelbar politischen Funktion; soziale Repräsentationen werden dabei so radikal zerbrochen, wie dies keiner etablierten literarischen Praxis gelingt (man denke nur an Kafkas Umgang mit der bürokratischen Ordnung des Habsburger Reiches). Als Grundsatz gilt, daß dabei eher kollektive als individuelle Äußerungen gefördert werden, Literatur sei Deleuze und Guattari zufolge eine "kollektive Maschine des Ausdrucks"[5]. Trifft diese Charakterisierung in Hilbigs Fall zu? Sein Protagonist, stets ein Kollektiv in sich selbst, fragmentiert in die verschiedensten "Personen", die die komplizierte Montage aus Gewalt, Illusion und alltäglicher Banalität in der sie umgebenden Gesellschaft debattieren. Als Resultat erscheint Hilbigs Text als der verbotene Ausdruck der in den Strukturen jener Gesellschaft notwendig Zu- Kurz-Gekommenen. Doch dies genügt nicht. In einer *kleinen Literatur* ist generell die individuellste Äußerung eines Dichters ein besonderer Fall von kollektivem Ausdruck–

> sie erscheint notwendig als eine Funktion einer nationalen, politischen und sozialen Gemeinde, selbst, wenn die objektiven Bedingungen dieser Gemeinde im Augenblick noch nicht gegeben sind, außer in der literarischen Äußerung.[6]

Der Dichter und diese virtuelle Gemeinschaft bilden Deleuze und Guattari zufolge gemeinsam eine kollektive Maschine (assemblage) der Äußerung. Das, was dieses Gebilde äußert, ist nicht mehr die Aussage eines Subjekts wie in der etablierten Literatur, wodurch auch die Trennung in ein sich äußerndes Subjekt (Erzähler) und ein Subjekt der Äußerung (Held) hinfällig wird. Damit wird indessen auch das ganze literaturwissenschaftliche Instrumentarium hinfällig, mit dem wir gewöhnlich Literatur interpretieren, etwa Begriffe wie Erzählerperspektive oder Figurenkonstellation. Obschon ich mir nicht sicher bin, ob es sich bei dem, was in Hilbigs Text spricht, tatsächlich um eine Montage aus "dem aktuellen Junggesellen und der virtuellen Gemeinschaft"[7] handelt, ein rationales, agonistisches, die Wirklichkeit meisterndes Subjekt wie in der sogenannten großen Literatur spricht hier auf keinen Fall. Auch kein Selbst: "Es ist nicht die Stimme meines Selbst, die diesen Diskurs führt"(EÜ,84). Zuweilen spricht ein Ich bei Hilbig, das sich als "ein weiches zitterndes Elend"(EÜ,158) zu erkennen gibt, doch sofort zerfällt oder zerbricht dieses "Elend" in ein *ich* und ein *er*, die teilweise innerhalb eines Absatzes mehrfach wechseln und außerdem ihrerseits fragmentieren. Eine zersplitterte Einheit von Erzähler und Protagonist, deren Bruchstücke miteinander sowie mit Figuren einer Außenwelt kommunizieren, die bezeichnenderweise zunehmend ihre Realität verliert. Eine Kommunikation, bei der man nie gewiß sein kann, ob es sich um einen wirklichen oder einen fiktiven Dialog handelt, um eine wirkliche Begegnung oder um eine Begegnung in einem Traum. Deshalb sei hier vorab bemerkt, daß es sich in Hilbigs Text strenggenommen um keinen Erzähler und keine Erzählungen handelt, wenn ich in meiner Arbeit auch in Ermangelung eines geeigneten Vokabulars diese Begriffe benutze. Und plötzlich, wenn dieses sich im Text artikulierende Ich/ "Elend" bereits kaum mehr auffindbar scheint, schlüpft es in die Form eines Wir, um mit dessen kollektiver Stimme die Rechte all derer einzuklagen, die ihren Lebensunterhalt verdienen "mit einer schmutzigen minderklassigen Arbeit, die uns an den Rand der Gesellschaft verwiesen hatte, und die eine der Gründe für die Selbstmißachtung war, die in dieser unserer Schicht herrschte."(AA,62) Ein Wir der Exilanten,

> nicht Exilanten aufgrund einer sauberen widerstandsfähigen Idee, sondern solche aus Haltlosigkeit... aus Unbedarftheit, Unwissen, Asozialität, wir waren nicht von den Wurzeln gerissen worden, wir waren exiliert, weil wir Wurzeln und Rechte nie gehabt hatten.(AA,65)

Abgesehen von diesem kollektiven Ausdruck charakterisiert Deleuze und Guattari zufolge eine *kleine Literatur*, daß sie nach Fluchtlinien aus dem bestehenden sozialen, ökonomischen, bürokratischen Kontext sucht. *Fluchtlinie*, dieser Begriff wird für mein Thema von Bedeutung sein; er zielt auf radikale Deterritorialisierungen. Eine Fluchtlinie bei Kafka ist etwa die Verwandlung Gregor Samsas in einen Käfer, die Verwandlung seiner Stimme in einen Tierlaut, in die herrschende symbolische Ordnung nicht mehr integrierbar. Bei Hilbig verwandelt sich der Protagonist niemals in ein Tier, doch seine Sprachtraumata, von denen meine Arbeit handeln wird, bilden eine *Fluchtlinie* aus den ihn umgebenden sozialen und ökonomischen Zusammenhängen des Staatssozialismus der DDR. Und damit auch eine *Fluchtlinie* aus der zu diesem Kontext gehörigen Ästhetik des sozialistischen Realismus, die Wolfgang Hilbig als eine institutionalisierte Form der Wunschbeherrschung entlarvt. Hilbigs Text wird bisweilen mit einer Ästhetik des Häßlichen[8] kurzgeschlossen; ich werde mich später damit auseinandersetzen, hier soviel: Wolfgang Hilbig stellt der von ihm attackierten herrschenden Ästhetik keine neue Ästhetik entgegen, weil er meines Erachtens begreift, daß jede Ästhetik der Gefahr einer Institutionalisierung ausgesetzt ist und sich folgerichtig in unentwirrbare Aporien verstrickt. *Kleine Literatur* ist Deleuze und Guattari zufolge eine Literatur des Experiments; Hilbigs Texte sind Experimente, oder besser gesagt: Berichte über Experimente[9] mit dem gegebenen, für Hilbig nicht akzeptablen politisch- ökonomischen Zusammenhang, zu dem auch die Sprache gehört: "meine Umwelt... ein Bestand von Sprache"(EÜ,162).

Unbehagen angesichts der Sprache–jeder Text Wolfgang Hilbigs schlägt sogleich dieses Thema an. Sehen wir zum Beispiel in seinen Erzählungsband *Der Brief*, so setzt die erste Erzählung damit ein, daß ein Protagonist auf einem "der zu Tode beschriebenen Flüsse"(DB,7) fährt, in der nächsten Erzählung werden eingangs zwei vom Protagonisten verworfene Textfragmente zitiert, die kaum mehr leserlich am Boden einer Weinflasche kleben(DB,77f.), die dritte Erzählung beginnt mit den Worten: "Zu Beginn dieses Sommers–ein Wortklang, der mir so hohl und nichtssagend in den Ohren hallt" (DB,168f.), darauf verschließt der Protagonist für immer seinen Schreibtisch, weil alles, was er zu schreiben vermöchte, von den "Aufsichtsbeamten (s)einer Gegenwart" nur belächelt würde. Ich werde später die Strukturen der Manifestation von Sprachkrise, für die hier drei verschiedene Beispiele vor uns liegen, unterscheiden und analysieren. Bei dem besonderen Gebrauch der Sprache, auf den Deleuze und Guattari mit ihrem

Begriff *kleine Literatur* hinauswollen, geht es genau um das, was sich in den drei zitierten Textstellen bereits andeutet: um eine Deterritorialisierung der Sprache, ihre Befreiung aus der herrschenden Ordnung der Repräsentationen, obschon Hilbig die überschwengliche Gewißheit Deleuzes und Guattaris darüber kaum zu teilen scheint, daß dieses Unternehmen auch wirklich gelingt. Jedenfalls befiehlt er in seinem programmatischen Gedicht "sprache" dieser am Ende: "zurück in die leere. tod-/ scheißender wallach"(DV,67).

Ich gebe Ronald Bogue recht, wenn er bemerkt, daß es Deleuze und Guattari in ihrem Buch *Kafka: Pour Une Littérature Mineure* nicht gelingt, Kafkas anderen, nämlich intensiven, asignifikanten Gebrauch der Sprache wirklich nachzuweisen. Zitieren sie doch Passagen aus Kafkas Text, in denen der Erzähler asignifikante Töne beschreibt, allein sie bringen keine Beispiele für Kafkas *mineure*-Stil als solchen.[10] Dagegen verweist Bogue auf Deleuzes Analyse der Malweise Francis Bacons, in der Deleuze anmerkt, für den modernen Künstler sei die nackte Leinwand keine *tabula rasa*, sondern ein Raum unbewußter visueller Vorurteile und aufgesogener Konventionen der Repräsentation, die der Künstler an die Leinwand heranträgt und gegen die er in seiner Arbeit ankämpft, die er zu besiegen, denen er zu entfliehen oder die er zu unterlaufen versucht. Das gelingt Francis Bacon dann, wenn ihm der Pinsel zufällig ausrutscht, kleine Inseln von Chaos erzeugend, die Bacon ein Diagramm nennt, welches Deleuze zufolge nicht nur ein Chaos darstellt, sondern auch die Saat einer Ordnung, eines Rhythmus—Anleitung für die Kreation intensiver Reihen von Beziehungen im Bild, die die Figur, die er zu malen begann, deformiert, um aus dem Deformierten eine neue Figur zu erzeugen.[11] Dieser kreative Mechanismus ist meines Erachtens dem Schreibprozeß Wolfgang Hilbigs ähnlich, sein Produkt: Hilbigs Sprachtraumata. Und wie Bacon geht es Hilbig dabei zugleich auch darum, der Gefahr eines abstrakten Formalismus auszuweichen, in dem die Zwänge der Repräsentation nur durch jene eines abstrakten Codes ersetzt werden, der im Extremfall nichts als eine undifferenzierte Masse von Zeichen erzeugt, nicht mehr verständlich. Diese Charakterisierung erlaubt es uns bereits, Hilbigs Texte einerseits von einer traditionellen mimetischen Literatur abzugrenzen, andererseits ebenfalls von einer sprachexperimentellen Literatur wie jener des Dadaismus. In einem bestimmten Maß noch in den Grenzen der Repräsentation bleiben, ist Bacons (und Hilbigs) Strategie, aber es dem Diagramm in jedem Bild/Text erlauben, das menschliche Subjekt zu deterritorialisieren, mit Deleuzes Umschreibung gesagt, eine Zone von Sahara in den Kopf[12] einzuführen.

Wir wissen jetzt, daß Wolfgang Hilbigs Text aus dem Kanon der DDR- Literatur völlig herausfällt; Hilbig war ein Fremder in der Literaturgesellschaft dieses Landes; zu dieser Gesellschaft rechne ich auch die in der DDR nur in Samisdatzeitschriften publizierte, sprachexperimentelle Literatur der Dichter des Prenzlauer Berges. Worin genau unterscheidet sich der Text des 1941 geborenen, ehemaligen Arbeiterschriftstellers Hilbig von der in der DDR offiziell publizierten Literatur, abgesehen davon, daß allein er so schreibt, wie ein Hund ein Loch gräbt? Das Kriterium ist nicht ein größeres Maß an Kritik an den gesellschaftlichen Zuständen, in dieser Hinsicht stehen Hilbig Autoren, die einem kritischen Realismus verpflichtet sind wie Günter de Bruyn oder Erich Loest, kaum nach; das Kriterium ist Hilbigs bereits erwähntes kritisches Sprachbewußtsein, das unentwegt in eine als schmerzhaft erlebte Sinnkrise mündet. Und es sei hiermit gesagt, nicht nur die affirmative Literatur, die die Forderungen der Doktrin des sozialistischen Realismus widerspruchslos erfüllte, auch die kritisch- realistische Literatur der DDR waren von einem strikten Sprachvertrauen geprägt, d.h. von einer Gläubigkeit an die Identität der Zeichen; beide blieben auf verschiedene Weise gefangen in der Ordnung der Repräsentation. Hilbig hat als einer der ersten die Literatur der DDR an die sprachthematisierende Moderne angeschlossen und jene–als ein Angehöriger des 5. Standes, wie er sich selbst bezeichnet–in die Richtung einer *kleinen Literatur* weiterentwickelt. Dies ist seine Leistung.

Ich werde in dieser Arbeit die wesentlichen Unterschiede zwischen der Doktrin des sozialistischen Realismus und Hilbigs *Ausdrucksmaschine* herausarbeiten. Ausdrucksmaschine oder Verkettung ist ein Begriff, mit dem Deleuze Multiplizitäten bezeichnet, die aus vielen heterogenen Ausdrücken gebildet werden, welche scheinbar unvergleichbaren Bereichen zugehören; ihre Einheit besteht lediglich in ihrem Miteinander-Funktionieren–"sie ist Symbiose, 'Sympathie'".[13] Selbstverständlich versuche ich dabei zu zeigen, wie die verschiedenen Schreibstrategien von grundlegenden epistemologischen Unterschieden herrühren (Hilbigs Protagonist im Roman *Eine Übertragung* nagelt sich demonstrativ ein Bildnis Schopenhauers an die Wand; die Autoren des sozialistischen Realismus schreiben selbstverständlich unter dem Porträt eines–stalinistisch interpretierten–Karl Marx). Die "einäugige Oberflächenperspektive"(EÜ,17) des sozialistischen Realismus bedingt notwendig die Form des geschlossenen Kunstwerks. Bei Hilbig haben wir dagegen einen offenen Text vor uns, der jeden Versuch einer narrativen Meisterschaft der Lektüre unausgesetzt zunichte macht. Daran anschließend versuche ich, Hilbigs Verhältnis zur Geschichte der sprachskeptischen Literatur so genau wie möglich zu bestimmen. Diese Geschichte reflektiert den Bruch zwischen Sprache, Bewußtsein und Wirklichkeit, wobei etwa die Sprache auf Grund ihrer Selbstbezüglichkeit als Ursache für diesen Bruch bestimmt wird. In Hilbigs Fall hat die (freilich durch Sprachregelungen versteinerte) Wirklichkeit die Verantwortung für diesen Bruch zu tragen. Eine Wirklichkeit, in die sich Hilbigs Ich-Erzähler als ein Heizer in einem sozialistischen Großbetrieb einzementiert erlebt und aus der er sich als ein Schriftsteller kraft seiner reflexiven Distanz verbannt. Besinnungsloses Eingebundensein in den Prozeß der entfremdeten Arbeit auf der einen, das gesteigerte, doch schmerzhaft isolierte Sprachbewußtsein des Dichters auf der anderen Seite. Das Resultat: ein radikaler Bruch. Ein Bruch durch alles: durch den Körper, der sich nur zerstückelt erleben kann, sich hin-und herwirft zwischen Kastrationsängsten, der Sucht, sich zu verbergen, und Todessehnsucht. Und ein Bruch zwischen dem Bewußtsein (etwa dem Klassenbewußtsein des Arbeiters) und dem Unbewußten, das anarchisch gegen all die Zurichtungen rebelliert, Zurichtungen durch eine scheinbar abstrakte Macht, hinter der sich indessen–von ganz nahem besehen–Formen paranoisch deformierten Begehrens verbergen. Hilbigs Sprachtraumata sind der verzweifelte und als ohnmächtig erkannte Versuch, diesen Bruch sprachlich zu repräsentieren. Und hin und wieder die humorvolle Flucht aus *aller* Repräsentation; dann wird ein Haufen Wörter hergenommen und lustvoll zertrümmert, bevor Hilbig sich abermals der Darstellung dieses Bruchs zuwendet, der freilich nur heilbar wäre, darüber erliegt der Autor keiner Illusion, durch "lebendige", mithin sprachtranszendierende Zeichen.

Hilbig, ein Fremder auch in der Weltliteratur? Diese Frage ungesäumt mit Ja zu beantworten, wie Deleuze und Guattari es im Fall Kafkas tun, wäre voreilig, obschon es auf den ersten Blick so scheint:

> wenn meine Blicke über die Bücherrücken der mir zugänglichen Literatur wanderten, sank ich erledigt zurück... nein, ich hatte keine Verwandten, keine Ahnen, keine Gegner, keine Freunde... das Scheusal, das in meinen Zellen gärte, hatte kein Beispiel.(EÜ,204)

Indessen verehrt Hilbig nicht nur bestimmte Dichter, er rezipiert sie auch, d.h. er benutzt ihre Bilder und Motive, variiert sie, oder er kommuniziert direkt mit ihnen in seinem Unternehmen einer radikalen Selbstreflexion. Von Kafka abgesehen, gegen dessen "Totsagung" in der DDR Hilbig mit einem streitbaren Essay ficht (UN,211-221), sind dies Autoren der Romantik, die angelsächsischen Vertreter der schwarzen Romantik sowie Novalis. In einem frühen Sonett (eine für Hilbig unübliche Gedichtform) ruft er letzteren unkritisch an, später tritt in Hilbigs Beziehung zu Novalis eine starke Ambivalenz, stellt Hilbig doch etwa in den Mittelpunkt einer längeren Erzählung eine geheimnisvolle Blume, die nicht blau, sondern rot ist, sich eigenartigerweise von nach Leichenfleisch riechendem Wasser ernährt, was zur Folge hat, daß der Protagonist eines Tages sich nicht enthalten kann, "mit Zittern, aber mit eisiger Geduld, (s)einen Urin"(DB,188) über die Blume laufen zu lassen. Ich werde im Anschluß an diese Einleitung die Affinität und Distanz von Hilbigs Sprachtraumata zu den Kreationen der Romantik untersuchen.

Zur Methode meiner Arbeit: Daß sich die Metamorphosen von Hilbigs Sprachtraumata nur als Reaktionen auf einen konkreten historischen Kontext lesen lassen, versteht sich von selbst—ein Kontext, demzufolge Hilbigs Texte "ein von den Pinzetten der Sicherheitsleute zerfleischtes Antlitz"(EÜ,75) tragen; sozialkritische Untersuchungsmethoden sind deshalb unumgänglich, das gilt generell für den Umgang mit DDR-Literatur. Ein Literaturhistoriker, der diese Literatur nicht konkret auf den politisch-bürokratischen Kontext bezogen liest, würde etwa in Uwe Kolbes Gedicht “Kern meines Romans” nichts weiter erblicken als eine scheinbar sinnlose Anhäufung von Substantiven und den Text folgerichtig einer Art Sprachartistik wie im Dadaismus zurechnen. Weiß man indessen, daß der Text in der DDR unter strengen Zensurbedingungen verfaßt wurde und prüft ihn unter diesem Gesichtspunkt, so entpuppt sich die Sprachartistik als eine Camouflage zur Überlistung der Zensurbehörde. Die ersten Buchstaben aller Worte zusammen gezogen, ergeben eine eindeutige Botschaft:

> Eure Maße sind elend. Euren Forderungen genügen Schleimer. Eure ehmals blutige Fahne bläht sich träge zum Bauch. Eurem Heldentum den Opfern widme ich einen Orgasmus. Euch mächtige Greise zerfetze die tägliche Revolution.[14]

An diesem Beispiel wird deutlich, daß DDR- Literatur nicht allein ein sozialkritisches, sondern auch ein sehr genaues Lesen erfordert, welches freilich niemals genau genug sein kann: unendlich die verschlüsselten Botschaften zwischen den Zeilen, Worten, Buchstaben. Das, was wir gewöhnlich mit dem Begriff Lesen bezeichnen, ist Wolfgang Hilbig zufolge übrigens unzureichend: “Gäbe es den Leser, nur mit den Augen, nein mit Feuer und Schwert, nur mit dem Mund spie er all seine Wörter ins leere Buch”(UN,45). Jener, der liest, produziert erst den Text–diesen Leser gibt aus der Perspektive der DDR im Jahr 1973 freilich nur in der Utopie.

Allein eine sozialhistorische Methode genügt nicht zur Untersuchung von Hilbigs Sprachtraumata, verknüpft doch Hilbig seine Reflexionen über den Zusammenhang von Sprache, Subjekt und Geschichte allzu nachdrücklich mit einem Hinweis auf die Bedeutung des “riesigen(n) Monopol(s) des menschlichen Unbewußten, das wie eine zweite antimaterielle Erde simultan mit der uns bekannten Erde, und unsichtbar neben ihr, durch das All kreist.”(EÜ,54) Hilbig verweist auf die Differenz zwischen dem Bewußten und dem Unbewußten. Was als Methode nottut, ist eine Denkstrategie, die beides miteinander verknüpft: Sprachphilosophie und Wissenschaft über das Unbewußte, d.h. die Psychoanalyse. Diese Denkstrategie setzt mit Schopenhauer und Nietzsche ein (von Hilbigs Verehrung für Schopenhauer war bereits die Rede; Nietzsches Name wird mehrfach angerufen, sein Motiv vom Tod Gottes intensiv variiert). Heute führt Nietzsches Erbe der Post-oder Neostrukturalismus fort: es geht dabei stets und zuallererst um die Folgen der materiellen Differentialität der Sprache für das menschliche Subjekt. Im Hinblick auf mein Thema ist der fraglos bedeutendste Text Hilbigs die Erzählung *Die Weiber*, in dem es dem Autor um die Entbindung der Wunschströme zu tun ist, um die Befreiung des Begehrens von den gesellschaftlichen Zurichtungen (die hauptsächlich sprachlich vermittelt werden). Das gleiche Anliegen verfolgen Gilles Deleuze und Felix Guattari in ihren verschiedenen Publikationen; deshalb bevorzuge ich ihr theoretisches Vokabular, obschon es Jaques Lacan in vielen Fragen besser weiß. Aber weiß er es besser? Es gehört zu unserer wissenschaftlichen Unart, jede Bestimmung in einer Verneinung gründen zu lassen. Das heißt zum Beispiel, wenn wir Lacan zitieren, der vom Unbewußten sagt, es sei wie eine Sprache strukturiert, schließen wir damit aus, daß das Unbewußte eine Wunschmaschine ist wie bei Deleuze und Guattari, und umgekehrt[15]. In Wolfgang Hilbigs Text erscheint das Unbewußte jedoch als beides, das einemal als eine Art Wunschmaschine, das anderemal als etwas von vornherein Fremdbestimmtes wie bei Lacan, entsprechend den wechselnden Perspektiven, unter denen sich dem Erzähler sein eigenes Selbst darbietet. Deshalb werde ich mit den wissenschaftlichen Definitionen über Phänomene wie das Unbewußte oder die Sprache so umgehen, wie Heisenberg mit jenen über das Elektron: es hängt von der Betrachtungsperspektive ab, ob es eine Welle oder ein Korpuskel ist.

Mich besticht, was die Wahl einer Terminologie betrifft, Michel Foucaults Ratschlag:

> Mach dich los von den alten Kategorien des Negativen (Gesetz, Begrenzung, Kastration, Mangel, Lücke), die dem westlichen Denken solange als heilig galten als eine Form der Macht und eines Zugangs zur Realität. Zieh das Positive und Multiple vor, die Differenz der Uniformität, Flüsse den Einheiten, mobile Arrangements den Systemen.[16]

Diese Terminologie des Positiven erblicke ich bei Nietzsche, bei Foucault sowie bei Deleuze und Guattari. Deshalb werde ich so weit wie möglich ihre Begriffe gebrauchen.

Noch eine wichtige biographische Notiz: Nicht nur nicht verlegt wurde Wolfgang Hilbig in der DDR, von einer schmalen Auswahl Gedichte und Kurzprosa abgesehen[17], für seine erste Publikation im Westen wurde ihm ein Strafverfahren für Devisenvergehen angehängt; 1986 drängte man ihn aus dem Land, fünfundvierzigjährig. In der Bundesrepublik wurde Wolfgang Hilbig unverzüglich Ruhm zuteil. Kaum ein Preis, um den sich Hilbig bewarb, und den er nicht bekam. In Hülle und Fülle enthusiastische Rezensionen. Rezensionen allerdings, die ihre Ratlosigkeit nicht verbergen können, worum es sich bei Hilbigs Text eigentlich handelt. Eine Art "Kellerreden", dieses Gesamtbild wird nicht ohne eine Spur peinlicher Berührtheit vermittelt, von "Jack the Ripper"[18].

Fußnoten

1 Gilles Deleuze and Felix Guattari. *Kafka Pour une Littérature Mineure*. Paris: Les Éditions de Minuit, 1975,48. Leider ist in der deutschen Übersetzung der Begriff "littérature mineure" mißverständlich. Sie ist nicht die Literatur eines kleinen Landes oder eine minderwertige Literatur, sondern die Literatur einer (sprachlichen, politischen) Minorität.

2 Ebda.,33.

3 "Bücherspiegel" *Der Spiegel*. 49 (1989):246.

4 siehe dazu Manfred Jäger. *Kultur und Politik in der DDR*. Köln: Edition Deutschlandarchiv, 1982,88.

5 Deleuze und Guattari. *Kafka*. a.a.O.,34.

6 Ebda.,149.

7 Ebda.,150.

8 etwa in Ulf Heise. *Müdigkeit über dem Weichbild des Aufbaus*. Thüringer Tageblatt 6.6.1991.

9 Deleuze und Guattari verwenden diese Formulierung, um Kafkas literarische Behandlung des Justizapparats des Habsburgischen Reiches zu umschreiben.

10 Ronald Bogue. *Deleuze and Guattari*. London and New York: Routledge, 1989, 121.

11 Ebda.,120.

12 Gilles Deleuze. *Francis Bacon: The Logic of Sensation*. Paris: Edition de la difference, 1981,65.

13 Gilles Deleuze and Claire Parnet. *Dialoge*. Frankfurt a.M.: suhrkamp, 1980,76.

14 *Bestandsaufnahme 2*. Halle und Leipzig: Mitteldeutscher Verlag, 1981,82f.

15 Der späte Lacan beschreibt allerdings mit seinem Begriff *jouissance* als eines im Unbewußten verankerten Exzesses, der den Rahmen der symbolischen Ordnung sprengt, das Unbewußte auf eine Weise, die gewisse Ähnlichkeit mit der Definition Deleuzes und Guattaris zeigt.

16 Michel Foucault. "Preface". Deleuze and Guattari. *Anti- Oedipus*. Minneapolis: University of Minnesota Press, 1990,XIII.

17 Wolfgang Hilbig. *stimme stimme*. Leipzig: Reclam, 1983.

18 Uwe Wittstock. "Kellerreden von Jack the Ripper" *Frankfurter Allgemeine Zeitung*. 28.11.1987.

Erstes Kapitel

Wolfgang Hilbigs Affinität zur Romantik und was ihn von ihr unterscheidet

> Jedenfalls sagte... ich zu mir, du kannst Amerikaner, Spanier sein, alles, nur das hier, dieser Pseudoalphabetisierte im Keller der sozialistischen Klassengesellschaft, das bist du nicht. Dieses Kriechtier der materialistischen Rassentheorie, das bist du nicht, sagte ich mir. Ich bin Strindberg... bloß habe ichs für eine Weile vergessen.
> Wolfgang Hilbig (EÜ,287)

Ich benutze dieses mich an die Frühromantik erinnernde Statement Hilbigs, um einen Eingang zu finden in das Gebäude seiner unzähligen Reflexionen über die Sprache, über die Fragmentierung des Ich und über das Wechselspiel zwischen beiden. "...der ewige Frieden ist schon da—Gott ist unter uns—hier ist Amerika oder nirgends..."[1] hatte Novalis um 1800 formuliert, eine Zeit, in der Ideal und Wirklichkeit in einer Weise auseinanderzuklaffen begannen, die nicht mehr historisch vermittelbar schien. Um auf ihre zum Himmel schreiende Diskrepanz aufmerksam zu machen, behauptet Novalis das Unmögliche als präsent—eine Provokation, die zu einem reflektiven Gebrauch der Vernunft auffordern möchte, welche ihm mit erschreckender Geschwindigkeit instrumentell zu verkümmern scheint. Fast 200 Jahre später konstatiert Hilbig das schockierende Ergebnis dieses Verkümmerungsprozesses: der Mensch, ein "Kriechtier der materialistischen Rassentheorie". Und mit einem weitaus verzweifelteren Ton als Novalis behauptet er etwas Unmögliches: dieses Kriechtier, das bin ich nicht, ich bin Strindberg!—ein provokativ-anarchistisches Aufbegehren gegen die herrschende Gegenwart, der Ton um so verzweifelter deshalb, da Hilbig von einer historischen Spannung zwischen der miserablen Gegenwart und einer besseren Zukunft absieht. Gewiß, auch Novalis sah von ihr ab, doch existierte diese Zukunft für ihn noch in einer "unendliche(n) Märchenferne", Grund genug, um sie in der Dichtung, etwa in der Idealität romantischer Gesprächssituationen, zu vergegenwärtigen[2]; für den Höllenbreughel[3] Hilbig existiert keine Zukunft mehr, in welcher Ferne sie sich auch immer verbergen mag, die Menschheit am Rand der Apokalypse. Nichtsdestoweniger romantische Motive in Hülle und Fülle, welches von Hilbigs Büchern du auch zur Hand nimmst, sei es in der Erzählung *Die Weiber* das Motiv des Weiblichen als eine revolutionäre, die versteinerte Wirklichkeit aufbrechende Kraft, sei es jenes der Reise, des Traumes, der Musik, des Rollentauschs (etwa zwischen Autor und Protagonist), dazu Hexen und Riesen und Waldeinsamkeit:

> Denn meine Stärke schien mir im Wald zuzuwachsen, in den ich floh, während alles übrige Gelände mich schwächte und versklavte. Der Wald war das Gebiet vergangener Jahrhunderte, er hatte in der Wirtschaft des *jungen Staats* nichts zu suchen, er war eine Gegend aus der Literatur, wabernd vom schwarzgrünen Dunst des Aberglaubens, Gottes Gefild.(EÜ,203)

Hinzu kommt die unausgesetzte Beschwörung der Romantiker als "meine Brüder im Geiste"(DB,11) sowie eine bemerkenswerte Inflation der Farbe blau. "Alles blau in meinem Buche", hatte Novalis im *Heinrich von Ofterdingen*[4] konstatiert; diese Farbe der Romantik hat den Lyriker und Prosaautor Wolfgang Hilbig in ihren Bann geschlagen, selbst wenn die begehrte, geheimnisvolle Blume in Hilbigs Fall rot ist und der Protagonist schließlich auf sie pißt. Ich werde im folgenden die enge, jedoch ambivalente Beziehung Hilbigs zur Romantik analysieren; wie sich später herausstellen wird, ist dies für mein Thema keineswegs überflüssig.

Die Romantik also. Daß Hilbig (und etliche andere DDR-Schriftsteller) sie seit dem Ende der 70er Jahre geradezu zwanghaft zu rezipieren begannen, verwundert nicht angesichts der verwandten Zeitumstände: Damals erstarrten die Träume der französischen Revolution in der Napoleonischen Diktatur; unter dem darauf folgenden gegenrevolutionären Druck versteinerten die politischen Verhältnisse in Deutschland vollends. Diesmal war es spätestens nach der Ausbürgerung Wolf Biermanns 1976 fast allen in der DDR klar geworden, der Traum von der Realisierbarkeit eines menschlichen freiheitlichen Sozialismus war ein für allemal gescheitert (ein Traum, den allerdings Hilbig als ein Angehöriger des 5. Standes, wie er sich selbst bezeichnet, nie teilte; seine Desillusionierung setzt viel früher ein.) Hinzu kommt in beiden Fällen das Entsetzen darüber, daß die Vernunft eines neuen aufklärerischen bzw. marxistischen Gesellschaftsentwurfs in einem blanken Nützlichkeitswahn instrumentell erstarrt ist. Und keine Aktionsmöglichkeiten in Sicht, um sich gegen diesen Prozeß zur Wehr zu setzen, ringsum Apathie und Opportunismus, dazu in Hilbigs Fall "die Angstpolizei, (die) die Dinge unten halten (muß)"(EÜ,281). Als Folge dieser historischen Umstände kommt es in den 70er Jahren in der kritischen DDR- Literatur (deren Sache nicht ein rein instrumentelles Sprechen war wie im sogenannten sozialistischen Realismus) zu einer ähnlichen Wende, wie sie sich am Ende des 18.Jahrhunderts beim Übergang von der Literatur der Aufklärung zu jener der Romantik vollzog: der Begriff des rationalen, autonomen, die Wirklichkeit meisternden Subjekts wurde in Frage gestellt. Und mit ihm der Glaube daran, man könne eine neue gesellschaftliche Ordnung auf der Basis rationaler Einsichten errichten. Die Rationalität, von den Aufklärern sowie den Marxisten zum universellen Prinzip erhoben, zeigte sich bereits den Romantikern als ein Unterdrückungsapparat, führt sie doch im Zuge der Tauschabstraktion in der Moderne zu einer Instrumentalisierung des Denkens, und sie hat sich bis in die heutige Zeit vollends als ein solcher Apparat komprommittiert. "Nicht der Schlaf der Vernunft erzeugt Monster", dies ahnten die Romantiker und dies wissen wir heute, "sondern die aufmerksame, nie schlafende Rationalität."[5] Letztere bezeichnet Wolfgang Hilbig mit dem Begriff *Erkenntniswillkür*, "eine Willkür, die dem Glauben an ein totales Erfassungssystem des Lebens entsprungen war". Und er hält ihr entgegen: "Nein, die Dinge hingen nicht notwendig zusammen, wenn sie zusammenhingen, so waren sie genötigt worden zusammenzuhängen."(EÜ,176)

Unter Rationalismus verstehe ich eine sowohl epistemologische als auch gesellschaftspraktische Haltung, die unsere innere und die äußere Natur nur als ein Objekt wahrnimmt, dem Rationalität aufgeprägt werden müsse, gemäß eines Credos, das der DDR- Autor Erik Neutsch so formuliert:

> Die Welt war erkennbar, sie bestand nicht aus Zufälligkeiten, und dort, wo sie noch immer nicht wissenschaftlich eingerichtet war, mußte man ihrer spröden Natur nachhelfen, mußte man Ordnung schaffen als denkender Mensch.[6]

Den Romantikern sowie Hilbig ist es darum zu tun, das Lebendige (dazu gehört in Hilbigs Fall vor allem der menschliche Körper) zu beschützen vor diesem Herrschaftsgestus der Rationalisten.

Die rationalistischen Ambitionen der Aufklärung, bei denen vornehmlich auf Toleranz als einer Bedingung des Erkenntnisfortschritts Wert gelegt worden war, mutierten in den staatssozialistischen Gesellschaften Osteuropas zu einem Planungs- und Kontrollwahn, der euphemistisch als "die politische Wachsamkeit"[7] bezeichnet wurde; das Ergebnis: ein totalitärer Staat, der seine Grenzen mit "Mördern mit Schnellfeuergewehren besetzt"(EÜ, 134) hielt, und als Kompensation für das Eingesperrtsein seinen Bürgern einen relativen materiellen Wohlstand bot. Hilbig dazu:

> Ich sah mich in einer Zeit, die sich ein und für allemal dazu entschlossen hatte, den Geist mit dem Wohlleben zu vertauschen, für Wohlstand jede Art von Dummheit in Kauf zu nehmen, ja in der Dummheit geradenwegs die erste Bedingung für ein Leben in Wohlstand zu erkennen... in einem Land, in dem nach meinem Dafürhalten die massivste und zäheste Form der Dummheit fest entschlossen war, sich für immer zu etablieren...

Diese Art der Dummheit aber war "die völlig willkommene Schöpfung von Intelligenz."(EÜ,213) Die Dummheit als ein Resultat der "totale(n) Anpassung"[8], mit welcher die Mehrzahl der DDR- Bürger auf den politischen Druck reagierten, und in diesem Sinn von den Mächtigen "rational" kalkuliert. Eine Gesellschaft von "Kriechtieren" das historische Ergebnis des rationalistischen Projekts eines sozialen Ingenieurswesens, mit dem sowohl die Aufklärer als auch die Marxisten die Menschheit planmäßig in die ewige Freiheit, sei es das goldene Zeitalter, sei es die klassenlose Gesellschaft, zu führen beabsichtigt hatten.

Es sei an dieser Stelle bemerkt, Wolfgang Hilbig neigt (meines Erachtens mit Recht) keineswegs dazu, die Aufklärung, so wie sie sich als ein historisches sowie epistemologisches Phänomen im 18. Jahrhundert zu erkennen gab, für die auf dem Boden des Staatssozialismus herrschende "Objektivität von Gewehrläufen"(EÜ,249) verantwortlich zu machen. Was kann sie dafür, daß ihre Utopie in Hilbigs Gesellschaft "zur Lüge erstarrte" (EÜ,162), ihre Fortschrittsgedanken "zu Glaubensforderungen religiöser Art"(ZP,239) verkamen, die sich "in den schamanenhaft rhythmisierten Sprechchören neurotischer Allmachtsphantasien manifestierten"(ZP,240). Die Nazis hatten mit ihrer Rhetorik vom Mythos die Romantik mißbraucht, um ihre Macht zu legitimieren, die "führende Kaste"(EÜ,242) der DDR griff für ihre Zwecke nach der Aufklärung. Schuld, soweit man von Schuld überhaupt sprechen kann, an den totalitären Entgleisungen auf deutschem Boden während dieses Jahrhunderts ist eher etwas, dessen Vorform bereits die Frühromantiker konstatierten, man könnte es als die "Verpreußung Deutschlands"[9] bezeichnen: eine immense Produktion von verdinglichtem Bewußtsein, d.h. der Bereitschaft, sich widerstandslos einem bürokratischen Regime reiner Sachbeziehungen unterzuordnen. Eine ehemalige DDR- Bürgerin in einem Interview mit Helga Königsdorf:

> Ich bin immer davon ausgegangen, ich habe meine Arbeitskraft der Gesellschaft zur Verfügung zu stellen. Ich vereinfache das jetzt. Aber ich brauche kein Segelboot, ich wollte nicht segeln. Ich wollte zur Verfügung stehen.[10]

Das Zur-Verfügung-Stehen-Wollen wird Selbstzweck, man fragt nicht mehr nach dem Wozu. Eine spezifisch deutsche Bereitschaft zu jedweder Perfektion, die die Jüdin Lea Fleischmann veranlaßte, aus der Bundesrepublik nach Israel umzuziehen:

> Es ist kein Wunder, daß aus den perfekten Faschisten perfekte Demokraten in der Bundesrepublik und perfekte Kommunisten in der DDR geworden sind, nur sind diese nicht demokratisch und jene nicht kommunistisch, sie sind nur perfekt.[11]

Hilbig läßt keinen Zweifel daran, die pervertierte Aufklärung mit der "fatale(n) Logik ihres Automatendenkens"(ZP,209) ist ein spezifisch deutsches Phänomen. Und daß er selbst so verzweifelt gegen sie ficht, ist nicht zuletzt ein Ausdruck dessen, daß er zu den "*Undeutsche(n)*" (DB,98) gehört; sein Großvater, in dessen Haus er aufwuchs, wanderte um 1900 aus Galizien ein.

Ein historischer Grund für Hilbigs Affinität zur Romantik mag sein, daß sich auch die romantische Gesellschaftskritik keineswegs nur gegen die sich entwickelnde bürgerlich-kapitalistische Gesellschaft wandte. Vielmehr bezieht sie sich auf spezifisch deutsche Zustände, ihr Affront richtet sich "historisch präzis gegen die Interessenkoalition von regierendem Adel und Wirtschaftsbürgertum im aufgeklärten Absolutismus"[12], eine Situation, die zur Folge hat, daß sich Wirtschaftssystem und politisches Regime ausgesprochen eng miteinander verbinden; mittels einer zentralistischen Planung soll die in England und in den Niederlanden beobachtete ökonomische Überlegenheit auch in den absolutistisch regierten Fürstentümern Deutschlands herbeigeführt werden, dafür das aufklärerisch- zentralistische Projekt. Im Zuge dieses Projekts zwei neue Universitätsdisziplinen, die Kameralistik und die Polizeiwissenschaft:

> Zentralistische, wissenschaftlich geleitete Planung sollte das größtmögliche Glück einer höchstmöglichen Zahl von Gesellschaftsmitgliedern herbeiführen. 'Glück', ein von den Romantikern häufig verspotteter Begriff, wird in den kameralistischen Schriften als jener gesellschaftliche Zustand definiert, der durch die politische Absicherung innerer und äußerer Sicherheit, durch eine Vermehrung der Bevölkerung (lies: Arbeitskräfte), durch Schaffung zusätzlicher Einkommensquellen in Landwirtschaft und Industrie erreicht wird.[13]

Friedrich Schlegel dazu in seiner Forster-Rezension: "daß nichts seinem Kopfe und Herzen mehr widerstehen konnte als die Lehre, der einsichtsvollere Herrscher dürfe die Untertanen zwingen, nach seiner Willkür glücklich zu werden."[14] Die Parallelen zum Projekt des Staatssozialismus liegen auf der Hand: mittels eines rationalistischen Projekts der Leitung und Lenkung der Gesellschaft und der pädagogischen Umformung aller zu sozialistischen Persönlichkeiten hofften die "Ideologen des aufgeklärten Zentralismus" der DDR, die kapitalistischen

Staaten des Westens wirtschaftlich zu überholen. Wozu? Um das Glück aller zu sichern, "das Wohl des Volkes"[15]. Dafür die "politische Absicherung innerer und äußerer Sicherheit", die in der Konsequenz bis zum Bau der Mauer und dem Schießbefehl auf Flüchtlinge führte. Wolfgang Hilbig macht immer wieder deutlich, bei seiner Kritik handelt es sich keineswegs nur um eine Polemik gegen die moderne Zivilisation, d.h. den weltumspannenden Kapitalismus, in welcher letztlich alles "handelsüblich", d.h. der Tauschabstraktion unterworfen ist, selbst das, "was man als das Göttliche bezeichnet"[16], vielmehr ist es ihm in erster Linie um einen Affront gegen diese quasi absolutistische Gesellschaftsstruktur in der DDR zu tun mit ihrer engen Verschränkung von Wirtschafts- und Sicherheitspolitik, die schließlich sogar dazu führte, "daß die Verwaltung ganze Bevölkerungsteile ins Ausland verkaufte"(ZP,163), ganz so wie die deutschen Fürsten einst Landeskinder nach Amerika verschachert hatten. Hilbig spricht hier den Freikauf politischer Häftlinge der DDR durch die Bundesregierung an, der in der DDR der 80er Jahre immense Verhaftungswellen nach sich zog. In seinem Text *Er, nicht ich* plagt sich das Alter Ego des Protagonisten mit dem Entschluß, ob nicht auch er "sich endlich einsperren...lassen, sich zermürben und sodann, für das übliche Lösegeld, deportieren lassen"(ZP,164) sollte. Nur schien es für ihn keineswegs leicht zu sein, einen Käufer zu finden:

> gesucht waren im Ausland rar gewordene, möglichst intakte Personen, für die jedoch–da sie die Verwaltung nur mit einem weinenden Auge ziehen ließ–ungeheure Summen aufgewendet werden mußten, und diese Summen wurden, wie es hieß, immer höher. Weniger intakte Personen, stark zermürbte, also fast untüchtige Personen, geistesgestörte oder demoralisierte Exemplare kosteten dagegen viel weniger, bei Abnahme höherer Stückzahlen, oder bei regelmäßiger Abnahme, im Abonnement sozusagen, gab es deutliche Preisnachlässe, doch wurde es, was leicht einzusehen ist, für die Käufer immer schwieriger, zwischen einem Minimum des geforderten Gebrauchswerts der Ware und dem möglichst niedrig zu veranschlagenden Taxpreis der Ware die richtige Mitte zu finden.(ZP,164)

Die romantische Ironie, in vielen Texten Hilbigs am Werk, um das Verhältnis von Denkendem und Gedachtem zu verwirren, ist in diesem Zitat übrigens in einen schwarzen Humor umgeschlagen, wie er der von Hilbig ebenfalls verehrten Gespensterromantik eignet. (Dazu im siebenten Kapitel mehr.)

Worum handelt es sich genau bei diesem merkwürdigen historischen Gebilde DDR, das sich bei genauerem Hinsehen nachgerade als eine Karikatur auf die absolutistischen Fürstentümer in Deutschland zur Zeit der Romantiker präsentiert? Mich überzeugen am meisten die Analysen Rudolf Bahros in *Die Alternative* sowie Rolf Henrichs in *Der vormundschaftliche Staat.* Bahro und Henrich, beide einer marxistischen Weltanschauung verpflichtet, sind sich darin einig, daß es sich bei den Zuständen in der DDR keineswegs um Sozialismus, d.h. die Nachfolgeformation des Kapitalismus, handelt, so wie es die "offiziellen Gebetsmühlen"[17] unausgesetzt vorklapperten, vielmehr handelt es sich um eine aus der Sowjetunion importierte ökonomische Despotie (eine sozialistische Revolution hatte ihres Erachtens dort 1917 *nicht* stattgefunden), die ihre Wurzel in der von Marx beschriebenen asiatischen Produktionsweise hat. Aus der deutschen Geschichte bereits vorhandene Bewußtseinsstrukturen begünstigten dabei die Übernahme dieser Gesellschaftsform, die Menschen mit hochentwickelten Fähigkeiten zur Anpassung an bürokratische Vollzüge[18] erfordert, einen Charaktertyp, den Heinrich Mann in seinem Roman *Der Untertan* beschrieb. Die asiatische Produktionsweise basiert auf außerökonomischem Zwang, der totalen Bindung des Produzenten an das Territorium, an den Boden und—im Falle einer industriellen Despotie—an die Maschinerie. Dafür der Bau der Mauer, ein spezifisches sozialistisches Arbeitsrecht, das die individuelle Wahl des Arbeitsplatzes ausschloß, sowie die Liquidierung der Verwaltungsgerichtsbarkeit, womit auf die von der deutschen Novemberrevolution erstrittene Freiheit des Einzelnen verzichtet wurde. "Aus der rechtswidrigen Handhabung der öffentlichen Gewalt entstandene Ansprüche"[19] konnten damit nicht mehr geltend gemacht werden. Statt dem sachlichen ökonomischen Zwang des Kapitalverhältnisses also hier ein außerökonomischer Zwang, statt dem doppelt freien Lohnarbeiter des Kapitalismus der "Arbeitssoldat"[20]. Damit einher ging eine scharfe Stratifizierung der Gesellschaft in ein Oben und Unten, in despotische Macht und Subalternität (zum Stratum der herrschenden Politbürokratie gehörte dabei auch der wissenschaftlich-politische Stand der Staatsingenieure). Besonders Bahro widmet sich vornehmlich dem Nachweis, daß es sich bei der Gesellschaft der DDR um eine seit dem Feudalismus nicht mehr dagewesene "geschichtete Gesellschaft"[21] handelt, eine "Schichtenfolge mit harten Übergängen"[22], verbunden mit einer entsprechenden Rechtlosigkeit und Ohnmacht der unteren Ränge, d.h. der individuellen Produzenten. Natürlich erfordert eine solche vormoderne Gesellschaftsstruktur einen für alle verbindlichen transzendenten Anker, dafür wurden einzelne Führerfiguren heilig gesprochen, Stalin als Gott, der Marxismus die entsprechende "Staatsreligion und Rechtfertigungslehre"[23]. Die DDR eine Theokratie, der Parteiapparat Kirchenhierarchie und Überstaat in einem: "nie zuvor waren weltliche und geistliche Autorität derart in einer Hand vereint."[24]. Welchen Aspekt der staatssozialistischen Gesellschaft wir auch betrachten, alles scheint diesem Bild einer Despotie zu entsprechen: etwa die Architektur–an feudale Schlösser oder ägyptische Pyramiden erinnernde Protzbauten ("mit dem Mausoleum angefangen, in dem man Lenin wie einen Pharao mumifizierte"[25]). Dazu als Entsprechung die Potemkinschen Dörfer, "der an Blödsinn heranreichende Selbstbetrug"[26]. Hilbig dazu in seinem Kafka-Essay:

> um die Zarin Katharina II zu täuschen, ließ er (General Potemkin) Häuserfassaden aufstellen, die von fern den Eindruck blühender Dörfer suggerierten.–Das Mißtrauen der unteren Klassen der sichtbaren Wirklichkeit gegenüber erinnert an das Mißtrauen vor Fassaden: je stolzer ihr Äußeres, um so fataler das Nichts dahinter. Es ist das Mißtrauen enttäuschender Erfahrungen, zerschlagener Hoffnungen... (ZP,221)

Aber bei allem Mißtrauen hofften wir dennoch–du wartest auf den Erlöserzaren, der ja tatsächlich bisweilen vom Himmel fällt, in der Gestalt Peters des Großen oder Michael Gorbatschows.

Die Frage stellt sich, warum funktionierte diese Despotie nicht, die in Asien immerhin über Jahrtausende ihre Stabilität bewiesen hatte? Die DDR hatte ihren Platz im 20. Jahrhundert in Europa; der Übergang von der hierarchisch stratifizierten zur funktional ausdifferenzierten Gesellschaft[27] hatte hier vor Jahrhunderten stattgefunden (die Romantiker lebten am äußersten Ende dieser Übergangszeit), keine Mauer konnte dicht genug sein (zudem im Zeitalter der modernen Massenmedien!), um ein Land von dieser es umgebenden Struktur der Moderne vollkommen abzuschotten. Hinzu kommt, die Despotien des Ostens hatten mit einer annähernd gleichbleibend niedrigen Arbeitsproduktivität ihre gigantischen Zeitspannen überdauert. Den Parteidiktatoren des realexistierenden Sozialismus war es indessen darum zu tun, den Kapitalismus ökonomisch zu überholen (Überholen ohne einzuholen!, war der Schlachtruf), maßen sie doch der marxistischen Ideologie zufolge den geschichtlichen Fortschritt einzig an der Entwicklungshöhe der Produktivkräfte. Dieses Ziel stand im Widerspruch zu ihrer Perspektive der unaufhörlich "wachsenden Rolle" der Partei- und Staatsmaschine, d.h. der erstrebten, noch zunehmenden Verhärtung der kristallinen bürokratischen Struktur. Das erste Ziel machte in der verstaatlichten (d.h. keineswegs vergesellschafteten) Wirtschaft der DDR die Anwendung des Leistungsprinzips erforderlich (einschließlich der Existenz des Geldes als allgemeinem Äquivalent sowie der Warennatur der Arbeitskraft), zudem die Aufrechterhaltung der alten Arbeitsteilung (in der, darauf weist Bahro nachdrücklich hin, die soziale Ungleichheit hauptsächlich verankert ist), indessen war jede mögliche Wirtschaftsdynamik dadurch blockiert, daß die kommerziellen Mechanismen fehlten, die etwa das Verhältnis von Angebot und Nachfrage regelten. Außerdem fraß der unaufhörlich wachsende bürokratische Apparat (den das zweite Ziel, die Stärkung von Partei und Staat, erforderte), einen großen Teil des Produktionszuwachses auf, der folglich nicht wieder in die Produktion investiert werden konnte. Das Wichtigste aber: dieser Apparat mit seiner ungeheuren Aufseherpyramide erstickte jede subjektive Initiative; die wichtigste Produktivkraft ist Marx zufolge indessen die menschliche Arbeitskraft. Ich überspringe an dieser Stelle die Gründe, die Bahro zufolge verhinderten, daß das System der Planwirtschaft anstelle kommerzieller Mechanismen funktionierte, um auf die Folgen zu kommen, die diese Zusammensperrung zweier einander ausschließender geschichtlicher Strukturen (wobei hier eine stratifizierte, d.h.streng hierarchische, von einer marktwirtschaftlich strukturierten, d. h. funktional ausdifferenzierten Gesellschaft überdeterminiert wurde) für die menschliche Psyche hatte. Dies ist erforderlich, um zu verstehen, weshalb Hilbig seine Identitäts- sowie Sprachproblematik außer mit dem Hinweis auf seine "Doppelexistenz"(EÜ,46) als Arbeiter und Schriftsteller mit dem tragischen Umstand begründet, daß Gott, d.h. Stalin, starb. Im Falle eines westlichen avantgardistischen Dichters unserer Zeit wirkte eine solche Begründung nachgerade lächerlich. Dabei spielt Hilbig keineswegs nur ironisch mit diesem Motiv. Schildert er beispielsweise die ablehnende Reaktion seiner (proletarischen) Umwelt auf seinen bereits während der Kindheit einsetzenden Schreibzwang mit der Drohung, es werde bald "*andersrum* gehen", dann ist es ihm vollkommen ernst mit dem Zusatz:

> doch über diesem Verdikt hatte er das breite Lächeln Gottes leuchten sehen, mit blendend weißen Zähnen unter dem glitzernden Schnurrbart, und dieses siegessichere Lächeln aus dem überdimensionalen Vatergesicht hatte verkündet, nichts werde andersrum gehen... ich wußte, dass er zu mir mit seiner väterlichen Baßstimme gesagt hätte: Schreib nur, mein Söhnchen, schreib...!(EÜ,244)

Angesichts der "Sicherheit", die von dieser Vaterfigur ausging, eine Sicherheit, angesichts derer "die Endlichkeit... eine so unbedeutende Nebensache geworden" war, bemerkt der Protagonist zunächst nicht "den Tod Gottes", das heißt, über der bloßen Tatsache, daß die Person Stalin starb, übersieht er die symbolische Dimension dieses Todes sowie die Folgen für die eigene Persönlichkeitskonstitution, und er wundert sich zu Recht über das "Weinen... in der Welt". Darauf begreift er. Die Folge "ein lähmendes Grauen" angesichts der Endlichkeit der Sommer und der "blind durch die Leere rudernde(n) Welt".(EÜ,245)

Als in den 7Oer Jahren in der DDR jene heute vielgerühmte Szene (einer inoffiziellen Kunst) entstand, so schreibt Hilbig in einem Vortrag, war die Zeit "jener herrschenden Kaste von Spießern, die sich anmaßte, die Marx- Engelssche Diktatur des Proletariats zu verwirklichen, eigentlich schon vorbei."(ZP,239) Was bedeutet das? War denn die Politbürokratie nicht bis zum November 1989 an der Macht, bis an die Zähne bewaffnet, und all die Jahre mit so prächtigen Potemkinschen Dörfern geschmückt, daß niemand, auch nicht im Westen, ihren baldigen Zusammenbruch vorhersah? Wieso war schon 15 Jahre vorher "ihre Zeit vorbei"? Von dem Zeitpunkt an, den Hilbig mit dem Tod Stalins markiert, bis in die Mitte der 70er Jahre hatte sich in der DDR in den Köpfen mit rasender Geschwindigkeit eine ähnliche Umstrukturierung vollzogen wie in Deutschland zwischen 1650 und 1750 beim Übergang von der stratifizierten zur funktional ausdifferenzierten Gesellschaft. Die hierarchische Ordnung der Despotie, eine Pyramide von Strata mit einem väterlich begütigenden Gott (Stalin) an der Spitze, und einem entsprechenden autoritären Muster der Sozialisation, löste sich auf–zum einen eine Folge der Enthüllungen Chruschtschows über die Verbrechen des Stalinismus auf dem 20. Parteitag der KPdSU, zum anderen eine Wirkung der immer besseren Möglichkeiten, westliche Medien zu empfangen, darunter westliches Werbefernsehen, doch vor allem unter dem Einfluß eines pragmatizistischen Wirtschaftsdenkens, das dringend erforderlich wurde, seit die Parteiführung begriff, allein mit "schulen" (d.h. auf die "richtige Linie" bringen[28]) der Bevölkerung erreichte man nicht die begehrte hohe Arbeitsproduktivität; der Typ des sozialistischen Managers trat neben den schulmeisternden Parteisekretär/Priester der herrschenden Staatsreligion, und mindestens ebenso wichtig wie dein politisches Glaubensbekenntnis wurde deine ökonomische Effizienz für das, was du in den Augen des Staates "wert" bist. Wie weit das rein marktwirtschaftliche Denken unterderhand Fuß faßte, zeigt die Geschwindigkeit, mit der nach der Wende 1989 "quasi über Nacht" westdeutsche Verhältnisse übernommen wurden:

> Aus dem dogmatischsten Funktionär von gestern wird der drahtigste Unternehmer und die lautesten Claqeure der Macht verdammen diese am heftigsten. Sie haben nur den Schritt in ihr unterdrücktes Gegenteil getan und die Identifikationsfiguren gewechselt, die nie einer Ideologie, sondern immer nur einer Autorität angehört haben.[29]

Das Ergebnis jener damaligen (ich spreche von den 60er Jahren) für viele äußerst schmerzhaften, mit Gefühlen der Isolation verbundenen Umstrukturierung im gesellschaftlichen Bewußtsein der DDR, die Hilbig mit "Gott starb" umschreibt, schildert Christa Wolf in ihrer Erzählung *Christa T.*, deren

Heldin ähnlich wie Werther daran zugrunde geht, daß die äußere Welt für das Individuum plötzlich keinen zuverlässigen Orientierungspunkt mehr bietet, und Werther wie Christa T. fehlt es an Zähigkeit wie Zynismus, sich in den neuen Verhältnissen zu arrangieren–"in einem zynischen Rückzug in eingeengte Verhältnisse... in die Aussichtslosigkeit, an der Welt teilnehmen zu können"(ZP,239). Diesen Verhältnissen entspricht in der offiziellen Ideologie etwa der Verzicht auf den Ausdruck "sozialistische Menschengemeinschaft" zur Beschreibung des Gesellschaftszustandes der DDR; man räumte jetzt die Existenz "nichtantagonistischer Widersprüche" sowie eine längere Zeitdauer bis zur Ankunft der klassenlosen Gesellschaft ein. Zwar blieb die hierarchische Gliederung der Gesellschaft in mehr oder weniger privilegierte Kasten, in der jedem seine Rechte und Pflichten genau vorgeschrieben waren, weiter bestehen, allein kaum einer wollte mehr seine Identität entsprechend der Zugehörigkeit zu seinem Stratum definieren, hatte das "Oben" doch sein Prestige verloren, in einem Maß, daß immer mehr begabte Leute sich weigerten, zu studieren, nur, um nicht "aufsteigen" zu müssen. Erich Loest beschreibt diese Verweigerungshaltung in seinem Roman *Es geht seinen Gang*. Statt seine Identität wie in den 50er Jahren in Gott Stalin zu verankern, verankerte man sie fortan zunehmend in einem Traum vom westlichen Wohlstand, der für einige möglich wurde, seit man in sogenannten Intershops westliche Waren erwerben durfte. Der von den Frühromantikern heftig attakierte "Eigennutz" griff wie ein Lauffeuer um sich, und Hilbig reagiert darauf kaum anders als die Frühromantiker: "Ich war zum Bersten angefüllt mit Verachtung für die ihrem Lebensunterhalt, ihrem Luxus, ihrer käuflichen Endlichkeit hinterdreinstürzenden Menschen."[30] Dazu verkamen die öffentlichen Glaubenskundgebungen, die Massenaufmärsche und Fackelzüge, die in den 50er und 60er Jahren eine imaginäre Erfahrung von Gemeinschaft vermittelt hatten, zusehends zur Farce; man machte mit, doch hinterher zu Hause spottete man darüber–die Zeit der 2 Sprachen begann, eine für Schule/ Betrieb, eine andere für den Abendbrottisch, mit der Folge einer "rabiat vollzogene(n) 'Bewußtseinsspaltung': die real existierende Schizophrenie"[31].

Als Reaktion auf diese Auflösungserscheinungen reagierte die Politbürokratie zum einen mit verstärktem politischem Druck (etwa die Verhaftungswellen mit anschließendem Verkauf der Verhafteten unter Einziehung ihres Vermögens oder die Ausbürgerung Wolf Biermanns), einer verstärkten Militarisierung der Gesellschaft (siehe etwa die Einführung des Schulfaches "Wehrerziehung"), zum anderen aber mit einer differenzierteren Privilegienverteilung (etwa Reiseerleichterun gen für sich politisch wohlverhaltende Bürger aus allen Ständen) sowie der Tolerierung künstlerischer Randgruppen, die zwar nicht die Voraussetzungen der sozialistischen Ästhetik teilten, sich jedoch zugleich jeder Gesellschaftskritik enthielten. Alles in allem herrschte ein Zustand vor, der dem Absolutismus zur Zeit der Romantiker keineswegs unähnlich ist: eine moderne, in den internationalen Tauschkreislauf integrierte Gesellschaft, in der indessen Politik und Ökonomie institutionell verschränkt sind (worauf schon das merkwürdige Studienfach "politische Ökonomie" hindeutet, das ich während meines Philosophiestudiums in der DDR belegen mußte)—die Folge ein die Verhältnisse versteinernder Zentralismus sowie Bürokratisierung. Hinzukommen feudalistische Rudimente: Fürst, strengstmögliche Zensur, "Angstpolizei". Genau in dieser Zeit entsteht die Szene, von der Hilbig spricht, diverse Gruppen von jungen Künstlern mit Aussteigerlebensläufen in einigen Großstädten der DDR, abgeschlossene Insider-Gruppen, die in ihren (in Selbstverlagen publizierten) Gedichten sowie poetischen Programmen eine ähnliche ästhetizistische Abkehr von der gesellschaftlichen Wirklichkeit vollzogen wie einst die Frühromantiker. Dabei wenden sie sich wie jene gegen jedwede gesellschaftliche Funktionszuschreibung an Kunst und lehnen damit nicht nur die staatlich geförderte Bestätigungsliteratur des sozialistischen Realismus ab, sondern auch die anspruchsvollere kritisch- sozialistische Literatur, die ihres Erachtens in den Grenzen des kritisierten Systems bleibt.

"in gedichten kann man radikal fuehlen lernen", formuliert Bert Papenfuß- Gorek sein literarisches Programm und nennt als eines seiner Vorbilder Shelley: "jemand, der gute Beziehungen zu Gott hat", wobei Gott für Papenfuß- Gorek "ein Gefühl ist", zu dem er etwa mit Hilfe von Elementargeistern, Elfen, die ihm ein "Medium zwischen Innen und Außen" sind, einen Kontakt finden kann: "das ist aber eigentlich der Weg zu sich selbst"[32]! Kein Zweifel, ein frühromantisches Konzept. Gott/das radikale Gefühl als "ein fester Punkt außer dem Zeitalter" (Friedrich Schlegel[33]), ein Indifferenzpunkt, mit dessen Hilfe es dem Subjekt gelingen soll, die Trennung von Innen und Außen, von Ich und Nicht- Ich, zu überwinden. Das Ziel: du selbst, das autonome Ich; "die Frechheit, als der aufzutreten, der ich bin... das autonom und *un*beeinflußt auszusprechen" (Uwe Kolbe)[34]—wie bei den Frühromantikern wird das Moment der illusionären Freiheit des Ich verstärkt.

Interessanterweise schließt auch Rolf Henrich seine Analyse des Staatssozialismus *Der vormundschaftliche Staat* mit einem romantischen Programm. Seine Empfehlung, wie man die Menschen aus der ökonomischen Despotie der DDR erlösen könnte, erinnert an Novalis' Rezept aus dem *Heinrich von Ofterdingen*: durch Liebe.

> Wo Liebe die Grundrichtung des Handelns bestimmt, entstehen in der Praxis Lebensformen, die gegen Macht und Geld immun sind... Liebe allein kann am Ende das Macht- und Besitz-Ich der Politökonomie niederbrennen.[35]

Die Liebe meint hier romantische Ich-Du-Gemeinschaften als anarchistische Inseln der Freiheit innerhalb der versteinerten Verhältnisse.

Wolfgang Hilbigs *Ausdrucksmaschine* charakterisiert die Eigenart, daß der Autor sich unentwegt, und mit immer heftigeren Anläufen, um die Erhebung aus der sozialen Wirklichkeit als einem ästhetizistischen Befreiungsakt bemüht, doch der Flug mißlingt, oder er gelingt nur einem Bruchteil des Ich, der andere Teil (hauptsächlich die Arbeiter-Hälfte), bleibt in der Wirklichkeit stecken, das Ich zerreißt—mit der Folge, daß der Protagonist sich seiner selbst nicht mehr entsinnen kann, ein *blackout*. In der sich anschließenden qualvollen Selbstreflexion sagt er sich jedesmal schonungslos, daß er sich keineswegs mittels Aufschwüngen der Phantasie und Übungen in reflexiver Vernunft aus der herrschenden Struktur zu befreien vermag, ist diese uns doch in die Körper eingeschrieben, dennoch versucht er es abermals. Von neuem führt sein

> visionäres inneres Auge Verwechslungskomödien vor seinem Verstand (auf), als ein ziemlich verzweifelter Versuch, sich zwischen der tristen Realität, die ihn umgab, und jener höheren, die er erstrebte, eine Beziehung zu schaffen.(DB,128)

Für die erstrebte, "höhere Realität" können wir hier durchaus die Namen der Romantiker: das Absolute/ Gott/ das absolute Ich einsetzen, ein Punkt außerhalb der gesellschaftlichen Totalität. Die gedanklichen "Verwechlungskomödien" entsprechen der romantischen Arbeit des Verwirrens (ein Wechsel von Vereinigung und Trennung, damit von Vermittlung) der binären Oppositionen–die dem Menschen einzig mögliche Weise, um aus dem Endlichen (Hilbigs "trister Realität") in das Unendliche (Hilbigs "höhere Welt"/das Absolute/Gott) aufzusteigen. Gott ist hier selbstverständlich nicht mehr der von der herrschenden Staatsreligion einst apodiktisch verordnete transzendente Anker, der in der DDR den Namen Stalin trug; er vollzog eine Transformation zu einem im Vorbewußten angesiedelten Indifferenzpunkt, damit ein Punkt außerhalb der rationalen Struktur. Das romantische Anliegen: können wir uns einen Moment vorstellen, in dem uns keine Strukturen auferlegt sind, wird mit Hilfe dieses Punktes positiv beantwortet: ja, in der Kunst, als jener Art und Weise, uns diesen Indifferenzpunkt/ Gott zu *denken*. Wolfgang Hilbig, der haargenau das gleiche Anliegen verfolgt, sehnt sich schmerzlich danach, diese optimistische Antwort teilen zu können (zumal er dann auch zu den sogenannten Szene-Lyrikern gehört hätte, eine eingeschworene romantische Gemeinschaft), allein sein besseres Wissen als Arbeiter tritt dazwischen–aus *dieser* Struktur, so begreift er, schert einer nicht mal im Geiste aus:

> Gott, leichenstarr in der erkalteten Halle seines Himmels, hatte keine Möglichkeit mehr, sondernd und helfend in diese Inzestmasse einzugreifen, die ihren Kessel mit Mauern, Elektrozäunen, Minengürteln umzirkt hatte, innerhalb der Pyramide unserer Menschen prallten die bekannten Gesichter laufend zusammen, sie selbst waren sich ihre Grenzen, alles strotzte von Grenzen, nur der Unentrinnbarkeit des Daseins in diesem Clinch waren keine Grenzen gesetzt.(EÜ,314)

Nachts schreibt der Ich-Erzähler jedes seiner Prosa-Texte besessen, um der "Unentrinnbarkeit des Daseins" dennoch imaginär zu entkommen, "meine Sucht nach dem *Geist* schien unersättlich", doch ein grausiges "Gelichter" von Maden gittert plötzlich auf zwischen ihm und seinem "längst unsichtbaren Traumbild" (es handelt sich hier um das Bild des Weiblichen), ein Ungeziefer, das schließlich durch alle Körperöffnungen in ihn einzudringen und sich in ihm festzusetzen beginnt; "es war eine Gegenform von Leben, eine tote, kalte, zunehmende Masse." In dieser Situation konnte ihn freilich "der Geist, nach dem (er) dürstete, nicht erreichen."(DB,114f.) Hilbig, ein Romantiker ohne deren idealistische Voraussetzungen (dies der Grund, weshalb er im Unterschied zu den Szenelyrikern von der Macht nicht toleriert werden konnte.)

Jochen Schulte- Sasse macht darauf aufmerksam, daß die Frühromantiker (und genau darin besteht ihr Idealismus), nicht "die Möglichkeit materialer Einschreibungen einer kognitiv nicht mehr voll und ganz durchdringbaren Totalität in die Physis und Psyche von Individuen"[36] diskutierten—die Voraussetzung für ihre Illusion, der einzelne könne sich kraft des Gebrauchs der reflexiven Vernunft von den Einschreibungen gesellschaftlicher Totalität befreien. Hilbig ist sich, wie gesagt, im Gegensatz zu den Romantikern dieser materialen Einschreibungen in Physis und Psyche vollauf bewußt: "Er (der Heizer in seiner gleichnamigen Erzählung, G.E.) sah sich... als eine ganz erdachte und inszenierte, von einem fast lückenlosen System inszenierte Figur"(UN,133). Der Protagonist in der Erzählung *Der Brief* weiß, seine Fremdbestimmung erreichte ein Maß, "dem ich in einiger Hinsicht das Prädikat phantastisch nicht absprechen konnte"(DB,118). Ein Ausdruck dieser Fremdbestimmung ist etwa das Mißverständnis der Texte Edgar Allen Poes durch den Protagonisten im Text *Der Brief.* Anstatt die Grenzüberschreitung der Realität in dessen Frauendarstellungen wahrzunehmen, liest er Poe "realistisch" und zieht einen falschen, nämlich mimetischen Schluß—"sprachlos vor Zorn erkannte ich die Untat, die das Denken der angewandten Realität an mir begangen hatte. Es kam einem Mord gleich, wußte ich nun."(DB,120). Ein Romantiker schlösse an diese Feststellung die Hoffnung an, er vermöchte sich aus dieser Verstrickung in die instrumentale Vernunft kraft der frei schwebenden Reflexion auf den Flügeln der Universalpoesie befreien, Hilbigs Protagonist folgert dagegen: "daß ich wahrscheinlich noch einmal geboren werden mußte, um ein Denken zu erlernen, daß nicht ein bloßes Vergleichen war." (DB,121)

Was geschah zwischen der Epoche der Romantik und Hilbigs Gegenwart, das einen solch pessimistischen Schluß nahelegt? Nietzsche drückt es mit dem Bild aus: Gott war gestorben, und der höhere Mensch hatte sich auf seinen Platz gesetzt. Sehen wir Gott im Sinne der Frühromantik als einen Indifferenzpunkt, ein Ausdruck für das Nichterfaßte, Nicht- einer binären-Logik- Unterworfene im Menschen, so entspricht sein Tod dem historischen Sieg eines totalen Erfassungssystems des Lebens, welches die Menschen in Hilbigs Augen als "Dämonen" zurückläßt—"die schreckliche Idee einer Welt ohne wenigstens der Illusion eines eigenen Gedankens"(ZP,92) füllt ihre Augenhöhlen.

Michel Foucault zeichnet in seinem Buch *Überwachen und Strafen* den Prozeß nach, der vom klassischen Zeitalter an schrittweise zur Abrichtung der Menschen zu Disziplinarsubjekten (in Hilbigs Sprache: Dämonen) führt—ein Prozeß, der indessen erst um 1830/40 mit der Durchsetzung des Panoptikums (ein Raum, in dem man gesehen wird, ohne selbst zu sehen) voll zum Zuge kommt, zwanzig Jahre nach dem Ende der Frühromantik. Dies ein Prozeß der instrumentellen Codierung des menschlichen Körpers, zum einen durch moderne Disziplinarmechanismen wie den Stundenplan oder die Übung, zum anderen durch das Entstehen der Schriftmacht: "Aufzeichnungsapparate, durch die sich das Individuum als beschreibbarer und analysierbarer Gegenstand konstituiert."[37] Wenn wir gemessen und auf die Norm bezogen werden, erwähnt Foucault dabei am Rande, handelt es sich stets um die Frage, wieviel vom Kind noch in uns steckt, d.h. wieviel an geheimem Irrsinn.[38] Die Romantiker mit ihrer spezifischen Sehnsuchtsstruktur, bei der die Kindheit als ein Ort des Ungetrennten nostalgisch aufgewertet wird, schnitten bei dieser Messung fraglos schlecht ab. Bei Hilbig (auch das unterscheidet ihn von einem Romantiker) funktioniert die Kindheit keineswegs mehr als ein imaginärer Ort der Versöhnung, vielmehr bildet sie einen besonderen Abschnitt des Disziplinierungsprozesses, trotz des strahlenden Bildnisses Gottes/Stalins in jedem Klassenzimmer. Im Wechselspiel mit diesem Prozeß der instrumentellen Codierung der Körper geht eine neue Strukturierung von Raum und Zeit einher: eine gesellschaftliche Zeit serieller, gerichteter Art (mit einer Verengung des Zeitgitters) entsteht sowie ein zellenförmig gegliederter Raum (mit der ständigen Kontrolle jeder Zelle), in welchem die durch die Neugliederung der Zeit segmentierten Körper neu verteilt sind, in einer Weise, die ihre größtmögliche ökonomische Nützlichkeit gewährleistet.

> So formiert sich eine Politik der Zwänge, die am Körper arbeiten, seine Elemente, seine Gesten, seine Verhaltensweisen kalkulieren und manipulieren. Der menschliche Körper geht in eine Machtmaschinerie ein, die ihn durchdringt, zergliedert und wieder zusammensetzt.[39]

Charakteristisch für die Politik der Körper im Staatssozialismus ist eine Verdopplung der Zwänge: eine vormoderne, despotische Bindung der Körper an den Produktionsapparat durch außerökonomische Einengungen (etwa die Mauer) plus jene modernen Zwänge durch engere Zeitgitter, segmentierte Räume und Übungen, so wie sie Foucault beschreibt. Dazu, wie sich die Dressur des sozialistischen Körpers durch Übung, die die Bewegungen bis ins kleinste codiert, vollzog, ein Ausschnitt aus dem Lehrbuch der 9.Klasse im Fach Wehrerziehung unter der Überschrift “Marschieren mit Gesang”:

> Der Titel des zu singenden Liedes wird durch den Zugführer oder einen Gruppenführer festgelegt und in der rechten Reihe der Marschordnung des Zuges nach hinten “durchgesagt”. Der letzte Schüler dieser Reihe informiert mit dem Ruf “*Lied durch!*” darüber, daß allen bekannt ist, welches Lied gesungen werden soll. Danach werden durch die ersten beiden Rotten die ersten Takte des Liedes laut durchgesungen, um die Tonart für den Gesang einheitlich festzulegen. Zum gleichzeitigen Gesangsbeginn wird durch die ersten beiden Rotten “*Drei, Vier!*” gezählt. Das Zählen erfolgt jedesmal auf dem linken Fuß, wobei zwischen beiden Zahlen ein Schritt Pause einzulegen ist. Nach dem Zählen beginnen alle gleichzeitig in der angegeben Tonart mit dem Singen. Der Gesang muß so erfolgen, daß jeweils der betonte Takt mit dem Aufsetzen des linken Fußes übereinstimmt.[40]

Diese Verdopplung vormoderner und moderner Zwänge im Staatssozialismus wird ergänzt durch eine Kombination der zwei verschiedenen historischen Formen von Strafgewalt: das repräsentative, öffentliche, szenische Strafschauspiel der Vormoderne (siehe etwa die Wiederholung der Inquisition in den stalinistischen Schauprozessen, die sich im kleinen in fast jeder Institution der DDR wiederholten, ohne daß sie dort zum Tod der Angeklagten führten) zum einen und zum anderen die die Bestrafung verheimlichenden Bestrafungstechniken der Moderne, "tausend kleine Züchtigungstheater."[41] Hilbig beschreibt als ein Bespiel für das zweite Modell der Bestrafung den Horror, den das Wort *Arbeitshaus* in ihm auslöste, mit welchem ihm während der Kindheit reichlich (um dem Verbrechen Faulheit vorzubeugen) gedroht worden war–Element eines Bestrafungssystems, das eher mit "Hemmzeichen"[42] zu der obligatorischen Gleichschaltung führt. Folge dieser doppelten und damit noch weniger durchschaubaren Ökonomie der Macht (bei der zudem die Ausnahme für die obere Gesellschaftsschicht institutionalisiert wurde) ist eine geschichtlich nicht zuvor dagewesene Ohnmacht des Einzelnen, ihr Ausdruck in der Lyrik "die Metapher eines nach Luft ringenden Ich"(ZP,239). Und natürlich scheiterte das System am Ende an seiner Maßlosigkeit der Zwänge und Bestrafungstechniken, die schließlich zu einem gesellschaftlichen Stillstand führen mußten. Die Macht scheiterte an ihrer eigenen Übermacht, d.h. an sich selbst.

Übrigens macht die Reflexion dieser materialen Einschreibung des gesellschaftlichen Textes in den Körper genau den Unterschied zwischen den Romantikern und Kafka aus, bei dessen Lektüre Hilbigs Ich-Erzähler ausruft: "das erstemal in meinem Leben fand ich *mich* beschrieben!"(DB,114) Denken wir nur an Kafkas Strafkolonie, in der mittels einer Egge aus Glas buchstäblich eine Inschrift im Körper des Gefangenen angebracht wird, die jener dann an den Wunden entziffert. Um 1800, zur Zeit der deutschen Frühromantik, hatte die Einschreibung des gesellschaftlichen Textes in die Psyche und Physis historisch noch nicht jene Tiefe erreicht, die ihre geistige Reflexion provozierte.

Beschrieb ich Hilbigs Affinität zur Romantik, so auch deshalb, weil ich das Etikett "Avantgardismus" vermeiden möchte. Die Avantgarde ist Bodo Heimann[43] zufolge nicht nur (wie in Hilbigs Fall) eine entromantisierte, sondern zugleich eine auf Teilaspekte reduzierte Romantik; das Schöne, die Natur, die Dimension Gottes werden tabuisiert, siehe etwa Marinettis Statement, ein brüllendes Automobil sei schöner als die Nike von Samothrake. Nichts liegt Hilbig ferner als derlei Ausgrenzungen. Dominiert auch die Beschreibung des Häßlichen in seinem Text–seine Streifzüge durch die schöne Natur degenerieren mit deren Verfall zu einem "Schlendern im Schleim"(AA,81)–, das Lechzen nach der Farbe Blau zerreißt sie: die Farbe des Himmels hinter dem Küchenfenster an bestimmten Abenden, jene des Meeres. Blau bei Hilbig, eine Chiffre für das Flüssige und Immaterielle, für Entgrenzung–unpassend in einem avantgardistischen Literaturbegriff. Die Avantgarde scheiterte daran, daß ihre Bemühungen um eine Aufhebung der Kunst (wenn Beuys etwa Bonbons in ein Klavier wirft und Salzsäure hinterherschüttet) unabhängig von den Absichten ihrer Produzenten zu künstlerischen Veranstaltungen wurden[44] und damit vermarktbar. Geht es Wolfgang Hilbig keineswegs um eine Aufhebung der Kunst (sie ist sein Fluchtort aus der versteinerten Wirklichkeit), so doch–und dies ist avantgardistisch an ihm–um eine Rückführung der Kunst in die (seine eigene) Lebenspraxis. "Sein früheres Leben (als Arbeiter)... dies wollte er am liebsten zurückerobern", beschreibt der Protagonist in der Erzählung *Der Brief* das Ziel seiner literarischen Aktivität: "Wiedererlangen aber in einer freien, selbsterwählten Form... die nur eine Kunstform sein konnte." (DB,146) Allein Bodo Heimann zufolge macht gerade dieser Zug, der Drang nach der Verschmelzung von Kunst und Leben, das Frühromantische am Avantgardismus aus, und Hilbig ist sich dieses literarhistorischen Hintergrunds bewußt. So läßt er das zweite Ich seines Protagonisten zu dessen Programm, sein Leben in einer freigewählten Form (d.h. einer Kunstform) neu herzustellen, anmerken:

> Aber es geht schon aus der Sprache dieser Überlegungen hervor, wie weitgehend das Kunstwerk dieses Lebens gängigen literarischen Mustern verpflichtet bleiben mußte... es hatte Ähnlichkeit mit manchen, dem 19. Jahrhundert verhafteten Literaturprodukten, in denen der abhanden gekommene Inhalt durch eine gewisse Form ersetzt ist.(DB,147)

Hilbig spricht hier fraglos von der Romantik.

Nachsatz:
Das Eingangszitat dieses Kapitels machte mir bewußt, wie sehr wir uns hüten müssen, vorschnell psychoanalytische Interpretationsschablonen bei der Lektüre eines Textes anzuwenden, würde doch eine solche Voreile in Hilbigs Fall dazu führen, seine Behauptung "ich bin Strindberg!" als ein Zeugnis von Schizophrenie auszumachen—anstatt als eine rhetorische Strategie, mit welcher der Autor versucht, den ihm von den Machttechniken (etwa durch Marschieren mit Musik) eingeschriebenen Text aufzubrechen. Hilbig dazu: "Ich bin nicht schizophren... viel eher noch wollte ich, ich wäre es."(DB,83) Läßt sich die Auflösung des Selbst nicht zudem als ein Mittel interpretieren, mit dem sich Hilbigs Protagonist dem Zugriff der herrschenden Strafzeichen zu entziehen versucht? Dazu im vierten Kapitel.

Fußnoten

1 Novalis. *Schriften.* Hrsg. von Paul Kluckhohn und Richard Samuel. Stuttgart: W. Kohlhammer, 1960-1975, Bd.III,421.

2 zitiert in: Jochen Schulte- Sasse. "Der Begriff der Literaturkritik in der Romantik" *Geschichte der deutschen Literaturkritik.* Stuttgart: Metzlersche Verlagsbuchhandlung, 1985,103.

3 Adolf Endler beschreibt Hilbig als einen solchen in "Hölle/ Maelstrom/Abwesenheit. Fragmente über Wolfgang Hilbig", Nachwort zu Wolfgang Hilbig. *Zwischen den Paradiesen.* Leipzig: Reclam, 1992,324.

4 Novalis. *Schriften.* a.a.O., Bd.I,346.

5 Gilles Deleuze und Felix Guattari. *Anti- Ödipus.* Frankfurt am Main: Suhrkamp, 1988,144.

6 Erik Neutsch. *Die Spur der Steine.* Halle: Mitteldeutscher Verlag, 1967,915.

7 *Statut der sozialistischen Einheitspartei Deutschlands.* Berlin: Dietz Verlag, 1976,22.

8 Jurek Becker. "Zum Spitzeln gehören immer zwei" *Die Zeit.* 3.August 1990.

9 Rolf Henrich. *Der vormundschaftliche Staat.* Leipzig und Weimar: Gustav Kiepenheuer, 1990,89.

10 Helga Königsdorf. *Adieu DDR.* Reinbek bei Hamburg: Rowohlt, 1990,35.

11 Lea Fleischmann. *Dies ist nicht mein Land.* Hamburg: Hoffmann und Campe, 1989,77.

12 Jochen Schulte- Sasse. "Der Begriff der Literaturkritik in der Romantik", a.a.O.,92.

13 Ebda,30.

14 Friedrich Schlegel. *Kritische Schriften.* München: Hanser, 1971,328.

15 *Statut der sozialistischen Einheitspartei Deutschlands.* a.a.O.,8.

16 Wolfgang Hilbig. *Die Territorien der Seele.* Berlin: Friedenauer Presse, 1986,9.

17 Rudolf Bahro. *Die Alternative.* Reinbek bei Hamburg: Rowohlt, 1980,205.

18 Siehe Rolf Henrich. a.a.O.,89.

19 Ebda.,83.

20 Ebda.,156.

21 Rudolph Bahro. a.a.O.,7.

22 a.a.O.,153.

23 a.a.O.,128.

24 a.a.O.,201.

25 a.a.O.,40.

26 Rolf Henrich. a.a.O.,47.

27 Ich verwende diese Begriffe im Sinne Niklas Luhmanns. Siehe *Soziale Systeme: Grundriß einer allgemeinen Theorie.* Frankfurt: Suhrkamp, 1984.

28 Wolfgang Leonhard. *Die Revolution entläßt ihre Kinder.* Köln: Kiepenheuer& Witsch, 1987,369.

29 Kurt Drawert. "Dieses Jahr, dachte ich, müßte das Schweigen der Text sein" *CONstructiv.* 5 (1992): 31-34,32.

30 Wolfgang Hilbig. *Die Territorien der Seele.* a.a.O.,11.

31 Günter Kunert. *Der Sturz vom Sockel.* München, Wien: Hanser, 1992:113.

32 Egmont Hesse. Hg. *Sprache & Antwort.* Frankfurt am Main: Fischer, 1988, 232f.

33 zitiert in: Jochen Schulte- Sasse. "Der Begriff der Literaturkritik in der Romantik" a.a.O.,116.

34 *Berührung ist nur eine Randerscheinung. Neue Literatur aus der DDR.* Hrsg. von Elke Erb und Sascha Anderson. Köln: Kiepenheuer & Witsch, 1985, 41.

35 Rolf Henrich. a.a.O.,266.

36 Jochen Schulte- Sasse. a.a.O.,122.

37 Michel Foucault. *Überwachen und Strafen.* Frankfurt am Main: Suhrkamp, 1989,145.

38 Ebda.,248.

39 Ebda.,176.

40 *Zivilverteidigung 9*. Berlin: Volk und Wissen, 1985,141.

41 Michel Foucault. a.a.O.,145.

42 Ebda.,139.

43 Bodo Heimann. "Progressive Universalpoesie und Avantgardismus": *Perspektiven der Romantik.* Hg. Reinhard Görisch. Bonn: Bouvier, 1987: 11-123.

44 Ebda.

Zweites Kapitel

Wolfgang Hilbigs Literaturbegriff im Unterschied zu jenem des sozialistischen sowie kritisch-utopischen Realismus der DDR

> Eine gute Schrift setzt eine ganze Gymnastik voraus.
> Michel Foucault[1]

Ähnlich wie die Frühromantiker verknüpft Wolfgang Hilbig sein rebellisches literarisches Programm mit einer vernichtenden Kritik an der herrschenden Ästhetik sowie an dem dieser Ästhetik entsprechenden Publikum, dessen "Geschmacksverdorbenheit... man sehr konsequent *erarbeitet* "(EÜ,165) hatte. Ausgehend von Hilbigs Kritik möchte ich an dieser Stelle den Literaturbegriff des sozialistischen, wie auch des oppositionellen kritisch-utopischen Realismus der DDR charakterisieren und dabei ihr jeweiliges Verhältnis zur Sprache bestimmen. Im Unterschied dazu Hilbigs Literaturbegriff sowie die verschiedenen epistemologischen sowie politischen Implikationen.

In seinem 1989 publizierten Roman *Eine Übertragung* analysiert Hilbigs Protagonist eine Aufführung des Fernsehtheaters in H., für das nicht jedermann, sondern nur "mit kultureller Auszeichnung bedachte sozialistische Arbeitsbrigaden" ein Billet erstehen konnten. Dieses Publikum

> saß hoch oben auf einem Standpunkt (dem sogenannten Klassenstandpunkt, G.E.) über den sorgsam erarbeiteten Dummheiten des Stücks... und saß dennoch unterhalb der Bühnenrampe, und unterwarf sich derart der äußeren Form eines belehrenden Referats. Es unterwarf sich bis hin zu einer Erkenntnis, die ihm, dem Publikum, schon vorher

> bekannt gewesen, die es erwartet hatte, die es sich bestätigen zu lassen es einzig und allein gekommen war.(EÜ,165)

Dies ist aber keineswegs eine Kunst, die mit Mitteln der künstlerischen Abstraktion arbeitet und dadurch den Rezipienten in den Kunstprozeß mit einschließt, worauf die Vokabeln "belehrendes Referat" hindeuten könnten, sondern ein Theater mit einem "trunken machenden, vernebelnden Effekt" (EÜ,162), kurz, bürgerliches Illusionstheater, nur daß die vermittelte Illusion das Dogma der herrschenden Politbürokratie repräsentiert:

> Bei dieser Inszenierung müssen stets bereits feststehende Ergebnisse herauskommen. Von den Ergebnissen werden die Auslöser eingebaut, nicht umgekehrt... Das Ergebnis ist ein Dogma, und es geht nur darum, das Existenzrecht des Dogmas zu untermauern. Das ist mit der Zeit ein Gefängnis geworden, ein geistiges Gefängnis.

Hilbig verwendet das Wort "Inszenierung" hier im doppelten Sinn: die Inszenierung des Stückes und jene der Wirklichkeit. Die erste hat nur den einzigen Zweck, jene zweite, die Inszenierung der herrschenden Realität, abzusichern sowie ideologisch zu reproduzieren. Mittels der sich auf der Bühne abspulenden "triviale(n) Sinnestäuschung von einem Sieg"(EÜ,163) übersetzt die Parteielite die Wirklichkeit in die von ihr gewünschte narrative Struktur:

> sie inszenierte hier genau das, was sie den vollen Sitzreihen, von den Brettern ihrer Schaubühnen herab, als eine von ihrer Macht hervorgerufene Daseinsweise zu erkennen, wiederzuerkennen gab...

Das Ziel der Dramaturgie ist dabei stets: "das wahre und richtig gestellte Abbild der Wirklichkeit"(EÜ,164). Das Attribut "richtig gestellt" verweist bereits darauf, daß es sich bei diesem Konzept in Hilbigs Augen keineswegs wirklich um Realismus, wie der Begriff "sozialistischer Realismus" vorgibt, handelte: "Der Realismus in diesem Zusammenhang konnte keiner sein, denn die Wirklichkeit, die er bediente, war durch und durch künstlich, und ihre Wahrheiten waren hohl"(EÜ,218). Daß der Begriff Realismus für sie nicht die Widerspiegelung der gegebenen Realität meint, räumen die Theoretiker des sozialistischen Realismus selbst ein: "die neue Kunst wird nicht schildern und beschreiben, sondern Fakten vermitteln, die Wirklichkeit sein *werden* (Hervorhebung von mir, G.E.)"[2]. Um dies zu vermögen, so rügte Lenin Maxim Gorki, dürfe man nicht "unten beobachte(n)", sondern man müsse "überblicken"[3]; nur so erfasse man das neue Leben. "Überblicken" aber heißt, man müsse sich mit dem Geschichtsprozeß identifizieren:

> Erst, wenn der Schriftsteller diesen Prozeß gründlich studiert und ihn so tief begriffen hatte, als habe er ihn selber bewirkt, war er in der Lage, ihn gleichsam in die Zukunft zu verlängern, ihn 'zu Ende zu denken'.[4]

Wolfgang Hilbig über die Geschichtsphilosophie, die solch eine Ästhetik impliziert:

> Marx hat gesagt, die Geschichte handelt nicht, es ist immer der Mensch, der handelt (). Wenn aber nun das Ergebnis der Geschichte schon feststeht... und sollte es auch von Marx selbst festgestellt worden sein... und wenn man meint, wie überall an den Wänden steht, die Macht der Lehre von Karl Marx hat Gültigkeit für die nächsten paar Jahrtausende, oder man benutzt sogar das Wort *Ewigkeit,* was bleibt den Leuten für eine Möglichkeit zu handeln. Oder sind die Leute *hier* keine Menschen...(EÜ,171)

Damit führt Hilbig auch das sogenannte Prinzip des revolutionären Determinismus (neben dem Prinzip der Parteilichkeit eins der Grundprinzipien des sozialistischen Realismus) ad absurdum, wonach das Leben des Menschen

> durch die ihn umgebenden sozialhistorischen Bedingungen determiniert ist und *der Mensch seinerseits in der Lage ist, aktiv verändernd und umgestaltend auf diese Bedingungen einzuwirken.*[5]

Was wir dagegen mit diesem Modell vor uns haben, ist Slavoj Žižek zufolge ein evolutionärer Idealismus, wonach ein antizipiertes Endziel der Evolution den Geschichtsverlauf von Anfang an bei der Hand führe. Ein Sinn werde den historischen Ereignissen gemäß dieser Geschichtsbetrachtung jeweils retroaktiv verliehen, von der Position eines kommunistischen "jüngsten Gerichts" aus, was die Geschichte verdopple: in eine empirische, faktische sowie in eine objektiv bedeutsame Geschichte, DIE Geschichte[6]. Und nur die letztere sei relevant, der Kommunist der Vollstrecker ihrer eisernen Gesetze. Der

Rest, die empirische Geschichte, zählt nicht. Sie gehört möglichst ausgemerzt. Deshalb wohl Lenins Rat an Gorki, der zu jenem Zeitpunkt (er war noch nicht zur Position des sozialistischen Realismus aufgestiegen) in der empirischen Geschichte lebte: "Ändern Sie radikal die Umgebung, das Milieu wie auch den Wohnort und die Beschäftigung, sonst könnte Ihnen das Leben endgültig zuwider werden!"[7] Entwicklung ist in diesem Zusammenhang nichts, so Žižek, als eine "Hypothese der Unterdrückung"[8]; das dazugehörige Menschenbild, von nahem besehen, menschenverachend: "Wenn das so ist", erkennt Hilbigs Protagonist (das heißt, wenn das Ergebnis der Geschichte schon feststeht), "dann ist man der letzte Typ der Geschichte. Man ist der letzte Husten in diesem Prozeß, der sich Geschichte nennt, auswechselbar, ein Stück Material, ein Ersatzmensch."(EÜ,170) Sehen wir von diesen geschichtsphilosophischen Implikationen einmal ab, so ähnelt der Literaturbegriff des sozialistischen Realismus (Literatur als eine spezielle Instanz der ideologischen Praxis) dem affektiven Literaturbegriff der Frühaufklärung. Hoffte doch auch jene, die entsprechende Sozialisierung der Massen (des "großen Haufens") direkt über das Medium der Literatur zu erreichen, indem durch die Präsentation von Verhaltensweisen und Handlungen gesellschaftlich relevante Einstellungen eingespielt werden.[9] Breitinger:

> Die Fabel (...) ist erfunden worden, moralische Lehren und Erinnerungen auf eine verdeckte und angenehm-ergetzende Weise in die Gemüther der Menschen einzuspielen."[10]

Dies ein Teil und die Voraussetzung des Projekts jenes aufgeklärten Absolutismus, der mittels zentralistischer Planung und strikter bürokratischer Kontrolle unter Anwendung wissenschaftlicher Mittel das Glück aller zu erreichen anstrebte.

Aus dem Zitat Breitingers geht bereits hervor, dieser Literaturbegriff impliziert, bei der Literaturproduktion möge die rationale Erkenntnis Vorrang haben, die Rezeption dagegen ein irrationaler Vorgang sein: *auf eine verdeckte Weise* werden die gewünschten Normen kraft der Literatur eingespielt. Genau um diesen Punkt drehte sich die Kontroverse zwischen Brecht und Lukács in den dreißiger Jahren, welche beide Literatur als ein politisches Instrument verstehen (dies schließt die Autonomie der Kunst aus), sich jedoch bitter über die Methode streiten. Will Brecht die ideologiereproduzierende Haltung in eine produzierende verändern, dadurch, daß er mit den Mitteln der Verfremdung das Publikum zu einem komplexen Sehen und Selbst- Denken zwingt (dafür sein Gestus des Zeigens und verschiedene Mittel der künstlerischen Abstraktion), so ficht Lukács für die Verteidigung der Fiktion. Durch die Einfühlung in den und die Identifikation mit dem Helden solle der Leser "lernen"; zu diesem Zweck ist für Lukács die Kategorie der sinnlichen Unmittelbarkeit wichtig. Mit ihrer Hilfe soll das Typische (Wesen) gezeigt werden, so daß für den Leser der Eindruck entsteht, der Text reproduziere die objektive Wirklichkeit. Daß dies gelingt, "daß beide (Wesen und Erscheinung) im unmittelbaren Eindruck des Kunstwerks zur spontanen Einheit zusammenfallen, daß sie für den Rezeptiven eine unzertrennbare Einheit bilden,"[11] dafür müsse der Schriftsteller

> das Wesen der Wirklichkeit in einer marxistischen Analyse zuerst *gedanklich aufdecken*, das so Erarbeitete aber sofort wieder *künstlerisch zudecken*, damit die Gedankenarbeit des Autors unbemerkt bleibe und eine 'gestaltete' Oberfläche des Lebens, d.h. nach den alten Regeln der Mimesis die Fiktion ungebrochen erscheine.[12]

Helga Gallas zeichnet in ihrem Buch *Kontroversen im Bund proletarisch-revolutionärer Schriftsteller* den Weg nach, auf welchem die revolutionären produktionsästhetischen Ansätze innerhalb der sozialistischen Literatur (auch jene Brechts) am Anfang dieses Jahrhunderts von der Doktrin des sozialistischen Realismus erstickt wurden, welche Lukács in den dreißiger Jahren aus Moskau nach Deutschland getragen und mit der Hegel verpflichteten dialektischen Methode detailliert ausgearbeitet hatte. Ihr Vorwurf, Lukács habe dabei den Literaturbegriff des 18. Jahrhunderts unhistorisch aktualisiert, ist indessen nur unter der Annahme der Epochenillusion akzeptabel, 1917 sei tatsächlich eine neue, die sozialistische Ära der Menschheit angebrochen. Gehen wir mit Bahro und Henrich davon aus, daß dies keineswegs der Fall ist, daß sich statt dessen lediglich eine agrarische Despotie in eine industrielle verwandelt hatte, mit dem Marxismus als Staatsreligion, dann entspricht die

Annahme der Doktrin des sozialistischen Realismus auf dem ersten sowjetischen Schriftstellerkongreß 1934 und seine despotische Durchsetzung (Meyerhold und sein avantgardistisches Theater wurden buchstäblich liquidiert) durchaus den Umständen; Lukács, ein Realist. Da diese Religion zudem (sie setzt ja den Menschen auf den Platz Gottes) im Unterschied zu der Gesellschaftsstruktur (Despotie) durchaus den Fortschritt zu repräsentieren scheint, bediente die Mehrzahl der Schriftsteller die ästhetische Doktrin des sozialistischen Realismus im guten Glauben, ihre Prinzipien wie jenes des revolutionären Determinismus, das die Menschen zur Veränderung der Umstände aufzufordern scheint, werde tatsächlich die Verhältnisse in Bewegung bringen und schließlich eine sozialistische Gesellschaft herbeiführen. Die sogenannte sozialistische Aufbruchsliteratur in der DDR (sie bildete im Wesentlichen die DDR- Literatur bis zum Anfang der 60er Jahre) war fraglos von dieser Illusion geprägt. Zudem rechneten die Intellektuellen fest damit, ein rascher ökonomischer Aufschwung werde die enormen Freiheitsbeschränkungen und die daraus entstehenden Konflikte (man bezeichnete sie euphemistisch als Kinderkrankheiten des Sozialismus) in absehbarer Zeit beseitigen.

Daß diese Entdeckung der Literatur als eines Sozialisationsmediums stets mit der Gefahr der Manipulation verbunden ist, darauf verweist Jochen Schulte- Sasse bereits am Fall der Aufklärung; allzuleicht könne solch eine Literatur zur rational unkontrollierten Beeinflussung des Publikums gebraucht werden. Denkbar war deshalb für die Aufklärer eine derartige Institutionalisierung der Kunst nur unter der Voraussetzung, daß eine prinzipiell homogene, kritische, rationale Öffentlichkeit existiert, müsse doch durch eine offene, nicht endende Diskussion die rationale Erkenntnisfähigkeit des Dichters stets kontrolliert werden, dem man seine Emotionen im Kunstgenuß überläßt[13]. Sobald evident wurde, daß diese aufgeklärte Öffentlichkeit nicht existierte, gaben die kritischen Autoren diesen Kunstbegriff auf. Literatur wurde (wie beim späteren Goethe und Schiller) zur Utopiekonserve, die das Ideal des ganzen Menschen in Harmonie mit der Welt für spätere Zeiten aufbewahrt. In der Literaturentwicklung der 60er Jahre in der DDR wiederholt sich dieser Vorgang mit frappierender Ähnlichkeit:

Nachdem nicht mehr zu übersehen ist, daß das Konzept einer rationalen, marxistisch aufgeklärten und dabei kritischen Öffentlichkeit als ein Kontrollorgan eine Illusion bleiben muß angesichts der zentralistischen Strukturen von Staat und Gesellschaft und ihres Diskurses (zu seiner Bezeichnung steht die Vokabel *stalinistisch*), beginnt die Spaltung der DDR- Literatur in zwei Zweige: die offizielle Literatur, die als ein ideologisches Werkzeug der Partei unverhüllt die Manipulation des Publikums betreibt (siehe Hilbigs Beschreibung des Fernsehtheaters in H.) sowie eine (der marxistischen Utopie verpflichtete) Literatur, die sich kritisch auf den sozialhistorischen Kontext der DDR- Gesellschaft bezieht. Als den Drehpunkt können wir das 11. Plenum der Partei 1965 ansehen, auf dem die herrschende Parteielite nicht nur gnadenlos mit der Beatmusik als einer "Waffe des Gegners" abrechnete, sondern auch mit sämtlichen Künstlern, die sich zaghaft eine Gesellschaftskritik erlaubt oder Verfremdungstechniken der modernen Literatur zu rezipieren versucht hatten. Das Schlagwort war dabei "Skeptizismus", definiert als der "Kult des Zweifelns an allem, was unsere sozialistische Gesellschaft verkörpert"[14]. Dazu Schimpfworte wie "nihilistisch", "zersetzend", "Halbanarchismus", "Pornographie". Im Zusammenhang mit dem rhetorischen Rundumschlag wurden Bücher, Theaterstücke, Filme verboten. Manfred Jäger kommentiert:

> Bei all diesen Übertreibungen verbaler Art geht es im Kern darum, daß die Forderung, die Leitungstätigkeit zu ändern, den Spielraum zu erweitern, weniger engherzig und dogmatisch zu verfahren, als Verstoß gegen die Linie, als "Machtfrage" betrachtet wird[15].

Immanuel Kant zufolge ist aber die Voraussetzung für die Entstehung einer aufgeklärten Öffentlichkeit die Freiheit,

> seine Gedanken, seine Zweifel, die man sich nicht selbst auflösen kann, öffentlich zur Beurteilung auszustellen, ohne darüber für einen unruhigen oder gefährlichen Bürger verschrieen zu werden. Dies liegt schon in dem ursprünglichen Rechte der menschlichen Vernunft.[16]

Mit dem 11. Plenum hatten die Funktionäre der DDR endgültig ihr der Aufklärung verpflichtetes, marxistisches Feigenblatt fallengelassen und gezeigt, daß sie diese Freiheit, von der Kant spricht, nicht willens waren, einzuräumen. Damit konnte von der baldigen Herausbildung einer neuen Gesellschaft nicht mehr die Rede sein. Der Autor Kohlhaase rückblickend auf dieses Ereignis:

> Vor allem eine bestimmte Generation in den Künsten, zu der ich gehöre, geriet in Konflikte, die, wie mir scheint, nicht mehr in ein gemeinsames Verständnis gebracht worden sind. Ich will nur von mir reden: Ich hatte ein rundes Jahr Arbeit verloren, das war erträgliches Unglück. Allmählich bemerkte ich, daß es ernster war, ich mußte die Möglichkeiten meines Schreibens, meiner poetischen Beziehung zur Realität, neu überlegen.[17]

Interessant die strukturelle Ähnlichkeit zwischen der nun entstehenden ernsthaft kritischen, sozialistischen Literatur und der Hochaufklärung, welche den Ansprüchen des Allgemeinen gegen das Individuelle widerstand und dabei das Besondere sowie die sinnliche Erkenntnis favorisierte–dem entspricht präzise das literarische Anliegen Christa Wolfs. In beiden Fällen auch bereits eine Kritik an der zum universellen Prinzip erhobenen Rationalität, dabei freilich nicht an diesem Prinzip als solchem ("meine Gefühle durch Denken besiegen"[18], dabei bleibt Christa Wolf), sondern an seiner Verkümmerung in der herrschenden binären Logik, die zusehends zu einem Instrument der Unterdrückung degeneriert. Der konsequenteste Ausdruck dieses Zweiges in der DDR- Literatur ist Volker Brauns *Unvollendete Geschichte* (sie durfte in der DDR nach einer Vorveröffentlichung in der Zeitschrift "Sinn und Form" in Buchform nicht erscheinen). Braun zeigt die Logik der herrschenden Doktrin vom Klassenfeind mit ihrem "Schwarz-Weiß- bzw. Freund- Feind-Denken" als den alles, die Menschen bis ins Innerste beherrschenden "Text"[19], er deformiert ihre Alltagsverrichtungen, familiäre Beziehungen. Mit realistischen Mitteln beschreibt Braun, wie die Staatssicherheit wegen ihres Verdachts, ein junger Mann wolle die DDR illegal verlassen, die Liebesbeziehung zwischen ihm und einer Funktionärstochter zerstört, mit der Folge eines Suizidversuches des jungen Mannes. Nachdem sich herausgestellt hat, dieser Verdacht war unsinnig und die Strafaktion unnötig, wird die verstörte junge Frau von ihrem Vater belehrt: "Das kannst du nicht der Partei zuschieben, das ist der Klassenfeind, der das hervorbringt."[20] Nichtsdestoweniger versteht sich diese kritische Literatur (sowohl in der Hochaufklärung wie auch in der DDR) als ein Aufbewahrungsort der Utopie. Der Spiegel einer Gesellschaft, in der Ideal und Wirklichkeit miteinander versöhnt sind, der Wirklichkeit nur lange genug vorgehalten, werde die Wirklichkeit schließlich doch in die gewünschte aufgeklärte bzw. sozialistische Richtung bewegen; diese Überzeugung teilen sie allesamt, die Hochaufklärer, Christa Wolf oder Volker Braun, mit stets schwindender Hoffnung über die Nähe der besseren Zukunft.

Die Frühromantiker, jene schon erwähnten Szene-Lyriker der DDR sowie Wolfgang Hilbig vereint die Erkenntnis, daß auch diese hochaufklärerische bzw. kritisch-sozialistische Literatur als eine Folge ihrer Integration in die gesellschaftliche Kommunikation der etablierten Denkordnung erliegt, damit der Instrumentierung der Kultur. Reduziert sie doch mit ihrem Utopie-Begriff, der eine Fusion von Ideal und Wirklichkeit in der Zukunft beschreibt, die schmerzhafte Differenz zwischen beiden auf eine zeitliche Differenz zwischen dem schlechten Heute und einem besseren Morgen; diese Denkfigur kompensiert stets für die durch das System erlittenen Defizite, weswegen auch diese kritische Literatur unbeabsichtigt affirmativ wirkt[21]. Die zutreffende Beschreibung der DDR als eines Leselandes zeigt an, mit welcher Geschwindigkeit sich im Zuge der sozialgeschichtlichen Modernisierung der DDR-Gesellschaft ein ästhetisches Subsystem ausdifferenzierte, das für das befremdende Erlebnis der Diktatur zum einen, und der verstärkten Etablierung der Konsumgesellschaft mit ihren Rationalisierungszwängen zum anderen eine Kompensation bereitstellte. Diesen Tatbestand durchschaute Wolf Biermann, als er schrieb:

> Ich soll euch vom Glück singen
> einer neuen Zeit
> doch eure Ohren sind vom Reden taub.
> Schafft in der Wirklichkeit mehr Glück!
> Dann braucht ihr nicht so viel Ersatz in meinen Worten![22]

Warum der zeitkritische Widerspruch der kritisch- utopischen DDR-Literatur, der sich binär auf das System bezog, in den Grenzen des Systems verharren mußte und dieses letztlich sogar stärkte, beschreibt Kurt Drawert, ausgehend von Günter Kunerts provokativer These, ohne "die wackeren, kritischen Autoren" der DDR wäre der Zusammenbruch bereits vor 20 Jahren eingetreten:

> Auch wenn es sich wie auf den Kopf gestellt anhört: die (erschaffene) Opposition war letztendlich ein Stabilisator der Macht, da sie dieser als Projektionsfläche ihres zweiten Charakters diente, von dem sie andernfalls eher schon zerstört worden wäre.[23]

Die Macht der DDR und ihre Opposition, beider Denken in binären Oppositionen zufolge jede das Gegenteil der anderen und damit ihrer selbst. "Die erschaffenen Oppositionen sind also nichts als Verkehrungen des Systems und seitengewendete Tautologien."[24] Verfolgt man die an die kritischen Autoren gerichteten Verlautbarungen der Kulturpolitik und deren Antworten in ihren Texten, so zeigt sich, beide versuchten mittels dieser Kommunikation einander zu erziehen, die einen die anderen zur Anpassung, die anderen die einen zur Selbstkritik—mit der Macht sprechen kann man jedoch nur, darauf verweist Drawert, "wenn man *wie die Macht spricht.*"[25] Hier sind wir bei der Sprache; und es scheint kein Wunder, daß ein Literaturbegriff, der in den Grenzen des von ihm kritisierten Denksystems bleibt, auch den Grenzen seines Sprachkonzepts verhaftet bleiben muß.

Die im Umkreis der Macht und ihrer quasi-religiösen Dogmen angesiedelte Sprache des sozialistischen Realismus suggeriert einen direkten Zugriff auf die Wirklichkeit; Zeichen und Bezeichnetes sind im Begriff der klassenlosen Gesellschaft transzendent verankert, somit fallen sie ineins—folgerichtig kennzeichnet dieses Literaturkonzept ein striktes Sprachvertrauen. Stößt man bisweilen auf Zweifel an der Zuverlässigkeit des Mediums Sprache, so ist selbstverständlich der Feind daran schuld:

> Zwischen der traditionellen deutschen Sprache Goethes, Schillers, Lessings, Marx' und Engels', die von Humanismus erfüllt ist, und der vom Imperialismus verseuchten und von den kapitalistischen Monopolverla-

> gen manipulierten Sprache in manchen Kreisen der westdeutschen Bundesrepublik besteht eine große Differenz. *Sogar gleiche Worte haben oftmals nicht mehr die gleiche Bedeutung.*
> (Walter Ulbricht)[26]

Deshalb mußte die Macht der Eindeutigkeit der Bedeutungen hinterher sein, d.h. aufpassen, daß sie sich nicht aus der transzendenten Verankerung lösten. Zu keinem anderen Zweck wurden Wolfgang Hilbig zufolge die Zirkel schreibender Arbeiter ins Leben gerufen. Besteht ein Postulat des sozialistischen Realismus darin, "daß die Literatur die Sprache des Lebens zu sprechen habe" und die "Aufgabe des Sicherheitsdienstes darin (...), die Historien der Macht zu tabuisieren",

> so kann die aus dem Leben gegriffene menschliche Sprache gar keine andere sein als eine sich andauernd auf der Tabugrenze fortbewegende Sprache. (Folglich bestand) die Arbeit der Zirkel in der ununterbrochenen Heimholung grenzüberschreitender Vokabeln und Vokabelverbindungen... Gelingt einem nicht die Dechiffrierung des vermeintlichen Codes, ist man das unbelehrbare Element, das sich von der Bahn des Todes abgesetzt hatte.(EÜ,186)

Diese Zirkel sind "Hinrichtungsstätten der Poesie", erkennt Hilbigs Protagonist und verläßt sie um den Preis seiner schmerzhaften Isolierung. Die kritisch- utopischen Literaten dagegen, um die Durchsetzung ihrer Utopie bemüht (und damit notwendigerweise ständig um so ein banales Ding wie eine Druckgenehmigung), verließen nicht den Dialog mit den herrschenden Bürokraten. Folgerichtig kamen sie nicht aus dem Zwang zur permanenten "Dechiffrierung" ihrer Vokabeln heraus. Ein Ergebnis ist ihre tausendfach andeutungsweise beschworene Figur des inneren Zensors. In ihrem nach dem Untergang der DDR veröffentlichten Text *Was bleibt* ging Christa Wolf offen auf diese Figur ein–"mein innerer Begleiter" heißt es, und: "Fast nichts konnte ich mehr denken oder sagen, ohne meinen Zensor gegen mich aufzubringen." [27] Suchte die Ich- Erzählerin nach einer neuen Sprache, eine solche, die "auch von ihnen (den Stasibeamten) sprechen können() sowie sich jeglicher Sprachohnmacht annehmen" [28] müßte, so ließ sie auf Weisung des inneren Zensors diese Suche im Sand verlaufen, war jener doch klug genug zu wissen, eine solche Sprache müßte die "Grenzen des Sagbaren... überschreiten"[29]. Mit den "Grenzen des Sagbaren" spricht Christa Wolf sowohl die Tabugrenze der Druckgenehmigungspolitik, als auch die Grenze ihres Literaturbegriffs an: über das Reich des Unheimlichen (Stasi) sowie über "Sprachohnmacht" (beides Hilbigs Hauptthemen) vermag einer mit den Mitteln eines kritischen Realismus nicht viel auszusagen.

Nicht, daß sich diese kritisch-utopische DDR-Literatur angesichts der Herrschaftssprache nicht geekelt hätte. Zitierte sie doch ständig sprach-und ideologiekritisch den an allen Wänden prunkenden Parteijargon. So lesen wir etwa bei Strittmatter: "Die Halme waren hoch; der Mensch war klein. Er blickte mit fragenden Augen aus dem Kornfeld, seine Stirn war gekraust: *Gesicht eines Neuerers–Vorstoß in die Zukunft.*"[30] Nur ging sie von der prinzipiellen Möglichkeit einer sozialistischen Sprache aus, in der Signifikant, Signifikat und Referent sich nicht arbiträr zueinander verhielten, die Sätze "lebendig" blieben, die etwa in der Parteisekretärin Friedas Schreibmaschine "zu bürokratischem Eisdeutsch"[31] erstarrten. Dies entspricht dem Konzept einer natürlichen Sprache, hinter dem sich seit dem 18.Jahrhundert (siehe etwa Herders Begriff des Natursymbols) die Sehnsucht verbirgt, die Trennungen innerhalb der modernen Gesellschaft imaginär zu überwinden. Christa Wolf schreibt allen Ernstes: "Das Gelb des Löwenzahn im Grün, Farben, vor die man die Maler führen müßte, um sie zu lehren, *was Wörter wie Gelb und Grün eigentlich meinen.*"[32] (Hervorhebung von mir). Die Annahme, Wörter "meinten" etwas, wenn auch nicht im Augenblick, geht von der Identität der Komponenten des sprachlichen Zeichens aus, die nur durch Verzerrungen des historischen Prozesses (und damit ist nicht wie in Ulbrichts Statement allein der westdeutsche Imperialismus gemeint) auseinandergerissen wurden; in der Zukunft, deren Bild man dem Heute mit erzieherischer Absicht vorhält, würden sie wieder versöhnt sein. Ein solches Sprachkonzept bedient ungewollt das kritisierte herrschende System, indem es zum einen mit dem Bild einer "geheilten" Sprache kompensatorisch einen Raum der Versöhnung bereitstellt (wie tröstet allein die Vorstellung einer den gelben Löwenzahn im Grün bruchlos repräsentierenden Sprache!), zum anderen bestärkt es das System im Optimismus über die Wirkmächtigkeit der Literatur, ein Optimismus, der benötigt wird, will man mittels der Literatur des sozialistischen Realismus Verhaltensweisen einspielen, die zur ideologischen Reproduktion der Gesellschaft benötigt werden. Deshalb die Drohung des Präsidenten des DDR-Schriftstellerverbandes Hermann Kant vor jeglichem Sprachskeptizismus: "Zu den gefährlichsten Übeln, von denen die Literatur immer bedroht war, heute aber mehr denn zuvor bedroht ist, gehört die Resignation, der bittere Zweifel, ob denn das literarische Wort je etwas zu bewirken vermöge".[33] Ausdruck der Ähnlichkeit des Sprachbegriffs des sozialistischen Realismus (Zeichen und Bezeichnetes fallen ineins) und der kritisch utopischen Literatur (sie fallen eigentlich ineins, nur nicht Jetzt und Hier) ist die Vorliebe für die Verwendung des Symbols, in welchem Besonderes und Allgemeines, Bezeichnetes und Zeichen (etwa der Löwenzahn und das Wort gelb) konvergieren, damit wird es zu einem natürlichen Zeichen, das sinnlich-anschaulich genossen werden kann; Freiheit und Notwendigkeit erscheinen in ihm im Einklang. Es erstaunt deshalb nicht, daß bei Wolfgang Hilbig, dessen Sprache die transzendente Verankerung im Begriff der klassenlosen Gesellschaft (oder wie immer man die marxistische Utopie umschreiben mag) verloren hat, die Allegorie vorherrscht, ein Zeichen, in dem das Allgemeine vom Besonderen nicht unmittelbar repräsentiert wird wie im Symbol, sondern vermittelt, über tausend Brechungen—ein arbiträres Zeichen.[34] Beachten wir, daß ein auf symbolischer Darstellungsweise beruhender Kunstbegriff stets einen erkenntnistheoretischen Optimismus vermittelt, ein der Allegorie verpflichteter dagegen die grundsätzliche Undurchschaubarkeit der Welt betont, so haben wir bereits einen Eindruck von der Kluft, die Hilbigs Texte von jenen des sozialistischen sowie kritisch-utopischen Realismus der DDR trennt: Existiert für die beiden letzteren die Wirklichkeit ohne Zweifel unabhängig und außerhalb des menschlichen Bewußtseins, so ist sie für Hilbig im Sinne Schopenhauers "Wille und Vorstellung"[35], damit ein Labyrinth (letzteres ist eines der am häufigsten verwendeten Motive Hilbigs):

> ein Zwischenreich, das einem Irrgarten gleicht, aus dem jeder Ausweg ein Ausweg aus der Daseinsweise des Lebens wird, ohne andere Ausgänge, ohne Eingang, als wäre allein die fortlaufende Zeit... dreißig nach sieben... die Initiative dieses Zwischenreichs, und die Verwaltung dieser Initiative der einzige Sinn dieses Irrgartens. (ZP,156)

Davon ausgehend verschiedene Werkbegriffe: auf der einen Seite das symbolische, d.h. organische Kunstwerk, ein abgeschlossener, in sich semantisch unendlicher Text, ein Ganzes mit dem Anspruch, eine gesellschaftliche Totalität zu repräsentieren, siehe etwa Neutschs *Spur der Steine*. Auf der anderen Seite ein nicht-organischer, d.h. offener Text, mit der Tendenz, nur eine Anhäufung von Fragmenten zu sein, siehe etwa Hilbigs *Eine Übertragung*. "Hier ist das Moment der Einheit gleichsam unendlich weit zurückgenommen; im Extremfall wird es überhaupt erst durch den Rezipienten erzeugt."[36] Das Teil hat sich vom Ganzen emanzipiert. Hinzukommt, sucht das organische Kunstwerk die Tatsache seines Produziertseins unkenntlich zu machen, so gibt sich der offene Text bewußt als künstlich zu erkennen; nicht zufällig nennt Hilbig seine Schreibprodukte "Graphomanien"(DB,13). Der Protagonist seines Textes *Die Angst vor Beethoven* möchte "Zuflucht zu einer völligen Künstlichkeit (...) nehmen"(DB,169), um sich schreibend seiner Vergangenheit zu erwehren.

Nicht zuletzt implizieren die beiden Modelle einen verschiedenen Modus des Lesens. Von bestimmten Reinerzeugnissen des sozialistischen Realismus (der sogenannten "revolutionären Romantik"[37]) abgesehen, die direkt an die Emotionen des Publikums appellieren, erfordert das Kunstwerk, das sich als ein geschlossenes Ganzes versteht, ein distanziertes, kontemplatives Lesen; dennoch ist es "das geschlossene Universum, vor dem der Kunstrezipient nur reagieren kann; es ist ohne sein Zutun vollendet."[38] Diesem Modell sind sowohl die Romane Erik Neutschs (sozialistischer Realismus mit kritischen Einsprengseln) als auch die Romane Christa Wolfs (kritisch- utopischer Realismus) verpflichtet, beides ihrerseits einer Ästhetik des Schönen, die seit ihrer Entstehung im 18. Jahrhundert auf dem Wunsch beruht, die zentrierenden und dezentrierenden Kräfte im modernen Leben zu versöhnen, das agonistische gepanzerte Subjekt und seine

"Entgrenzung" ins Kollektiv. (Selbstverständlich ist es dabei ein himmelweiter Unterschied, ob die Versöhnung mit manipulativer Absicht als bereits existent behauptet wird, wie im Fall von Hilbigs Fernsehtheater in H., oder das Bild der Versöhnung der Wirklichkeit mit provokativer Absicht vorgehalten wird wie bei Christa Wolf; dieses Unterschieds müssen wir trotz der strukturellen Ähnlichkeiten stets eingedenk sein).

Im Unterschied zu diesem Modell erfordert der Text Wolfgang Hilbigs, wie wir bereits wissen, eine produktive Leserposition—wie in der Frühromantik versteht sich der Text selbst nur als Ausgangspunkt für eine unendliche Reflexion, das "Kunstwerk" vollendet sich erst im Leser kraft dessen "productive(r) Imagination"(Novalis[39])—"Gäbe es den Leser", so Wolfgang Hilbig, "nur mit den Augen, nein mit Feuer und Schwert, nur mit dem Mund spie er all seine Wörter ins leere Buch."(UN,45)

Es geht über den Rahmen dieses Kapitels hinaus, die Unterschiede zwischen beiden Modellen bis ins Einzelne zu verfolgen. Hier nur noch soviel: Liegt in einer Ästhetik des Schönen jeder ästhetischen Erfahrung eine imaginäre Versöhnung zwischen Identität und Entgrenzung zugrunde, so wird diese letztlich "von der immer schon strukturell entfalteten Ordnung etablierter Ausgrenzungen überdeterminiert."[40] Und damit auch von dem zu dieser Ordnung gehörenden Typus von Subjektivität. Der identitätslogischen Ordnung des realexistierenden Sozialismus (in der nicht nur die Materialität der Sprache, sondern auch die Dimension des Unbewußten ausgegrenzt wird), entspricht der Typus der "sozialistischen Persönlichkeit". Diese

> wird durch vier wesentliche Merkmale gekennzeichnet: durch vielseitiges Wissen und Können, durch sozialistisches Bewußtsein, durch sozialistisches moralisches Verhalten sowie eine optimistische Lebensauffassung.[41]

Die Literatur des sozialistischen Realismus versucht, diesen Typus von Subjektivität entweder direkt zu repräsentieren, oder sie schildert paradigmatisch die Erziehung eines Menschen zu diesem Typ, etwa Neutschs Held Balla. Sehen wir uns indessen an, welches Bild von Subjektivität die kritisch- utopische Literatur der DDR diesem Typus entgegensetzt, so ist zwar an die

Stelle des affirmativ sozialistischen ein kritisches Bewußtsein getreten, dessen Optimismus zudem einen tiefen Knick zeigt, es bleibt indessen ein Subjekt als ein um einen ideologischen Kern zentrierter, mit Bewußtsein gepanzerter, "seines Selbst mächtiger Handlungsträger"[42]. Ein Beispiel ist Christa Wolfs Rezeption der Figur Kassandra. Dem Mythos zufolge von Apollo mit der Gabe der Weissagung, mithin spezieller irrationaler Kräfte ausgestattet, verwandelt sie sich bei Wolf in eine Frau (fraglos Christa Wolfs Vor- oder Ebenbild), welche allein auf Grund ihrer Verstandesschärfe und illusionslosen Beobachtungsgabe die Zukunft vorhersagen kann. Dabei steht sie als ein freies Zentrum von Erkenntnis der Wirklichkeit gegenüber, als könnte tatsächlich "die Abhängigkeit erkennender Subjekte von den zu erkennenden Objekten (...) aufgehoben oder überwunden"[43] werden. Kassandras/Wolfs Ideale: "meine Gefühle durch Denken besiegen"[44], "aufrecht, stolz und wahrheitsliebend sein", "das Glück, ich selbst zu werden"[45]. Dabei wird verurteilt, wem dieser Drang nach dem autonomen Subjekt abgeht oder mißglückt: "ein Schwächling ohne Selbstbewußtsein"[46], heißt es buchstäblich von einem. Dieses Verdikt paßte auf niemanden so gut wie auf Hilbigs autobiographisch definierten Ich- Erzähler: "ein weiches, zitterndes Elend, dem der Alkohol von Jahren in üblen Dünsten durch die seifige Haut entwich"(EÜ,158); von einem Ding wie Selbstbewußtsein keine Rede, und in einem Text mit dem Titel *Die Weiber* onaniert dieser "Schwächling" auch noch–ich sehe Christa Wolf die Mundwinkel bis zu den Füßen hinabziehen. Unbeabsichtigt bediente ihr zur Nachahmung empfohlenes Menschenbild die Identitätslogik der Macht (welche eine Ästhetik des Schönen ja eigentlich aufheben möchte), indem es wie jene das Unbewußte sowie den Körper des Menschen mit seinen Wünschen ausgrenzt oder doch zumindest naserümpfend in Anführungsstriche setzt. Jochen Schulte- Sasse macht darauf aufmerksam, auch der kompensatorische Bereich der Ästhetik und die mit ihm zusammenhängende Deutungspraxis begünstigen "die multinationale Abstraktion und Gleichschaltung von Gefühlen durch die Bewußtseinsindustrie"[47]. Der Leser müsse ja den Sinn, den er liest und kommuniziert, beherrschen, ein Leseverhalten, das vom Rezipienten von seinem Unbewußten sowie

Körper zu abstrahieren verlangt. Um Foucaults Gedankengänge wieder aufzugreifen, könnten wir sagen, eine Ästhetik des Schönen gehört zu den Instrumenten der Technologie der "Seele", welche ihrerseits ein Instrument der "Technologie der Macht über den Körper"[48] ist, und umgekehrt. Insofern gilt buchstäblich wie auch im übertragenen Sinn, eine gute Schrift (sprich eine Literatur aus symbolischen, nicht-arbiträren Zeichen) setzt eine ganze Gymnastik voraus. Ausreichend (nach Musik) marschiert, und die Signale des Unbewußten, die die Transparenz der sprachlichen Zeichen trüben, kommen dir nicht mehr dazwischen.

Dieser Zusammenhang bildet den unablässig reflektierten Hintergrund von Hilbigs Text *Die Weiber*–die er übrigens deshalb so nennt, weil im nahe seines Wohnortes gelegenen Konzentrationslager während des Krieges die wachhabenden Frauen ihre Gefangenen "Weiber" riefen, seither für ihn ein "Ehrenname"(DW,96). Der Text handelt von den bis zu Kastrationsgefühlen reichenden Verstümmelungen der sozialistischen Erziehung, die den Protagonisten vom "Bewußtsein (s)eines Schwanzes"/damit vom Bewußtsein seines Selbst zu trennen begonnen hatte, nicht zuletzt mittels der

> Literatur, die mir nicht verboten war, der ich deshalb trauen durfte, (aus ihr) glaubte ich nämlich zu erfahren, daß die Weiber meinen Schwanz in Wahrheit verabscheuten()–und ich war süchtig danach, über das Verhältnis meines Schwanzes zu den Weibern etwas zu erfahren, und ich hatte großen Respekt vor allem, was gedruckt zu lesen war. Aus allem, was ich über dieses Problem in Erfahrung brachte, schien mir schlüssig zu werden, daß den Weibern mein Schwanz zuwider war, ich war bestenfalls eine traurige Fallstudie in ihren Abhandlungen.(DW,53)

Und später heißt es über die Lektüre der ihm zugänglichen Literatur:

> und es war, als ob man mir ein Stück Seife für meinen Schwanz reichte, denn die Herzen meiner künftigen Partnerinnen seien sauber. Tatsächlich, ich wußte, in ihren Herzen liebten die Weiber einen Mann wie Lenin, der keinen Schwanz besaß... jedenfalls war nichts über den Schwanz Lenins bekannt geworden. Ach, und ich nahm das Stück Seife, und ich wusch mir den Schwanz ab, rein aus Sympathie zu den Weibern hatte ich begonnen, meinen Schwanz ebenso zu verab-

> scheuen, wie sie es taten. Und endlich war ich tüchtig, lebenstüchtig, militärdiensttauglich.(DW,54)

Hilbigs *Ausdrucksmaschine*, eine Revolte des Körpers gegen die Technologien der Macht über ihn, deshalb auch eine Revolte gegen die Ästhetik, das heißt gegen jede Form von Institutionalisierung der Kunst, mittels derer wir–unter der Abstraktion unseres Körpers–in die symbolische Ordnung vernäht werden.

Übrigens war es Nietzsche, der darauf hinwies, mit der Aufhebung des Christentums seien keineswegs das asketische Ideal und die mit ihm verbundenen Orgien der Selbstkasteiung beendet. Das asketische Ideal

> dieser Hass gegen das Menschliche, noch mehr gegen das Thierische, mehr noch gegen das Stoffliche, dieser Abscheu vor den Sinnen, vor der Vernunft selbst, diese Furcht vor dem Glück und der Schönheit, dieses Verlangen hinweg aus allem Schein, Wechsel, Werden, Tod, Wunsch, Verlangen selbst–das Alles bedeutet, wagen wir es, dies zu begreifen, einen *Willen zum Nichts*, einen Widerwillen gegen das Leben, eine Auflehnung gegen die grundsätzlichsten Voraussetzungen des Lebens...[49]

Verknüpft ist dieses Ideal stets mit der "Jenseitigkeits-Lösung" des Rätsels des Daseins. Der Marxismus verlagerte das Jenseits des Christentums in die Zukunft, ins Reich der klassenlosen Gesellschaft; strukturell erfüllt dieser Raum die gleiche Funktion wie das Jenseits der Kirche: das mit ihm verknüpfte *Ideal* (etwa jenes der sozialistischen Persönlichkeit) wird nun als Gott gesetzt. Und Nietzsche zufolge ist jedes Ideal letztlich asketisches Ideal. Wolfgang Hilbig auf die Frage eines Reporters: "Die ehemalige DDR also eine Art kommunistischer Missionsanstalt?–Schlimmer. Viel religiöser noch als in der Religion."[50] Aber was mit dem Atheismus, der selbst der Ideale entbehrt? Er verharrt Nietzsche zufolge wegen seines Willens zur Wahrheit im asketischen Ideal: "Dieser Wille aber, dieser Rest von Ideal, ist, wenn man mir glauben will, jenes Ideal selbst in seiner strengsten geistigsten Formulierung."[51] Damit wird auch die Körperfeindlichkeit in der Ästhetik der Wahrheitsbesessenen Christa Wolf verständlich.

Einer Ästhetik des Schönen entspricht Nietzsches Begriff des Apollinischen, der vor allem der Norm des Maßes verpflichtet ist, damit auch des Maßes an Wahrheit. Somit war Christa Wolfs Literaturbegriff in dem Kontext, in dem sie ihre Texte verfaßte, nicht durchzuhalten, ohne daß die Wahrheit, selbst diese, dosiert werden mußte. Durch den Mund Kassandras gesteht sie: "Immer hab ich mir diese Zeiten von Teilblindheit gegönnt. Auf einmal sehend werden–das hätte mich zerstört."[52] Was aber, wenn einer wie Hilbig (als ein Arbeiter einzementiert in die Welt der Entfremdung) das Privileg einer möglichen Teilblindheit nicht besitzt? Jenem bleibt keine andere Wahl als allem Apollinischen zum Trotz ein dionysischer Mensch zu werden, einer, der Nietzsche zufolge Hamlet ähnelt:

> beide haben einmal einen wahren Blick in das Wesen der Dinge getan, sie haben *erkannt*, und es ekelt sie zu handeln. (...) In der Bewusstheit der einmal geschauten Wahrheit sieht jetzt der Mensch überall nur das Entsetzliche oder Absurde des Seins, jetzt versteht er das Symbolische im Schicksal der Ophelia, jetzt erkennt er die Weisheit des Waldgottes Silen: es ekelt ihn.[53]

Nietzsches Konzept des Dionysischen wird bisweilen mit einer Ästhetik des Erhabenen kurzgeschlossen[54], eine Ästhetik, die sich sowohl der Notwendigkeit, allein zugleich auch der Unmöglichkeit aller (Selbst)repräsentation bewußt ist–die Ästhetik des Häßlichen, der Hilbigs Text öfter zugeordnet wird[55], einer ihrer Teilbereiche. Gliedern wir die Literaturgeschichte grob in eine Tradition versöhnter Darstellung (Ästhetik des Schönen) und eine "nicht- versöhnter Darstellung"[56] (Ästhetik des Erhabenen), so ist Wolfgang Hilbigs Text fraglos der letzteren zuzurechnen, ist für ihn doch von vornherein jede (Selbst)repräsentation mehr als problematisch. Novalis' Satz, der den Kern dieser Tradition definiert: "Das Wesen der Identität läßt sich nur in einem *Scheinsatz* aufstellen. Wir verlassen das *Identische*, um es darzustellen."[57], unterschriebe Hilbig ohne zu zögern; allerdings fügte er eine Fußnote an, daß ein Identisches seines Erachtens nicht existiert, weshalb es nichts zu verlassen gibt. Bemüht sich sein Ich- Erzähler um Selbstrepräsentation, so findet er kein Selbst: "als sei ich aus Papier geschnitten und hernach verkohlt, ein auf die notwendigste Figuration geschrumpftes Dunkelmännlein, wie man es in eiligem Stillstand auf den Verkehrsschildern sieht."(EÜ,172) "Das Subjekt ist nichts", schlußfolgert Žižek in Anlehnung an Lacan, "als die Unmöglichkeit seiner eigenen signifikanten Repräsentation"[58]. Diese Erkenntnis verbirgt sich in Hilbigs Text. Dennoch ringt sein Protagonist (als wäre da ein Selbst, das um etwas ringen könnte) verzweifelt um Zugang zu einem "Abwesende(n)", das "der formende Geist... die Poesie" ist:

> In einem Strahl vielleicht, in einer Art poetischem Lichtstrahl hätte es mir gelingen können, sagte ich mir, die Divergenzen der Namen und Geschehnisse, der Überlagerungen und Spaltungen, der Anklänge und bloßen Gleichzeitigkeiten zu überbrücken, sie zu ordnen und sie zum Mikrokosmos meiner Welt zusammenzuschließen...

Die Divergenzen von "Namen und Geschehnisse(n)", d.h. von Sprache und Realität, zu "überbrücken", weist auf eine Sehnsucht nach Versöhnung, allein er fährt fort: Dies "hätte bedeutet, die Entfernung dessen, was mein Leben beeinflußte, zum Diskurs über dieses Leben so zu verringern, daß mir die Hoffnung geblieben wäre, an der Welt teilzunehmen."(EÜ,177) Mit anderen Worten: die real erfahrene Entfremdung literarisch zu repräsentieren, auf eine Weise, daß für den Schreibenden eine Hoffnung bestünde, aus der Entfremdung herauszukommen, weist Hilbig zurück als das Konzept einer Selbsttäuschung. Lieber bekennt er sich zu den "Divergenzen", durchschießen diese seinen Text auch mit "schwarzen Löchern"[59] aus Abwesenheit, im Gegenzug sein Selbst, und damit jede Möglichkeit zur (Selbst)repräsentation, vernichtend.

Die Theorie einer Ästhetik des Erhabenen entwickelt Lyotard in Anlehnung an Immanuel Kants Gegensatzpaar des Schönen und Erhabenen in dessen *Kritik der Urteilskraft*:

> Mit der Idee des Erhabenen ist das Gefühl, werden wir mit einem Kunstwerk konfrontiert, nicht länger Genuß oder besser nicht einfach nur Genuß. Es ist ein gegensätzliches Gefühl, ein Gefühl des Genusses und der Unlust zugleich.[60]

Dieses widersprüchliche Gefühl erweist sich als Ausdruck eines Konflikts zwischen den Fakultäten des Subjekts, zwischen der des Denkens und jener der Vorstellungskraft. So können wir die Begriffe des Unendlichen, der Welt, der Gesellschaft, des Proletariats usw. zwar denken, aber wir können sie nicht mittels unserer Imagination anhand eines Objekts demonstrieren; versuchen wir dies dennoch, erscheint uns das Resultat schmerzhaft inadäquat.[61] Kurzum, Ideen können nicht repräsentiert werden, und ihre Existenz verhindert die freie Einheit der Fakultäten, welche uns das Gefühl für das Schöne erlaubt. Versucht die Kunst des Erhabenen dennoch das Unrepräsentierbare zu präsentieren, so im Bewußtsein dessen, daß sie sich um ein Unmögliches müht (dies erzeugt das doppelte Gefühl von Lust und Unlust). Die Ästhetik des Erhabenen (sie reicht von der Frühromantik über die Avantgarde bis in die Postmoderne), eine Beschwörung des Unrepräsentierbaren. All dies gilt fraglos für Wolfgang Hilbig. Doch sehen wir uns Kants Definition genauer an:

> Das Gefühl des Erhabenen ist also ein Gefühl der Unlust und der Unangemessenheit der Einbildungskraft in der ästhetischen Grössenschätzung zu der Schätzung durch die Vernunft und eine dabei zugleich erweckte Lust aus der Übereinstimmung eben dieses Urteils der Unangemessenheit des grössten sinnlichen Vermögens mit Vernunft.[62]

Der Lustanteil im Gefühl des Erhabenen stamme also aus der Bestätigung, daß unser "größtes sinnliches Vermögen" nicht viel tauge. An anderer Stelle wird das Erhabene definiert als "eine Macht des Gemüts, sich über gewisse Hindernisse der Sinnlichkeit durch moralische Grundsätze zu schwingen."[63] Und: "Also muß das Erhabene jederzeit Beziehung auf die Denkungsart haben, d.i. auf Maximen, dem Intellektuellen und den Vernunftideen über die Sinnlichkeit Obermacht zu verschaffen."[64] Diese Kategorie des Erhabenen ist m.E. körperfeindlich; durch Maximen werde der Idee (welche auch immer) über die Sinnlichkeit (den Körper) "Obermacht" verschafft. Setzen wir nur einmal probehalber als Maxime das sogenannte Klassenbewußtsein der Arbeiterklasse ein, als Idee jene der klassenlosen Gesellschaft, so haben wir Hilbigs Qual, die sich wie ein roter Faden durch alle Texte zieht–der unsägliche Schmerz, im Namen einer Idee kastriert zu werden (und Hilbigs Protagonist empfindet im Unterschied zu Kant kaum

Lust daran). Kein Wunder, Kants Kategorie des Erhabenen bezieht sich binär auf die Kategorie des Schönen, in dessen Namen Lyotard zufolge unsere (geistigen) Fakultäten mit Gewalt versöhnt, Differenzen (etwa jene zwischen Begriff und Empfindung) unterdrückt werden–das Schöne und das Erhabene, unversöhnlich entzweite Zwillinge in einer in sich selbst kreisenden Welt der Ideen. Spielt in der Ästhetik des Erhabenen der Körper eine Rolle, dann wird er–wie alles–über den Leisten einer Idee geschlagen; siehe etwa in Heiner Müllers Stück *Leben Gundlings Friedrich von Preußen Lessings Schlaf Traum Schrei*. Bilder des malträtierten Körpers zuhauf zur Verdeutlichung der Idee, wahre Freiheit sei in Preußen nur in der Katatonie möglich; der Körper bleibt in dieser Darstellung ein Objekt (bei Hilbig wird er zum Subjekt). Übrigens verkörpern Heiner Müllers Theaterstücke eine Ästhetik des Erhabenen per se. Müllers künstlerisches Anliegen ist es vor allem, die Idee der Revolution zu präsentieren, dabei bürstet er alle gängigen künstlerischen Präsentationsformen gegen den Strich, der Unpräsentierbarkeit seiner Idee bewußt. Indessen, was soll Müllers einer Synthese aus Marxismus und Avantgarde verpflichtete, großartig selbstironische Ästhetisierung der "STUNDE DER WEISSGLUT"[65] jenen Deklassierten wie Büchners Woyzek oder Hilbigs Protagonisten, die "unterhalb des Lebens (...) sitzen (und) hinaufstarren in das Leben" mit einem tief ehrfürchtigen "Neid auf alles Menschliche"(DW,80), wozu auch der freie Umgang mit dem eigenen Körper gehört.

Bahro übersetzt Orwells berühmten, den Sozialismus betreffenden Satz *Alle Tiere sind gleich, doch einige sind gleicher als die anderen!* in den folgenden: "Es eignen sich alle Individuen die Sozietät (die menschliche Zivilisation und Kultur) an, aber einige sind gesellschaftlicher als die anderen." Diese einigen sind jene Privilegierten, die ihre Energie nicht "acht Stunden jedes Tages auf Tätigkeiten konzentrieren mü(ssen), die relativ niedrige Grade und isolierte Felder von Bewußtseinskoordination beanspruchen"[66] wie *die da unten*, deren ohnmächtige subalterne Leben auf der Basis der bestehenden Arbeitsteilung die Vorausetzung bilden, daß jene *oben* sich die schöpferische Arbeit leisten können.

> Durch die bloße Tatsache, daß bestimmte Teile, Gruppen, Schichten für sich in Anspruch nehmen, hauptamtlich, hauptberuflich ein Leben lang abgesonderte allgemeine und schöpferische Arbeit in Politik, Wissenschaft und Kunst zu leisten, daß sie *die* Arbeit monopolisieren, die durch sich selbst zur Entfaltung der individuellen Wesenskräfte führt–durch diese Tatsache verurteilen sie andere Gruppen und Schichten zu hauptberuflicher Beschränkung, wenn nicht Abstumpfung der Gehirne.[67]

Meine These: alle ästhetischen Theorien, sei es die des Schönen, jene des Erhabenen oder welche auch immer, seien sie affirmativ oder oppositionell, wurden von jener privilegierten Schicht, die die schöpferische Arbeit monopolisiert, für jene Schicht selbst geschaffen–das geht so weit, daß der "große Haufen", den die Aufklärer mittels Literatur sozialisieren wollten, "niemals die Masse des Volks *unterhalb* des dritten Standes, sondern die Masse der den einsichtsvolleren Gelehrten gegenüberstehenden Bürger"[68] war. Für die untere Schicht, mit Hilbigs Worten "die Verdammten dieser Erde"(DB,147), sind alle Ästhetiken nicht nur irrelevant, weshalb sein Ich- Erzähler, der zu diesen "Verdammten" gehört, erkennt: "die vollendesten Denkmodelle scheinen nicht zu meinem Nutzen erschaffen"(ZP,91); sie dienen darüberhinaus unbeabsichtigt als ein Mittel der Festschreibung der Arbeitsteilung in Hand-und Kopfarbeit. Damit dienen sie dem Fortbestehen der Knebelung der Wunschströme, wie Deleuze und Guattari dieses Phänomen bezeichnen würden.

Entwickelt sich ausnahmsweise, wie in Wolfgang Hilbigs Fall, in dieser ohnmächtigen subalternen Schicht des fünften Standes selbst ein Literaturbegriff, so kann man m.E. nicht mit etablierten ästhetischen Kategorien wie des Schönen und Erhabenen darüber theoretisieren; alles was sich sagen läßt, ist, dieses Schreiben erstellt "Wunschmaschinen", die sich "Strukturen... widersetzen"[69]. Und das Ergebnis ist keine Literatur, sondern etwas, das mehr ist als diese–*kleine Literatur.*

Fußnoten

1 Michel Foucault. *Überwachen und Strafen.* a.a.O.,195.

2 *Der sozialistische Realismus.* Leipzig: VEB Bibliographisches Institut, 1979,72.

3 Ebda.,46.

4 Ebda.,60.

5 Ebda.,196.

6 Slavoj Žižek. *The sublime Object of Ideology.* London, New York: Verso, 1989, 142f.

7 *Der sozialistische Realismus.* a.a.O.,46.

8 Slavoj Žižek. a.a.O., 143. Žižek zitiert hier Jaques Lacan, *le Seminaire XX* Paris: Encore, 1975,52

9 siehe dazu Jochen Schulte- Sasse, "Das Konzept bürgerlich- literarischer Öffentlichkeit und die historischen Gründe seines Zerfalls" *Aufklärung und literarische Öffentlichkeit.* Frankfurt am Main: Suhrkamp, 1980, 83-132.

10 Ebda.,88.

11 zitiert in Helga Gallas. *Kontroversen im Bund proletarisch- revolutionärer Schriftsteller.* Neuwied und Berlin: Luchterhand: 1971,165.

12 Ebda.

13 siehe Jochen Schulte- Sasse. "Das Konzept bürgerlich- literarischer Öffentlichkeit und die historischen Gründe seines Zerfalls" a.a.O.,94ff.

14 zitiert in Manfred Jäger. *Kultur und Politik in der DDR.* a.a.O.,116.

15 Ebda.

16 Immanuel Kant. *Kritik der reinen Vernunft.* Hrg. Raymund Schmidt, Hamburg: F. Meiner, 1965,687f.

17 Hans Richter. "Gespräch mit Wolfgang Kohlhaase" *Sinn und Form.* 5(1979): 984.

18 Christa Wolf. *Kassandra.* Berlin: Aufbau- Verlag, 1990,215.

19 Hans Jürgen Schmitt. "Die journalistische Bedeutung neuerer Erzählformen" *Hansers Sozialgeschichte der deutschen Literatur Bd.V.* München, Wien: Hanser- Verlag, 1983,315

20 Volker Braun. *Unvollendete Geschichte.* Frankfurt: Suhrkamp, 1977,58.

21 siehe Jochen Schulte- Sasse. "Afterword" a.a.O.,102.

22 zitiert in Manfred Jäger. a.a.O.,122.

23 Kurt Drawert. "Dieses Jahr, dachte ich, müßte das Schweigen der Text sein" *CONstruktiv.* (5)1992:31.

24 Ebda.

25 Ebda.

26 zitiert in Hans Dietrich Schlosser. *Die deutsche Sprache in der DDR.* Köln: Verlag Wissenschaft und Politik,1990,142.

27 Christa Wolf. *Was bleibt.* Frankfurt am Main: Luchterhand, 1990,65.

28 Ebda.,31.

29 Ebda.,22.

30 Erwin Strittmatter. *Ole Bienkopp.* Berlin: Aufbau-Verlag, 1963,242.

31 Ebda.,144.

32 Christa Wolf. *Kein Ort Nirgends.* Darmstadt, Neuwied: Luchterhand, 1979, 121.

33 Hermann Kant. "Die Waffen des Gewissens" *Zu den Unterlagen. Publizistik 1957-1980.* Berlin und Weimar: Aufbau- Verlag, 1981,169ff.

34 siehe Peter Bürger. *Theorie der Avantgarde.* Frankfurt: Suhrkamp, 1974, 76f.

35 Wegen des gleichnamigen Titels von Schopenhauers Hauptwerk heftet sich Hilbigs Ich- Erzähler in *Eine Übertragung* dessen Porträt an die Wand. (EÜ,131).

36 Peter Bürger. *Theorie der Avantgarde.* a.a.O.,76f.

37 *Der sozialistische Realismus.* a.a.O.,214.

38 Helga Gallas. *Kontroversen.* a.a.O.,165.

39 Novalis, a.a.O. Band III,460.

40 Jochen Schulte- Sasse. "Literarische Wertung: Zum unausweichlichen historischen Verfall einer literaturkritischen Praxis" *Zeitschrift für Literaturwissenschaft und Linguistik.* 71 (1988):32.

41 *DDR- Handbuch.* Band I, Köln: Verlag Wissenschaft und Politik, 1985,365.

42 Jochen Schulte- Sasse. "Literarische Wertung" a.a.O.,22.

43 Ebda.,38.

44 Christa Wolf. *Kassandra.* a.a.O.,215.

45 Ebda.,219.

46 Ebda.,264.

47 Jochen Schulte- Sasse. "Literarische Wertung" a.a.O.,35.

48 Michel Foucault, a.a.O.,43.

49 Friedrich Nietzsche. *Kritische Studienausgabe.* München: dtv, 1988, Bd.V,412.

50 "Die Utopie, an die keiner glaubte" *Der Standard.* 12.Juni 1992.

51 Friedrich Nietzsche. a.a.O.,409.

52 Christa Wolf. *Kassandra.* a.a.O.,250.

53 Friedrich Nietzsche. a.a.O. Bd I, 56f.

54 siehe etwa Jochen Schulte Sasse. "Foreword" Peter Sloterdijk. *Thinker on stage: Nietzsche's Materialism.* Minneapolis: University of Minnesota Press, 1989

55 siehe auch Adolf Endler. "Nachwort" a.a.O.

56 Jochen Schulte- Sasse. "Literarische Wertung", a.a.O.,42.

57 Novalis, a.a.O. Band II,104.

58 Slavoj Žižek. *The Sublime Object of Ideology.* a.a.O.,208.

59 Adolf Endler. "Nachwort" a.a.O.,339.

60 Jean- Francois Lyotard, "Complexity and the Sublime" *Postmodernism. ICA Documents.* London:FAB, 1989,22.

61 Jean Francis Lyotard. *The postmodern Condition: A report on Knowledge.* Minneapolis: University of Minnesota Press, 1984,77f.

62 Immanuel Kant. *Werke.* Berlin: Georg Reimer, 1908, Bd.V,257.

63 Ebda.,271.

64 Ebda.,274.

65 Heiner Müller. *Stücke*. Leipzig: Reclam, 1989,280.

66 Rudolph Bahro. a.a.O.,146.

67 Ebda.,148.

68 Jochen Schulte- Sasse. "Das Konzept bürgerlich- literarischer Öffentlichkeit" a.a.O.,86.

69 Gilles Deleuze und Felix Guattari. *Anti- Ödipus*. a.a.O.,314.

Drittes Kapitel

Die Sprachproblematik in Hilbigs Text, dargestellt anhand seiner Selbstreflexionen

> sprache (...)
> zurück in die leere. tod-
> scheißender wallach
> Wolfgang Hilbig (DV,67)

Wir teilten die Literaturgeschichte grob in zwei Zweige, in einen darstellungsästhetischen mit einem Begriff des Kunstwerks als ein abgeschlossenes, in sich unendliches Ganzes, das von der Materialität der Sprache abstrahiert, sowie in einen produktionsästhetischen, dessen Text (etwa für den Zufall) offen ist, und im Zusammenhang damit unsere Aufmerksamkeit auf die Figürlichkeit und die Materialität der Sprache lenkt als präzise jenes, "das die identitätslogische Natur unserer philosophisch- linguistischen Systeme unterminieren kann."[1] Jener zweiten, explizit sprachreflexiven Literaturtradition wende ich mich in diesem Kapitel zu, um zu sehen, inwieweit Wolfgang Hilbig diese zum einen "beerbt", und wie er sie zum anderen über die ihr impliziten Grenzen hinaustreibt. Stellt Hilbigs Text eine *Fluchtlinie* dar aus dem restaurativen Sprachvertrauen des sozialistischen Realismus (welches seinem Ich-Erzähler etwa in den Zirkeln schreibender Arbeiter begegnet), so unterscheidet sich diese in entscheidenden Punkten etwa von der Sprachskepsis jener Szene- Lyriker, die ebenfalls die herrschende Sprachordnung radikal in Frage zu stellen versuchten.

Wir erinnern uns, Ende der siebziger Jahre war es zur dritten einschneidenden Differenzierung innerhalb der DDR-Literatur gekommen. Neben die Vormoderne des sozialistischen Realismus und die Moderne des kritisch- utopischen Realismus trat die Postmoderne. jener Szene-Literaten, eine Literatur mit einer radikal anti-utopischen Haltung.[2] Bei ihrem Bestreben, den Kapitalismus ökonomisch zu überholen, hatten die Funktionäre die DDR selbst in eine Fraktion des internationalen Kapitalismus verwandelt, eine besonders komplizierte indessen, blieben doch die Freiheitsbeschränkungen, mit denen die Menschen an den Boden und die Maschinerie gefesselt waren, weiter bestehen, und die Partei versuchte außerdem verstärkt mit staatsterroristischen Mittel zu verhindern, daß sich der Verlust der sozialistischen Utopie herumsprach, die Tatsache, daß der Kaiser nackt war (dafür etwa die Biermann-Ausbürgerung). Das Ansinnen, unter diesen Bedingungen noch immer literarisch eine bessere Zukunft zu repräsentieren, erwies sich in den Augen der neuen Autorengeneration, die nun auf den Plan trat, als lächerlich, damit ebenfalls das zugehörige Thema der (historischen) Spannung zwischen (kommunistischem) Ideal und (realsozialistischer) Wirklichkeit, dem die kritisch-utopische DDR- Literatur bis zum Untergang der DDR mit einem immer verzweifelteren Gestus verpflichtet blieb. Fritz- Hendrick Melle:

> Volker Braun?—Da kann ich nur sagen, der Junge quält sich. Dazu habe ich keine Beziehung mehr. Ich bin schon in einer frustrierten Gesellschaft aufgewachsen. Diese Enttäuschung (über die offensichtlich unüberbrückbare Kluft zwischen Ideal und Wirklichkeit, G.E.) ist für mich kein Erlebnis mehr, sondern eine Voraussetzung. Es ist so, daß der Braun für mich zur Erbmasse gehört. Er hat mir eigentlich nichts mehr zu sagen.[3]

Fast ebenso wie in der Frühromantik nun die Wendung der zeitlichen Imagination der Zukunft in eine Erfahrung des Imaginären außerhalb der Zeit: dabei wird die Kunst (jene der Szene) zu einem Raum außerhalb der Gesellschaft privilegiert und, als eine Absage an die herrschende Funktionalisierung der Kunst, ihre gesellschaftliche Funktionslosigkeit ästhetizistisch verklärt. Wolfgang Hilbig (Arbeiter im Schafspelz des Literaten) teilt die grundsätzliche Absage an die Utopie, doch kann er jene besagte Verklärung nicht mitvollziehen, als ahnte er, auch der gesellschaftsferne, scheinbar autonome Bereich der Kunst wirkt letztlich als ein Raum der Versöhnung und damit staatserhaltend–dies der Grund für die Unterschiede im Sprachkonzept, die ich im folgenden bespreche.

Zunächst etwas zur Geschichte der sprachreflexiven Literatur. Reflexionen über die Sprache als ihr Material und Medium begleiten die Literatur seit ihrem Beginn. ("*Spricht* die Seele, so spricht ach! schon die Seele nicht mehr"[4], Schiller). In der Frühromantik verwandeln sich diese Reflexionen in eine strukturelle Sprachskepsis aus dem Bewußtsein heraus, sprachliche Zeichen drücken weder irgendeinen Sachverhalt der Wirklichkeit aus, noch einen der Sprache vorgängigen Gedanken, sondern einzig sich selbst:

> Es ist eigentlich um das Sprechen und Schreiben eine närrische Sache; das rechte Gespräch ist ein bloßes Wortspiel. Der lächerliche Irrtum ist nur zu bewundern, daß die Leute meinen–sie sprächen um der Dinge willen. Gerade das Eigentümliche der Sprache, daß sie sich bloß um sich selbst bekümmert, weiß keiner.[5]

Das, was wir heute als die linguistische Wende bezeichnen, initiiert von Saussure und zusammengefaßt in Derridas Satz: "Es ist die Eigentümlichkeit des Zeichens, nicht Abbild zu sein"[6], wurde von der Frühromantik vorausgenommen, wenn auch noch unter der idealistischen Annahme, im vollends selbstbezüglichen Spiel der sprachlichen Zeichen spiegle sich "das seltsame Verhältnisspiel der Dinge"[7]. Dieses (zu jener Zeit noch fröhliche) Bewußtsein von der Arbiträrität der sprachlichen Zeichen wird von nun an ein untrennbarer Bestandteil des produktionsästhetischen Stranges der Literatur sein, sein Kulminationspunkt um die Jahrhundertwende. Denken wir nur an Nietzsche, Hofmannsthal oder schließlich den Dadaismus. Mit diesen drei wahllos herausgegriffenen Beispielen haben wir bereits einen Begriff von der Verschiedenheit innerhalb dieser Tradition. Quält es Hofmannsthals Protagonisten Lord Chandos etwa, daß Wahrnehmungen nicht in Sprache aufzugehen vermögen, so reflektiert Nietzsche die strukturellen Ursachen für den Bruch zwischen Sprache, Bewußtsein und Wirklichkeit (der Poststrukturalismus knüpft später direkt an Nietzsches Analysen an), wohingegen die Dadaisten ähnlich wie die Frühromantiker, nur radikaler, durch Spiele der Sprachdestruktion die instrumentelle Verformung der Sprache aufzulösen versuchen. Unterdessen war offenkundig geworden, daß, wenn ein Zeichensystem nicht Ausdruck einer vorausliegenden Ordnung ist, sondern die Ordnung (und damit Wirklichkeit) selbst konstituiert, der Manipulation mittels Sprache alle Türen offenstehen. Drei Formen einer absoluten Sprachskepsis, die sich indessen nicht nur epistemologisch voneinander unterscheiden, sondern auch dadurch, ob sie in einem Text motivisch verwendet werden, ob eine sprachskeptisch begründete Thematik intentional gestaltet oder die sprachlichen Gestaltungsmittel–mit sprachskeptischer Motivation–einer Innovation unterzogen werden. Dirk Göttsche gibt in seinem 1987 erschienenen Buch *Die Produktivität der Sprachkrise in der modernen Prosa* ein umfassendes Bild dieses Spektrums.[8] Es erübrigt sich, an dieser Stelle darauf einzugehen, denn mit Wolfgang Hilbigs *Ausdrucksmaschine*, deren umfänglichsten Teil Sprachreflexionen oder die Beschreibung von Sprachverzweiflungen/ traumata oder die absichtsvolle Destruktion einzelner Wortgruppen bilden, liegen alle Stadien und Varianten der Geschichte der sprachreflektiven Literatur vor uns. Kein Aspekt dieser Geschichte, der bei Hilbig nicht seine Entsprechung fände, als probierte er alle Lösungsvorschläge durch, um mit der "Krankheit (s)einer Sprache" (DW,31) einen Modus vivendi finden zu können–als eine Folge erscheint sein Text gleichsam als eine Geographie dieses Themas: "ich beschrieb in allen Variationen das Nichtschreiben"(EÜ,219). Ich hebe mir die Sprachtraumata sowie die Zertrümmerungsspiele mit Sprache (*Fluchtlinien* im Sinne Deleuzes und Guattaris) für spätere Kapitel auf, an dieser Stelle ein Überblick über Hilbigs Sprachreflexionen:

1. Als eine Vorstufe zeigt sich das Problem Lord Chandos', daß Empfindungen, Wahrnehmungen und Gefühle nicht in Sprache aufgehen können:

> noch immer fasse ich nichts kann ich nichts halten/was so unsäglich vorüberzieht/(...)/ich suche den sommer in der dunklen diktion meiner worte/während worte mich hinraffen/geht sommer um sommer verloren(A,71)

Konstatiert wird hier die Unmöglichkeit, die Dinge durch Widerspiegelung mittels Sprache festzuhalten, präsent zu machen. Später die Erkenntnis, weswegen dies nicht gelingt:

> War nicht der Begriff nur auf Grund einer schamhaften Übereinkunft entstanden, war es nicht ein Substantiv, das die wahre Beschaffenheit der Stoffe verschwieg... war nicht der Gebrauch der Substantive in beinahe jedem Fall ein Verschweigen der eigentlichen Substanzen der Dinge.(AA,39)

Hilbigs Protagonist hat erkannt, daß Wörter keinesfalls so etwas wie das Wesen der Dinge ausdrücken. In den kommunikativen Interaktionen der Menschen entstandene und von diesen kontaminierte Konstrukte, ist ihre Beziehung auf den Referenten willkürlich:

> niemand mehr wußte, aus welchem Anlaß sie in Gebrauch geraten waren, doch bestanden sie mangels wahrer Alternativen weiter fort... und schließlich existierten sie längst abgetrennt von den Handlungen, deren Wirkungen sie einst hatten begleiten sollen.(ZP,159)

Das erste, worauf Hilbigs Protagonist angesichts dieses Tatbestandes verfällt, ist (und damit bleibt er im Rahmen des herrschenden Literaturkonzepts), die Sprachzeichen wieder lebendig machen zu wollen, oder wie er es nennt: den "erloschenen Substantiven" poetisch aufzuhelfen: "ich suchte sie mit Attributen zum Leben zu erwecken, versuchte, ihre schauerliche Dürre mit Farbe zu tränken, aber jetzt blickte ich auf ein Defilee von Larven, in die Gesichter geschminkter Leichen."(AA,58f.) Die Erkenntnis wächst ihm zu: "Die Namen waren beliebig in ihrer Unabänderlichkeit... es war immer derselbe Name, der die Beliebigkeit bemäntelte." Beliebig meint arbiträr. Und die Sprachzeichen bleiben es, auch wenn du sie "schminkst"; damit erlöst du sie nicht von ihrem arbiträren Charakter, vielmehr gibst du nur ekelerregenderweise (wie im Sprachkonzept des sozialistischen Realismus) das Arbiträre als natürlich aus. Von da an voller "Mißtrauen gegenüber den sprachlichen Zeichen"(EÜ,107) resigniert der Protagonist: "das Diesseits war das Jenseits, die Schattenwelt, die nicht beschreibbar war(...) Es war ein Höllenstrich, weil es auf ihm keine Sprache gab."(EÜ,204) Das heißt, keine hinreichend leistungsfähige Sprache, die dem Protagonisten als Repräsentations-und Kommunikationswerkzeug dienlich sein könnte. Statt diesen unbeschreibbaren "Höllenstrich" der sogenannten objektiven Realität weiter repräsentieren zu wollen, widmet sich der Protagonist fortan vornehmlich der Beschreibung des Scheiterns, der Vergeblichkeit seiner Schreibversuche, verbunden mit einer Analyse der Gründe. Geht es dabei nicht zu verhindern, ein Stück Außenwelt sprachlich repräsentieren zu müssen, so verweist er, und sei es in einer Andeutung, auf die Verbrauchtheit des literarischen Materials und mithin auf die Fragwürdigkeit seiner Repräsentation. So fährt der Protagonist etwa auf einem "der zu Tode beschriebenen Flüsse"(DB,7). So fügt er etwa seinen eigenen Worten "zu Beginn dieses Sommers" hinzu: "ein Wortklang, der mir so hohl und nichtssagend in den Ohren hallt"(DB,168f.). Hinzukommt die ständige Kritik an einzelnen Begriffen, zum Beispiel "Erde"(AA,39), "Arbeiterschriftsteller"(EÜ,73) oder "restlos erledigt"(DB,182). Zudem die permanente Mißbilligung des eigenen Erzählduktus: "Ohne einen wirklichen Entschluß gefaßt zu haben, traf ich endlich in Berlin ein(...), so beiläufig, in einer Art Memoirensprache, drückte ich mich tatsächlich aus."(EÜ,55) Mit anderen Worten: Hilbig benutzt die Sprache als Transportmittel seines Sprachskeptizismus und ist sich der Fragwürdigkeit dieser Tatsache stets bewußt. Deswegen fügt er, von Text zu Text verstärkt, Inseln der Sprachzerstörung ein, auf denen er, mit Novalis' Worten, "das Chaos(...) durch den regelmäßigen Flor der Ordnung schimmern"[9] läßt: "Alte Abdeckerei... Altdeckerei... Alteckerei... Alteckerei... Alterei."(AA,116f.)

Und zusätzlich, als die der Sprachkritik komplementäre Bewegung, die verzweifelte Suche nach lebendigen, d.h. sprachtranszendierenden Zeichen, wie etwa jenes, womit die Insassinnen des Berliner Frauengefängnisses während ihres Hofspaziergangs den Protagonisten im Text *Die Weiber* von der Erkrankung seiner Wahrnehmungsfähigkeit erlösen:

> Und ich faßte mir ein Herz und schrie: ich liebe dich.(...) Aber keine der Frauen blickte nur einmal auf... ich wagte den Schrei nicht zu wiederholen; ich wußte, sie durften nicht aufblicken, wenn sie mich nicht verraten wollten, dennoch ahnten offenbar alle, daß ich schlecht versteckt hinter dem Schornstein hockte. Einige Minuten vergingen,

> aber plötzlich schien mir, sie machten ein Zeichen. Sie machten mir ein Zeichen, ein paar von ihnen hatten den Daumen zwischen Zeigefinger und Mittelfinger hindurchgeschoben und die Hand vorsichtig bis in Brusthöhe angehoben... Ich verstand, sie machten mir ein schmutziges Zeichen, das schmutzigste, das möglich war, sie hatten sich mit mir verbündet, es war ein Zeichen gegen den reinen Staat. (DW,108)

Die radikale Selbstreflexion der Sprachskepsis sowie der Versuch, sprachfreie Wirklichkeitszugriffe zurückzugewinnen, entspricht übrigens genau Nietzsches Vorschlag, "wie die Krisenlogik der Sprachskepsis aufzufangen ist"[10].

2. Neben dieser Reflexionsebene, auf der die Repräsentationsfunktion der Sprache problematisiert wird (Göttsche zufolge ist dieser Sprachbegriff grundsätzlich mit der Annahme verbunden, es gäbe eine auch nichtsprachlich erfaßbare Wirklichkeit[11]) eine zweite, auf der Wolfgang Hilbig der Lüge der herrschenden Sprachordnung nachforscht. Seine Ergebnisse auf diesem Feld ähneln auf den ersten Blick denen des DDR-Autors Gert Neumann, die jener in seinem Band mit dem bezeichnenden Titel *Die Schuld der Worte* sowie in den Romanen *Elf Uhr* und *Die Klandestinität der Kesselreiniger* vorträgt.

Die "Herrschaft der die Welt erklärenden Sätze"[12] und der damit verbundene Zwang zu einer entsprechenden Deutungspraxis ließen Neumann und Hilbig zufolge die Wirklichkeit versteinern bzw. zu einer Irrealität verkommen sowie die Würde des Menschen ersticken–Sätze wie zum Beispiel jener: "Die Lehre von Karl Marx ist allmächtig, weil sie wahr ist"[13]. Die Alltagskommunikation ist unter diesen Umständen paralysiert von einem "*eingefleischten* Schweigen" (ZP,167), nur mehr

> Gerede (...) nichts als immer wiederkehrende Sprechübungen in einer Zeit, da das Sprechen schon überflüssig geworden war(...), denn durch die herrschende Weltidee schien schon alles gesagt: sie hatte den Weg ins ewige Leben gewiesen... in die klassenlose Gesellschaft, sie hatte Frieden verkündet, unumstößliche Wahrheit, die Lösung aller Probleme... und damit war der Diskurs überflüssig geworden.(ZP,171)

Eine Metapher Hilbigs für diesen Tatbestand: "Mauern aus Sprachlosigkeit, und an deren Fuß... ein Gebrabbel"(ZP,171). Für beide Autoren versteht sich von selbst, ein mimetischer Literaturbegriff, dem es um Widerspiegelung zu tun ist, ist unter diesen Umständen, wo die Wirklichkeit kaum mehr als Wirklichkeit bezeichnet werden kann, ausgeschlossen. Statt dessen radikale Reflexion: "Gegen die Verpflichtung zu einer Biografie durch die Diktatur gibt es nur wenige Mittel; und die geeigneten finden ausschließlich im Denken statt"[14]. Im Unterschied zu Hilbig scheint Neumann allerdings fest davon überzeugt, durch "eine poetische Wiedergeburt der Sprache"[15] könne der Dichter die sprachlich dekredierten falschen Sinnzusammenhänge der Wirklichkeit und damit deren Strukturen zerreißen und dem Volk seine Würde zurückgeben. Eine Sprache,

> wo die Ereignisse nicht allein die Strukturen der Sätze bestimmen, und beweisen können, daß eine ganz bestimmte Gegenwart nicht stattfände; sondern wo die Sprache der Ereignisse in die Freiheit, Metapher zu sein, zurückkehren kann.[16]

Günter Saße macht auf die Parallelen zwischen Neumanns "auf die Sprache bezogenen Messianismus" und dem "romantischen Programm einer Poetisierung der Welt durch das Wort"[17] aufmerksam, gemäß Novalis' Anweisung: "wenn ihr die Gedanken nicht zu äußeren Dingen machen könnt, so macht die äußeren Dinge zu Gedanken"[18]. Wie wir wissen, ist Hilbig zu sehr Arbeiter, um sich auf eine Spiritualisierung der Welt durch reine Denkbewegungen zu verlassen; die entfremdeten Strukturen sind ihm körperlich eingeschrieben. Um so erstaunlicher mutet es an, daß Neumann seine Zuversicht auf die Erlösung der Welt durch den Zauberstab einer poetischen Sprache ausgerechnet mit seinem Dasein als Arbeiterschriftsteller begründet; am Arbeitsplatz, unter den täglichen Begegnungen der Arbeiter, sei nämlich der Geburtsort jener idealen Sprache, die ohne linguistische Zeichen kommunizierе und jene von der *Sprachmacht* abgegrenzte "Abwesenheit" besetze[19]. Neumann, in einer Schriftstellerfamilie aufgewachsen, war als Erwachsener und ausgewiesener Intellektueller in die Rolle eines Arbeiters geschlüpft, eine höchst ehrbare oppositionelle Geste; doch welch ein himmelweiter Unterschied zwischen seinem "proletarischen" Ich- Erzähler und Hilbigs Protagonisten, der tatsächlich ein Arbeiter ist. Bei Neumann ein innerlich geschlossenes, seines Selbst mächtiges, rationales Ich, bei

Hilbig statt eines Ichs "ein weiches zitterndes Elend". Reagiert die Macht auf beide feindselig (Neumanns Held wird vom Literaturinstitut exmatrikuliert, Hilbigs "Elend" ins Gefängnis gesteckt), so käme es einer Behörde nie in den Sinn, auf den "Arbeiter" Neumann mit der folgenden Herablassung zu reagieren:

> Unsicher erklärte ich den Fall (Hilbigs Protagonist war zu spät zur Nachtschicht erschienen, G.E.) mit meinen Schreibversuchen.–Des öfteren, sagte ich, nutze ich dafür die Abende am Sonntag.–Kaum zu glauben, sagte er. Was denn für Schreibversuche? Das haben wir doch alle in der Schule gelernt, nicht wahr...(EÜ,95)

Günter Saße macht zudem darauf aufmerksam, die Tatsache, daß Neumann von der Selbstmächtigkeit eines transzendentalen, reflektierenden Ich aus die herrschende Sprachordnung analysiert, ein Ich, das die Prinzipien seines eigenen Denkens und Handelns selbst setzt und insofern ein Zentrum von Freiheit[20] darstellt, macht seine postmoderne Annahme, es gebe nichts Außersprachliches, wir leben in einer stets schon formulierten Realität, unglaubwürdig. Die These der sprachdemonstrativen Moderne, daß der Sprache ein transzendentaler Status zukommt, daß die Sprache Wirklichkeit konstituiert (und damit auch das Subjekt, dessen Bewußtsein zu einer sprachabhängigen Größe wird), erfordere dagegen einen Subjektbegriff, der diesem Tatbestand Rechnung trägt–natürlich drängt sich uns, suchen wir nach einem Beispiel dafür, sofort Hilbigs zersplittertes Ich auf, dessen Bruchstücke verschiedenen Sprachen verpflichtet sind, jener des Arbeiters (das einemal des "klassenbewußten", das anderemal des ohnmächtig sprachlosen), jener des Dichters.

Den Unterschieden in der Subjektkonstitution entspricht der Schreibstil: bei Neumann eine rationale, in ihrer Abstraktheit an einen wissenschaftlichen Diskurs erinnernde, von einem "Wahrheitspathos"[21] besessene Sprache, bei Hilbig "ein Durchfall (s)eines Verstandes"(EÜ,62) aus Reflexionsschüben, Träumen, Halluzinationen, wenn er nicht in einer literarischen Gespensterszene–"literarisches Gespräch... das kann vielleicht nur ein Gespenstergespräch sein"(EÜ,341)–in der Nachahmung der "Sprache" der Krähen jede Artikulation sprachlicher Zeichen verhöhnt. Nicht, daß ich Gert Neumanns "Befreiung von der herrschenden Sprache ideologisierter Wirklichkeitsfixierungen"[22] nicht hoch einschätzte, nur bringt meines Erachtens Hilbigs schier aus dem Körper brechende Reflexivität mehr revolutionäre Kraft zur Entfaltung als Neumanns rasierklingenscharfe Verstandesarbeit.

Aus diesen Unterschieden resultiert auch, daß Wolfgang Hilbig das Verhältnis der Arbeiter zur Sprache illusionsloser sieht als Gert Neumann. Ist für jenen die Fabrik und die Kommunikation der Arbeiter untereinander präzise der Geburtsort für die klandestine Sprache der Poesie, so zeigt sich Hilbig dieser Raum, unter dem "Turm der Ökonomie"(UN,35), wie kein anderer erdrückt von der Last der entfremdeten Sprache, die sich als Sprachlosigkeit der Arbeiter artikuliert: "Die Arbeit der Arbeiter ist etwas, das absolut beherrscht ist, ja überhaupt erst existent ist durch die Sprache der Ingenieure"(UN,36). In Hilbigs Text *Die Arbeiter* von 1975 zeigt sich noch insoweit eine Ähnlichkeit zu Gert Neumanns Idealisierung des "Mensch(en) der Praxis"[23], als zwar nicht die Arbeit der Arbeiter, doch jene des Heizers tief unter den Arbeitern "Gedankenarbeit" ist: "sie trägt in all ihren Verrichtungen den Keim zu einer eigenen Sprache". Allerdings fügt Hilbig sofort hinzu:

> Falls die Sprachlosigkeit der Arbeiter den Betrieb besetzt hält, ist mit ihm, dem Heizer, auch nicht anders als in der Sprache der Ingenieure zu verhandeln; die leeren Stellen in seinen Gedanken bleiben ein weiteres Mal ungeschlossen.(UN,36)

Im Fortgang des Textes geschieht dies tatsächlich; der Heizer, auf dessen Aufbruch in eine neue Sprache der Verfasser all seine Hoffnungen setzt, läßt sich "seine Arbeits- und Schweigensbedingungen(...) mit Geld vergüte(n)"(UN,41). Und die Arbeiter ahnen "im Schweigen der Heizer über ihre Arbeitsbedingungen(...) eine Sprache weit unterm Niveau ihrer Sprachlosigkeit, die ungeheuer elende, standpunktlose Sprache von Maschinen." Sie, die Arbeiter, da sie die Sprache der Ingenieure benutzen: "Komplizen der Macht". Er, der Heizer, da er Geld für sein Schweigen einstreicht: "Judas"(UN,43). Žižek geht so weit, die Sprache als das Medium der sozialen Beziehungen von Herrschaft als ein stalinistisches Phänomen zu bezeichnen.

Führt uns doch jede Teilnahme am gesellschaftlichen Ritual der Sprache (bei der es auf Grund der performativen Funktion des Sprechens keineswegs möglich ist, unser Inneres auszudrücken) notwendig zur Selbstaufgabe: "was übrigbleibt, ist die leere Form des Subjekts–das Subjekt als diese leere Form."[24] Žižek gelangt zu dieser extremen Aussage durch die Analyse der stalinistischen Schauprozesse, welche zeigen, daß die Beteiligung an der Sprache der Partei und ihrer impliziten binären Logik im Extremfall dazu führt, daß einer sich selbst beschuldigt: Ich bin ein Verräter, der Tod gebührt mir!

Teilt auch Hilbig nicht Neumanns euphorische Zuversicht über die Zaubermacht der poetischen Sprache als ein Mittel der Erlösung eines Volkes, so hofft er doch, wenigstens für sich selbst durch unbeirrtes Schreiben einen poetischen Ort zu erreichen, an dem es ihm gelingen möchte, sich vom zerstörerischen Einfluß der (sprachlich verfaßten) Wirklichkeit zu retten.

3. Auf einer dritten Reflexionsebene indessen begreift Hilbigs Protagonist, zum Erreichen dieses Ziels ist Sprache (und auch poetische Sprache bleibt Sprache) ein völlig untaugliches Mittel. Ein literarischer "Selbstheilungsversuch (ist) gerade die Verfertigung einer Spaltung(...), und nicht, wie man annimmt, ein Aufbruch in Richtung eines sogenannten heilen Ich"(DB,109). Hinter Aussagen wie diesen verbirgt sich Hilbigs Bewußtsein darüber, daß die Sprache bereits auf der linguistischen Ebene instrumentell verformt ist: "Und wenn sie auch kaum noch standen, wußten sie (Arbeiter einer Abdeckerei, G.E.) besser als jede andere Sprache, aus welchen Absenzen die Worte waren"(AA,93). Die "Absenzen der Worte", d.h. die Spaltung zwischen Signifikat, Signifikanten und Referenten überwindet auch nicht der poetische Gebrauch der Sprache, es sei denn, du zertrümmerst Semantik und Syntax so vollständig, daß poetisches Sprechen nur mehr ein referenzloses, d.h. ausschließlich selbstbezügliches Spiel mit Sprachpartikeln darstellt (auf dem epistemologischen Hintergrund, daß ja auch die Welt nichts anderes sei, als ein Spiel von Zeichen). Dieser Verführung erlagen in der DDR die sogenannten Szene-Poeten des Prenzlauer Berges. (Uwe Kolbe, der das Sprachspiel dazu benutzt, rebellische Botschaften zu

verschlüsseln, ist eine Ausnahme). Inmitten der "Objektivität von Gewehrläufen"(EÜ,249) des realexistierenden Sozialismus die elitäre Selbstbefriedigung des Sprachexperiments mit der betonten Absage an jedes politische Engagement. Daß ein avantgardistischer Literaturbegriff mit dem Verzicht auf jede inhaltliche Orientierung im Kontext einer Diktatur mehr als fragwürdig ist, darauf weist schon das Beispiel der italienischen, den Faschismus anhimmelnden Futuristen. Natürlich verbirgt sich hinter der staatlichen Duldung der Szene, deren Literaturbegriff ja der herrschenden Ästhetik geradezu diametral widersprach, auch (und wohl zuallererst) die geheime Einsicht des Staates in die unterdessen kapitalistisch gewordenen gesellschaftlichen Strukturen, die einen kompensatorischen Bereich der "autonomen" Kunst erfordern, die Zeit und Wunsch imaginär aufhebt.[25]

Einsichten wie diese (die poetische Selbstaussage treibt das Ich noch tiefer in die Entfremdung hinein, ein referenzloses Sprachspiel verbietet sich hingegen aus Kontextgründen) führen Hilbig schließlich dazu, daß er—obschon er im gleichen Atemzug beteuert: "Ich bin Schriftsteller(...) ich liebe die Sprache"(DB,203)—der Sprache befiehlt:

> zurück in die leere. tod-
> scheißender wallach"(DV,67)

Die Konsequenz daraus wäre jene, welche Rimbaud (eines von Hilbigs Vorbildern) zog: Schweigen! Was aber, wenn genau dies, zu schweigen, "das einzig lautende Gebot"(EÜ,49) seines Feindes ist, des Machtapparats?

> Ich hatte, zu zeiten, in denen ich Naivität genug besaß, versucht, mit einigen Texten von mir an die Öffentlichkeit zu treten, und unversehens hatte ich es mit dem Sicherheitsdienst zu tun gekriegt und mir war empfohlen worden, das Schreiben sein zu lassen... auf meinen Widerspruch hin war mir zu Schweigen empfohlen worden... als ich erklärte, meiner hier sitzenden Existenz sei das sehr wohl zu empfehlen, aber man rechne dabei nicht mit derjenigen, in die ich mich in der Nacht verwandelt fühle und der gegenüber ich keine Stimme habe, es sei mir zweifelhaft, ob ihr überhaupt eine andere Stimme hörbar sei außer derjenigen der Wörter, die sie setze, da brüllten sie.(EÜ,42)

Hier ahnen wir den Teufelskreis, in dem sich Wolfgang Hilbigs literarische Produktion bewegt: die Sprache ("todscheißender wallach") hat ihre Tücken, seinem möglichen Schweigen indessen entspräche der Sieg seines Feindes, des Machtapparats.

Hilbig verläßt in meinen Augen die bisherigen Grenzen der sprachreflexiven Moderne, sofern sich in ihr (dies weist Dirk Göttsche in seiner umfassenden Analyse nach) die Krise des modernen Subjekts als Sprachkrise artikuliert. Bei Hilbig (dies werde ich in den folgenden Kapiteln belegen) ist es vor allem die Sprachproblematik, die die Krise des Subjekts bedingt, ja dessen Konstitution von vornherein verhindert; die Identitätskrise verstärkt dann selbstverständlich wiederum das Sprachproblem. Ein solcher Ansatz (der mehr ist als eine seitenverkehrte Reproduktion des Verhältnisses von Identitäts- und Sprachkrise) belegt meines Erachtens viel radikaler die mit der linguistischen Wende verbundene Einsicht, daß es die Sprache ist, die apriori sowohl gegenüber dem Subjekt als auch dem Objekt herrscht. Als eine Konsequenz des damit verbundenen Begriffs des Subjekts–der dessen "Nichtexistenz"(EÜ,211) impliziert–sprengt Hilbig die Position des Autors:

> So wie alle Dinge in der Welt umgekehrt werden müssen, weil sie verkehrt sind, so mußte ich das Verhältnis von Autor und Protagonisten umkehren. Wenn ich die Differenz zu einer *Realität* genannten Sache–zu einem Realität genannten Anschein–überwinden wollte, so mußte der Name meiner Bewußtlosigkeit in den Text, nicht aber als Signum unter den Text. Dort hätte bestenfalls ein Name wie Stalin stehen können.(EÜ,212)

Der Name Stalin vertritt hier die Instrumentarien, die die Subjektkonstitution des Ich, welches als ein möglicher Autor in Frage kommen könnte, verhinderten. Wer aber spricht in einem Text, wenn kein Autor? Gilles Deleuze und Claire Parnet in ihrem berühmten Dialog:

> Ursache der hervorgebrachten Aussagen ist kein Subjekt, das als Subjekt des Aussageakts, der Äußerung fungierte, und die Aussagen beziehen sich auch nicht auf Subjekte der Aussagen. Die Aussage ist Produkt einer–stets kollektiven–Verkettung, die außerhalb und innerhalb unserer selbst Populationen, Vielheiten, Territorien, Affekte, Geschehen und Werden ins Spiel bringt.[26]

Agiert der Autor noch im herkömmlichen Sinn als ein Subjekt der Äußerung, so Deleuze und Parnet zufolge nicht mehr der Schriftsteller. Er "erfindet, aufbauend auf Verkettungen, die ihn erfunden haben, andere Verkettungen, er läßt eine Vielheit in eine andere übergehen."[27] Es ist nicht mehr so, daß ein Autor einen Text schreibt, vielmehr setzt ein Schriftsteller eine *Ausdrucksmaschine* in Gang, die die diversesten Phänomene/Vielheiten miteinander verbindet. Im Zusammenhang damit die Suche nach einer Strategie, die den Umgang mit sprachlichen Zeichen einer radikalen Veränderung unterzieht, allen anderen Zeichen voran jenes für das eigene Ich. Sinniert Hilbigs Protagonist: "Ich mußte die Sache mit dem Namen umkehren!"(EÜ,212), so spezifieren Deleuze und Parnet diese Umkehrung folgendermaßen: "Die Eigennamen sind keine Namen von Personen; sie sind Namen von Völkern und Stämmen, von Pflanzen und Tieren, von militärischen Operationen oder 'tycoons', von Kollektiven, anonymen Gesellschaften und Produktionsbüros."[28] Der "Name", den wir uns über Hilbigs Text fortan geschrieben denken werden, ist eine Montage aus all jenen Elementen, welche einerseits seine (zersplitterte) Subjektivität beeinflußten und mit welchen deren Bruchstücke kommunizieren. Benutzen wir Deleuzes und Parnets Vokabular zur Beantwortung der Frage, was Hilbigs *Ausdrucksmaschine* von der modernen sprachreflektiven Literatur unterscheidet, so läßt sich sagen: jene Literatur wurde—sei ihre Sprachreflektion auch noch so radikal—von Autoren verfaßt, Hilbig aber produziert als Schriftsteller.

Fußnoten

1 Jochen Schulte- Sasse. "Literarische Wertung" a.a.O.,41.

2 siehe dazu: Wolfgang Emmerich. "Gleichzeitigkeit Vormoderne, Moderne und Postmoderne" *Text und Kritik*. Sonderband: Bestandsaufnahme Gegenwartsliteratur, 1988. Sowie: Horst Domday. "Die DDR-Literatur als Literatur der Epochenillusion. Zur Literaturgeschichtsschreibung der DDR- Literatur" *Die DDR im vierzigsten Jahr*. Köln: Edition Deutschlandarchiv, 1989.

3 *Berührung ist nur eine Randerscheinung* Hg. von Elke Erb und Sascha Anderson. a.a.O.,147.

4 zitiert in Dirk Göttsche. *Die Produktivität der Sprachkrise in der modernen Prosa*. Frankfurt: Athenäum, 1987,1.

5 Novalis. *Schriften*. a.a.O. Bd.II,672.

6 Jaques Derrida. *Grammatologie*. Frankfurt: Suhrkamp 1983,79.

7 Novalis. *Schriften*. a.a.O. Bd II,672.

8 siehe Dirk Göttsche. *Die Produktivität der Sprachkrise in der modernen Prosa*. a.a.O.,2O.

9 Novalis. *Schriften*. a.a.O., Bd.I,386.

10 Dirk Göttsche. a.a.O.,49.

11 Ebda.,25.

12 Gert Neumann. *Elf Uhr*. Frankfurt: Fischer, 1981,23.

13 Gert Neumann. *Die Klandestinität der Kesselreiniger*. Frankfurt: Fischer, 1989,14.

14 Gert Neumann. *Elf Uhr*. a.a.O.,17.

15 Ebda.,321.

16 Ebda.,3O.

17 Günter Saße, "Der Kampf gegen die Versteinerung der Materie Wirklichkeit durch die Sprache" *DDR- Jahrbuch*. (Hg. Paul Gerhard Klussmann, Heinrich Mohr) Bonn: Bouvier, 1987,199.

18 zitiert nach Günter Saße. a.a.O.,199.

19 zitiert nach Patricia A. Simpson. "Where the Truth lies: Silence in the Prose of Gert Neumann" Paper, vorgetragen auf der GSA- Tagung, Los Angeles, Oktober 1991.

20 Günter Saße. "Der Kampf gegen die Versteinerung der Materie Wirklichkeit durch die Sprache" a.a.O.,214f.

21 Ebda.,2OO.

22 Günter Saße. a.a.O.,197.

23 Adolf Endler. a.a.O.,336.

24 Slavoj Žižek. *The Sublime Object of Ideology*. a.a.O.,211.

25 siehe dazu: Jochen Schulte- Sasse, "Notes on Imagination, Time, Narration", Manuskript.

26 Gilles Deleuze, Claire Parnet. *Dialogues*. a.a.O.,59.

27 Ebda.

28 Ebda.

Viertes Kapitel

Die Identitätsproblematik in Hilbigs Text und die Komplexität ihrer Ursachen

> Denn ich hatte keinen Begriff mehr von meinem Wesen, ich fühlte mich nicht, ich sah mich nicht...
> Wolfgang Hilbig (EÜ,212)

Obschon Wolfgang Hilbig keinen Zweifel daran läßt, daß die Identitätskrise seines Protagonisten vornehmlich durch dessen Problem mit der Sprache verursacht wird—"meine Krankheit (war) eine Krankheit meiner Sprache"(DW,31)—möchte ich in diesem Kapitel das Phänomen der Identitätskrise für sich betrachten, um es später mit der Sprachproblematik, mit der es untrennbar verflochten ist, wieder zusammenzuführen. Damit umgehe ich die Gefahr, dieses Phänomen monokausal zu begründen, was verfehlt wäre, sind seine Ursachen doch komplex, sie liegen nicht allein im linguistischen, sozialhistorischen, epistemologischen und psychologischen, vielmehr auch im geographischen und sogar im architektonischen sowie im topographischen Bereich. Um mit dem letzteren anzufangen, wie soll einer "()einen Begriff... von (s)einem Wesen"(EÜ,212) haben, sich selbst fühlen können auf den

> Höllenebenen unüberwindlicher Müllplätze mit ihren blutrot zuckenden Bränden, von denen schwarze Heuschreckenschwärme schwarzen Papiers aufflogen,... jene Hügel und Täler aus Asche, wo durch das Gerümpel ein Irrer stolperte, auf der Suche nach ein paar längst verrotteten Blättern, die in grüner Tinte ein paar seit Jahren nicht mehr zu rekonstruierende Anweisungen für den Gebrauch der Liebe enthielten.(DW,70)

Als diesen "Irren" gewahrt der Ich-Erzähler sich selbst. Eins der wichtigsten Symptome seiner Identitätskrise besteht darin, daß er sich (wie in diesem Fall) nur von außen zu sehen vermag und danach schmachtet, "der andere (zu) werden, der an sich selbst von innen denken konnte"(DW,74). Dazu die Persönlichkeitsspaltung (etwa in Arbeiter und Schriftsteller), wenn sein Selbst nicht vollkommen fragmentiert, begleitet von körperlichen Auflösungserscheinungen, etwa "riesige abblätternde Schorfstellen"(DW,7), Impotenz(DW,57), qualvollen Zwangsvorstellungen, etwa, "die Weiber" seien aus der Stadt verschwunden (DW,16), blackouts(EÜ,312), Selbstmordanwandlungen (DW, 103). Ihre Gestaltung findet die Identitätskrise vor allem in einer Reihe grotesker Spiegelszenen. Kaum ein Text Hilbigs, in dem der Protagonist nicht vergeblich versucht, angesichts seines Spiegelbildes der Not seiner Zerrissenheit zu entkommen; doch nie vermittelt ihm, was er im Spiegel erblickt, ein Bild der Ganzheit und Integrität, eher reißt ihn der Spiegelungsvorgang noch furchtbarer in seine Not hinein:

> Es war ein gelbgrau verfärbtes, faltiges Gesicht, und es wirkte auf den Tod abgekämpft; eine Erstarrung, wie von einem bösen Schlag, verzerrte es nach rechts unten, und in dieser überaus häßlichen Larve, so schien mir, lauerten Niedertracht und Heimtücke, blutunterlaufene, tief in den Kopf gesunkene Augen stierten mich ungläubig und abweisend an.(EÜ,167)

In einer früheren Spiegelszene heißt es: "mein Gott, dachte er, das Gesicht eines Verrückten"(UN,105). Lacans Aufsatz *Das Spiegelstadium als Bildner der Ich-Funktion* zufolge ist es gerade unser Bild im Spiegel, angesichts dessen uns als Kleinkind in einem Akt der jubelnden Identifikation die Fiktion unseres Ich zuwächst und im Zusammenhang damit "die Annahme eines Panzers einer entfremdenden Identität, welche mit ihrer rigiden Struktur die gesamte geistige Entwicklung des Subjekts markiert."[1] Im Fall von Hilbigs Protagonisten gelang die Identifikation mit dem eigenen Bild im Spiegel nicht, damit bleibt jene grundsätzliche imaginäre Verkennung aus, die für die Konstitution des Ich und der Rüstung der Identität notwendig ist—für Hilbig bleibt der im Spiegel ein anderer. Als Folge hatte der Protagonist keinen Begriff davon, "wer ich war, mein Name war das Eigentum einer fremden Figur"(DW,24), und verzweifelt plagt er sich unausgesetzt mit der Frage, "wie soll man es machen, Kontakt finden zu sich selbst"(DW,83). Für dieses Kontaktfinden-Wollen wird, trotz grausamer Erfahrungen, immer wieder der Spiegel bemüht–Tänze vor dem Spiegel und Verkleidungszenen, um den Doppelgänger, der ihm entgegenblickt, wenigstens annehmbar finden zu können, vergeblich: die "aus wurstähnlichen Ringen zusammengesetzte Figur"(DB,139) kann nicht seine Billigung finden, und verkleidet als Frau, kommt ihm jener im Spiegel erst recht albern vor. Im Text *Er, nicht ich* schildert der Protagonist in einem Protestbrief an die "Verwaltung für innere Fragen" seine Not im Kampf um ein eigenes Ich:

> für Stunden täglich–und dies einige Wochen hindurch–habe er sich vor dem Spiegel geplagt, um mit weiblicher Stimme zu sprechen, in ihm weiblich erschienen Sätzen, in Frauenkleidern und mit ausgestopftem Busen, so habe er vor dem Spiegel die Entkrampfung seiner Gesichtszüge trainiert, mit zurückgebogenem Kopf, mit etwas seitlich geneigtem Hals, so daß er ein wenig habe schielen müssen, habe er zu wispern, zu flöten versucht, sich die Stimme möglichst flach aus der Kehle holend... oh, es war einfach geschmacklos.(ZP,180)

Da dem Protagonisten die Illusion des Eins-seins mit sich selbst als einem anderen im Spiegelstadium nicht gelang, scheitern folgerichtig auch alle intersubjektiven Beziehungen, denn der Spiegel steht "als Modell für die Deskription einer imaginären Intersubjektivität"[2]. So verstößt der Protagonist im Text *Der Brief* etwa seine Freundin, weil er in ihren Augen die "unendliche() Trivialität"(DB,129), in welcher er sich bewegte, gespiegelt zu sehen meint. Verlustig "aller Äußerungsformen, Umgangsformen, Annäherungsformen seinen Mitmenschen gegenüber, deren jede mitmenschliche Person bedürfe, um zumindest augenblickslang brüderlich erkannt zu werden"(ZP,179), leidet er folgerichtig bis zum Äußersten an seiner Isolation, die rückwirkend seine Identitätskrise noch verstärkt.

Das Spiegelstadium, in dem wir unser Ideal-Ich entwerfen und es in einem Akt des primären Narzißmus libidinös besetzen, findet zwischem dem 6. und 18. Monat statt–dieser Zeitraum fällt im Leben von Hilbigs Protagonisten in die Mitte des zweiten Weltkriegs. Seine Geburt in "der gebannten Stille" unmittelbar vor einem Bombenangriff, und im "schweren üblen Rauch" des überstandenen Angriffs sieht er sich dann auf der Welt sein: "ein bis zur Idiotie entsetztes Bündel, das gelähmt in seinem Käfig lag"(DW,62). Aus dieser Erfahrung der Bombenangriffe (sie hält bis in sein drittes Lebensjahr an) bleiben dem Protagonisten "immer bedrohlicher werdende Ängste von irgendwelchen Bewegungen über (s)einem Kopf." Wer konzentriert sich, von solchen Ängsten geplagt, triumphierend auf sein Ebenbild in einem Spiegel. Außerdem kann Lacan zufolge das imaginäre Ich nur entstehen, wenn die Mutter, die das Kind im Spiegelstadium auf dem Arm trägt, dabei zuverlässig als ein Repräsentant der symbolischen Ordnung fungiert.

> An sie richtet das Kind den >Appell seines Blickes<, um von ihr, als dem >Zeugen<, jene Antwort zu erhalten, die eine Wieder-An-Erkennung ist; ein Anerkennen, das nicht ausgeht vom imaginären anderen (dem Spiegelbild, G.E.), sondern vom großen Anderen, von dem Zeugen, der(...) >ein Anderer ist als irgendeiner der (imaginären) Partner (der Täuschung)<.[3]

Mit anderen Worten, das Kind braucht die Mutter als Augenzeugin, soll der imaginäre Aufbau des Ich während des Spiegelstadiums gelingen, und die Mutter von Hilbigs Protagonisten versagte in dieser Funktion. "Meine Mutter war durch den Krieg an der Liebe gehindert worden; sie hatte nur ein Rudiment ihrer banalen Praxis mitgekriegt, mit mir als Schluß"(EÜ,247), so lapidar begründet Hilbigs Protagonist die Tatsache, daß seine Mutter nicht imstande gewesen war, ihm während seiner Kindheit das Maß an Zuwendung zukommen zu lassen, das nötig gewesen wäre für das Gelingen der Konstitution eines Ich. Die Mutter, Soldatenwitwe, ein Opfer der Verhältnisse, deshalb keine Zuweisung von Schuld. Indessen auch kein Text Hilbigs, in dem nicht der Schmerz über ihr Versagen artikuliert wird. Im Text *Die Weiber* beneidet der Protagonist etwa einen Gelähmten im Obergeschoß seines Hauses; jener war vor dem Krieg geboren und mußte folglich

> einen Herd von Wärme, den Erinnerung ihm speist, in sich gespürt haben... mir jedoch fehlte dergleichen, mir fehlte eine undefinierbare Winzigkeit, ein Punkt, den ich in mir nicht auffinden konnte, ein

> Glühfädchen, mir war etwas vorenthalten worden, in einem Moment von Fahrlässigkeit oder Zeitmangel, der unausdenklich weit zurücklag, hatte man mir einen winzigen Hauch einzuhauchen vergessen... etwas, das später niemals mehr einzuholen war, und das Fehlen dieses erbarmungswürdigen Tröpfchens verurteilte mich unwiderruflich zu einer Zukunft in der Hölle.(DW,70)

Woran es damals gefehlt hatte, mag ein aufmerksamer Blick gewesen sein, mit dem die Mutter als eine Zeugin das Kleinkind vor dem Spiegel sich seiner selbst versichern läßt. Statt liebevoller Zuwendung erfährt der Sohn Verachtung, weil er nicht die Tüchtigkeit sowie "Korrektheit und Güte"(DW,61) des vor Stalingrad gefallenen Vaters "erbte":

> Aus dir ist das vollkommene Gegenteil geworden. Man könnte denken, du bist überhaupt nicht sein Sohn, und du wirst nur irgendein Hilfsarbeiter werden, der für jeden den Dreck wegputzt. Aber wahrscheinlich wirst du einfach auf der schiefen Bahn landen, du wirst uns ein Leben lang nur Schande bereiten.(DW,61)

Und natürlich folgt der Sohn dann haargenau diesem von der Mutter programmierten Weg. Hans Joachim Maaz zufolge war es gerade das "unheilvolle() Ineinander von gesellschaftlicher und familiärer Repression", das in der DDR die psychischen Strukturen großer Teile der Bevölkerung deformierte. "Dabei war die Gefühlsunterdrückung die absolute Norm: Selbstbeherrschung, Kontrolle, Tapferkeit, Härte und Fügsamkeit gegenüber der Autorität und Niemals-Aufbegehren waren die geforderten Tugenden"[4] Hilbig zum Kontext DDR:

> ich hatte(...) die Vorstellung, mich an einem uralten, entsetzlich trockenen und puritanischen Ort zu befinden, in einem wüstenähnlichen Vakuum, in einer mich umschließenden Aura versteinerter Askese, die mir aufgezwungen war, während rings die mir unerreichbaren Wände(...) vom Öl des Lebens trieften.(DW,81)

Ein Ort, an dem die Idee regierte, "daß die Lust nur ein Geschenk des Staates sein dürfe"(DW, 84). Ein "Niemandsland... eine() tote() Zone" mit einer "zermürbenden Verlangsamung allen Lebens"(ZP,157). Die Bürger dieses Landes nur "Versatzstücke einer Weltidee"(ZP,169); ihrer Befindlichkeit entspricht in der Lyrik "die Metapher eines nach Luft ringenden Ichs"(ZP,239). Hilbig wird nicht müde zu betonen, die Grenzen der Subjektivität in diesem Kontext sind vor allem "verlängerte Landesgrenzen", damit unterscheide sich der Ausgangspunkt eines Lyrikers in der DDR von dem des Lyrikers im Westen, welcher "bestrebt ist, sich seine Subjektivität aus der Zerstreuung zu filtern"(ZP,240). Wird eine Subjektivität im Wechsel von Be- und Entgrenzungserlebnissen konstituiert, so ist es das Fehlen jeglicher Entgrenzungsmöglichkeit, das die buchstäbliche Atemnot des DDR- Subjekts produziert: "...rang ich nach Luft"; dieses Nach- Luft- Ringen zieht sich durch jeden Text Hilbigs, "mir war, als sei der Luft ein spezielles Aroma entzogen, das mir lebensnotwendig war"(DB,16).

Innerhalb dieses Kontextes, den im geographischen Sinn die Abwesenheit einer Ausgangstür charakterisiert, sind vor allem drei Institutionen für den Zusammenbruch der psychischen Stabilität des Protagonisten verantwortlich: 1. die Schule, 2. die Fabrik, 3. das Gefängnis–jede eine reine "Disziplinierungsanlage" im Sinne Foucaults, deren Modell im Mittelalter während der Pestepidemien und den damit zusammenhängenden Quarantänemaßnahmen entstand, ein "geschlossene(r), parzellierte(r), lückenlos überwachte(r) Raum, innerhalb dessen die Individuen in feste Plätze eingespannt sind, die geringsten Bewegungen kontrolliert und sämtliche Ereignisse registriert werden."[5] Foucault bezeichnet die Struktur eines solchen Raumes als ein Panoptikum, ich gehe später noch darauf ein.

Zu 1.: Über die Zwänge der sozialistischen Erziehung im weitesten Sinn, gekoppelt mit jenen des geographischen Eingesperrtseins, und ihre psychischen Folgen reflektiert Hilbig vor allem im Text *Die Weiber*. Nach seiner Entlassung aus einem Betrieb, der ausschließlich Frauen beschäftigte, erliegt der Protagonist dem Eindruck, sämtliche Weiber seien aus der Stadt verschwunden, ja, man habe seinem Vaterland die weiblichen Bestandteile kastriert. Den Ausdruck *Weiber* wählte der Verfasser, wie wir wissen, als einen "Ehrenname(n)"(DW,96). Gemäß früher Kindheitseindrücke (der Protagonist pflegte neben einem Konzentrationslager zu spielen, in welchem die wachhabenden Frauen ihre Gefangenen *Weiber!* riefen) erzeugt der Begriff *Frauen* in ihm unwillkürlich die Assoziationen Uniform, Diktatur, Ilse Koch, der Begriff *Weiber* dagegen Liebe. Mit einer "helle(n) Panik in (s)einen Eingeweiden"(DW,33) beschließt der Protagonist, nach den verschwundenen Weibern zu suchen. Nachdem ihm zunehmend bewußt wird, daß dieses ominöse Verschwinden vor allem ein Ausdruck seines eigenen Verlustes ist, die Wirklichkeit wahrzunehmen, gerät die Suche nach den Weibern zugleich zu einer Suche nach den biographischen Gründen für diese qualvolle Krankheit des Realitätsverlustes. Während seiner Kindheit und Jugend, findet er heraus, war "unter der Flagge" der sozialistischen Moral, die stets zusammen mit den Namen Kampf und Arbeit auftrat, ein "tiefenpsychologisches Verbrechen" an ihm begangen worden, der Staat hatte den Protagonisten von seinem Geschlecht getrennt, "eine Verstümmelung meiner Innenwelt durch Kastration":

> Ich wuchs zwischen Mauern auf(...), wo man, wie in jedem gewöhnlichen Irrenhaus, meinen Schwanz für gefährlich hielt(...), unter der Herrschaft von Psychopathologen(), die den Geschlechtstrieb für abnorm erklärten.... und den *Sex* für kapitalistisch, schon das Wort, da es zu amerikanisch klang, war beinahe verboten...

Und später heißt es: "Man begann also(...), mich vom Bewußtsein meines Schwanzes zu trennen."(DW,50) Eine "Hirnkastration". Während dieser Zeit der sexualfeindlichen Erziehung wurde zudem das Land geteilt, und die Landesteilung zieht sich in den Augen des Protagonisten genau "durch die Taillen der Weiber", wobei "die Unterkörper der Weiber, ihr parfürmiertes Raffinement" auf die andere Seite der Mauer verlegt wurden, ins "Lager der Reaktion"(DW,52f.). Nur ihre Oberkörper blieben auf dieser Seite—"es waren hochgeschlossene, grau oder blau gekleidete Oberkörper, mit muskulösen Armen, die danach verlangten, den (sozialistischen, G.E.) Aufbau zu umarmen". Zu den Oberkörpern gehörten Köpfe, die den Protagonisten "brüderlich lieben würden, wenn (er) für den Aufbau das (s)eine zu leisten imstande war"(DW,53). Er erklärt sich damit einverstanden, denn sein hinreichend gut erzogener Kopf (er repräsentiert das zu diesem Zeitpunkt noch vorhandene Klassenbewußtsein des Protagonisten) möchte ebenfalls auf dieser Seite der Mauer bleiben. Allein zu seinem Schrecken bemerkt der Protagonist, daß "sein Schwanz" über die Mauer "hinwegzielte, nämlich den Unterkörpern der Weiber hinterdrein"(DW,53). In Panik über diese Spaltung zwischen Kopf und Körper sucht der Protagonist Zuflucht bei der ihm zugänglichen Literatur, mittels welcher er, dies wissen wir bereits, die herrschenden sexualfeindlichen Normen internalisiert. Damit hat ihn die sozialistische "Männergesellschaft" (DW,47) seinerseits "mannhaft" gemacht, insofern, als er die Weiber nun nicht mehr sieht: "irgendein furchtbarer Wahn hat meinen Blick getrübt"(DW,55). Erfolgreich "auf den Schießplätzen der Landesverteidigung", versucht der Protagonist zunächst, sich mit diesem Wahrnehmungsverlust abzufinden, allein immer wieder bricht in ihm jenes durch, was er den "geilen Neid" auf alles Menschliche nennt. Von der Sorge beherrscht, "man möge mich liebhaben", ist er zugleich darauf bedacht, "diese Sucht nicht bemerkbar werden zu lassen"(DW,73); doch schließlich bricht seine Krankheit aus, "Kastrationsschorf" platzt von seiner Haut, der Protagonist halluziniert.

"Liebe zu Frauen und Liebe zum Vaterland sind Gegensätze"[6], ist das Leitmotiv von Klaus Theweleits außerordentlicher Arbeit *Männerphantasien*. Eine faschistoide Organisation des gesellschaftlichen Lebens verrät sich Theweleit zufolge stets an der Abwehr des Liebesobjektes Frau und der Entsexualisierung/Desinfizierung des Bildes Frau, wobei sich ein Begriff, ein Symbol, eine Haltung, ein Standpunkt zwischen den Mann und die Frauen schieben, letztere ersetzend. So sind etwa in den Romanen der Naziliteratur, die Theweleit analysiert, die guten Frauen (Schwestern, Mütter) stets "desinfizierte Mäuschen"[7]; das Bild der sinnlichen Frau wird abgewehrt im Namen der Männer-Bünde. Das Erziehungsziel von Frauen scheint hier das gleiche zu sein, wie jenes, dessen Ergebnis Hilbigs Protagonist an seiner Mutter konstatiert: "eine mörderische Reinheit"(DW,101). Theweleit beklagt, daß auch der Marxismus den Wunsch des Menschen als eine gesellschaftliche Produktivkraft leugnet. Selbstverleugnung der gemeinsame Nenner aller Marxisten: "Alle tendieren sie dazu, Makrogebilde zu werden oder zu erzeugen: aber eines ihrer Haupterzeugungsmittel ist der Ausschluß. Mikrobenjäger auf dem sauberen Tischtuch ihrer Theorien, Grenzwächter ihrer Körperpanzer."[8] Vom Territorium des eigenen Leibes wird abstrahiert, das eigene Unbewußte vernichtet. Was nach solch einer Prozedur übrigbleibt: die "Stahlgestalt"[9] des Soldaten— oder des Stalinisten, können wir hinzufügen, als derjenige, der es als seine Lebensaufgabe ansieht, eiserne Gesetze der Geschichte zu vollstrecken. Slavoj Žižek verweist auf den Zusammenhang zwischen dem stalinistischen Persönlichkeitsbild—Kommunisten als "Männer des eisernen Willens, irgendwie ausgeschlossen vom alltäglichen Zyklus gewöhnlicher menschlicher Leidenschaften und Schwächen(...), der lebende Tod"[10]—und dem Geschichtsbild des Marxismus, wonach die Geschichte in eine objektiv bedeutsame Geschichte, DIE Geschichte, und die irrelevante, alltägliche Geschichte, die möglichst ausgemerzt gehört, verdoppelt wird. Jene irrelevante Geschichte ist indessen die Geschichte der menschlichen Körper mit ihren Wünschen. Kein Wunder, so erkennt Hilbigs jugendlicher Protagonist, daß die Herrschenden befürchten, der Untergangs des Staates stehe bevor, "wenn man die Schwänze nicht unten halten konnte"(DW,50). Im achten Gebot der sozialistischen Moral heißt es: "Du sollst deine Kinder im Geiste des Friedens und des Sozialismus zu allseitig gebildeten, charakterfesten und körperlich gestählten Menschen erziehen"[11]. *Körperlich gestählt,* darum geht es. Es meint nichts anderes als jene "Ganzheitspanzer", die Theweleit analysiert, eiserne Häute, das Ergebnis einer Gefühlsunterdrückung von der frühen Kindheit an. Theweleit lokalisiert den Ort dieser Unterdrückung und der darauf folgenden Erzeugung von Ganzheitspanzern in der Wilhelminischen Familie als einer "spezifischen Organisation des gesellschaftlichen Geschlechterverhältnisses im männerrechtlichen Europa"[12]. Die wilhelminische Ehe eine Nicht-Beziehung zwischen Mann und Frau; die Heirat gilt der Vermeidung weiblicher Liebesobjekte, sofort wird die Ehefrau enterotisiert und funktionalisiert zu einer Ordnungsstifterin im häuslichen Raum, eine "unterworfene, entlebendigte Stütze seiner Einheit"[13]. Als Mütter sind diese Frauen unfähig, durch liebevolle Zuwendung zu garantieren, daß das Kleinkind von innen heraus seine eigenen Körpergrenzen libidinös besetzen und damit ein Ich bilden kann; statt dessen werden die Körperwünsche und -flüsse des Kindes negativisiert und eingedämmt, wenn nicht ausgeprügelt.

Folgerichtig wird das Kind nicht zu Ende geboren, und deshalb vermag es sich aus der Symbiose mit der Mutter nicht zu lösen, denn das hätte ja vorausgesetzt, daß es durch eine lustvolle Besetzung seiner Peripherie zu dem Gefühl gelangt, ein von der Mutter und von anderen unterschiedenes Selbst zu sein. Die erste Sozialisierung im Leben läßt mithin den Typ des soldatischen Mannes ohne ein Gefühl äußerer Grenzen. An seiner Peripherie herrschen Unlustgefühle vor; kein Körper-Ich bildet sich aus, damit kann auch das Unbewußte nicht auf eine friedfertige Weise integriert werden. Wird das Kind älter, versucht es der schmerzhaft erlebten symbiotischen Einheit mit der Mutter durch die hierarchische Struktur zu entkommen. Den im Entstehen begriffenen soldatischen Mann erfüllt nun das unstillbare Bedürfnis nach Ganzheitsgebilden (Partei, Nation, Vaterland), die ihm als ein Ersatz für das persönliche Ich mit einem gesellschaftlichen Ich ausstatten. Zudem mit einem Muskelpanzer, der ihn davor schützt, bei der Berührung mit etwas Lebendigem zu fragmentieren. Die Stahlgestalt bietet ihm die beste Garantie für die Abwehr von Trieben. Können diese nicht vollkommen abgewehrt werden, geschieht ihre Entladung als ein negativer Orgasmus in der Zerstörung ihres Selbst und des Selbst der Anderen, im "marschieren, stampfen, stieben, jagen, stoßen..." Die soldatischen Männer–durch die Schuld ihrer Mütter "zerstörerische, halbgeborene Ordnungsirre"[14]. Das Personal an Lehrern und Erziehern (und natürlich auch an Polizisten, Vernehmern, Vorgesetzten) in Wolfgang Hilbigs Text entspricht präzise diesem Typ des soldatischen Mannes, der mit seinem in der wilhelminischen Familie erworbenen Körperpanzer nun im neuen Ganzheitsgebilde des sozialistischen Vaterlandes mühelos funktioniert. Und der von seinen Zöglingen wiederum die Ausbildung eines derartigen Körperpanzers als eines Organs der Triebabwehr erwartet. Und die Frauen?

> ...wenn ich an das Durcheinander von Angst, panischer Religiosität und sklavischem Konformismus im Kopf meiner armen Mutter denke, ihr unterwürfiges Taumeln in alle gerade befohlenen Richtungen, und schließlich in die *Partei* (d.h. in einen Bund der soldatischen Männer,G.E.)–keineswegs etwa aus Hoffnung auf einen Vorteil, sondern aus nackter Schwäche; nie war für sie eine andere Gesellschaftsform als

> die einer Diktatur überhaupt denkbar–woher sollte für eine solche Frau... woher für die anderen Arbeiterfrauen ein Klassenbewußtsein kommen.(DB,86)

Und woher die Fähigkeit zu liebevoller mütterlicher Zuwendung, können wir hinzufügen. Mangels dieser gelingt es auch Hilbigs Protagonisten nicht, seine Körpergrenzen von innen heraus lustvoll zu besetzen und damit zu Ende geboren zu werden. Halbgeboren vermag er sich freilich nicht aus der Symbiose mit der Mutter zu befreien, zudem ihm ebenfalls die Flucht in die hierarchische Struktur und die Ausbildung eines Körperpanzers versagt bleibt (jener Punkt unterscheidet Hilbigs Protagonisten von dem soldatischen Mann). Noch mit vierzig lebt der Protagonist in einer schmerzhaften Symbiose mit der Mutter, geplagt von "Wiederverschlingungsangst und -sehnsucht"[15]:

> o maman, meine Sonne der Abwesenheit, ich werde der toten Götter zwischen dir und mir nicht achten, näherkommen, um endlich in mein Geburtsloch zu blicken(...) Nicht nur mein Atem soll hinstreifen über die Kraft deiner Schenkel, mein Atem, der schon einmal in dir zu atmen lernte. Auch das Auge will in dich zurück, das durch dich zu sehen lernte. Das Auge will sich andrücken. An deine Wasserpflanzen, an das Loch deiner Wut. An den schönen Kern deiner Seele, an die Gosse deiner Fäkalien. An die krepierte Bombe in deinem Fleisch. (DW,100f.)

Im Wechsel damit verzweifelte Anklagen: "Die Mauer deiner Freiheit trägt Einschußspuren, Elektroschocks prügeln faule Verrückte in den Zellen deiner Freiheit", bevor die Distanz zur Mutter wieder zusammenbricht und sogar Inzestphantasien Raum gibt:

> Zu dir will ich dennoch, näher zu dir. Näher, um mein Auge an das flüssige Fleisch zwischen deinen Beinen zu pressen(...) Ja, ich liebe dich, um meine Lider zu schließen. Das Auge in deinem Fleisch, liebe ich dich, um die Lider zu öffnen... zu schließen, zu öffnen, schnell, zu schließen zu öffnen, o mit den Lidern zu fliegen. Mit den Lidern deinen Schrei in dir zu öffnen.(DW,102)

Hilbigs Familiengeschichte eine sozialistische Ödipusstory, in welcher "der Generalissimus Stalin"(DW,68) oder "der(...) Staat"(DW,67) den Platz des Vaters einnehmen? Gewiß, nur wird diese Story wie bei Kafka, der das Foto seines Vaters auf die Weltkarte projiziert, in geographische Dimensionen aufgeblasen und damit ad absurdum geführt. Deleuze und Guattari zufolge ist die familiale Konfiguration stets eine gesellschaftliche; Hilbig unterschriebe das sofort: "Die heilige Familie als Keimzelle des Staats, da haben wirs...–Der heilige Staat als Keimzelle der Familie, wäre das nicht besser?"(EÜ,122) Folgendes äußern Deleuze und Guattari angesichts Kafkas:

> Einerseits entdeckt man hinter dem Familiendreieck (Vater- Mutter-Kind) andere, unendlich aktivere Dreiecke, von welchen sich die Familie ihre Kraft borgt, ihren Drang, die Unterdrückung fortzupflanzen, den Kopf niederzudrücken und Köpfe zu kürzen. Da es *das* ist, in was die Libido des Kindes wirklich von Anfang an investiert wird: mittels des Familienfotos eine ganze Weltkarte.[16]

Ebenso wie Kafkas Sohn-Vater-Beziehung repräsentiert die Sohn-Mutter-Beziehung in Hilbigs Text viel eher politische, ökonomische, bürokratische Koordinaten der DDR-Gesellschaft als eine reine, psychoanalytisch deutbare Eltern-Kind-Beziehung. Ist ein Eckpunkt des Familiendreiecks durch einen anderen Begriff ersetzt, wird Deleuze und Guattari zufolge das Ganze sogar direkt de-familiarisiert, Ödipus auf die Dimension der Absurdität vergrößert. Genau dies geschieht bei Wolfgang Hilbig, wenn er die Position des vakanten Vaters durch Stalin oder den Staat besetzt; der Koitus zwischen Mutter und Staat gerät zu einer Komödie, wodurch das Familienverhältnis in die "Welt" deterritorialisiert wird:

> ... breit in ihrer ergebensten Hingabe hatte meine Mutter den Vater Staat in seiner ganzen kraftvollen Schönheit über sich kommen lassen, das grandiose Symbol des Aufbaus stand steil vor ihr empor und es senkte sich fest in ihren Leib, und zur Feier ihrer Beglückung wurde ein Meer von Fahnen entfaltet, die jungen Garden der Partei ließen es wogen über der Zeremonie dieses reinen Koitus, ich wurde unbefleckt empfangen.(DW,67)

Abgesehen von der Sexualfeindlichkeit reflektiert Hilbig ausgiebig den militaristischen Charakter der sozialistischen Erziehung im Disziplinarraum Schule; ich überspringe diese Dimension.

zu 2.) Die Institution der Fabrik. An diesem Punkt sind es sowohl ökonomische (die Dimension der entfremdeten Arbeit), als auch spezifische politisch-bürokratische Gegebenheiten im Kontext DDR, die dazu beitragen, daß sich das psychische Dilemma des Protagonisten, erzeugt durch die Kindheit im Krieg und verstärkt durch eine rigide, sexualfeindliche Erziehung, verschlimmert, obschon es später noch der Institution des Gefängnisses bedarf, um das Selbstbewußtsein des Protagonisten auf das Bewußtsein seiner "Nichtexistenz"(EÜ,212) zu reduzieren. Ist Foucault zufolge der Raum der Fabrik als ein solcher eine Disziplinierungsanlage, in der der Körper des Arbeiters codiert und abgerichtet wird, so zeigt sich dieser Vorgang im Kontext DDR als besonders dramatisch, übt doch hier die Arbeiterklasse den offiziellen Verlautbarungen zufolge die Macht aus, und ist es doch ausgerechnet die Idee des Klassenbewußtseins der Arbeiterklasse, die "zum alleinherrschenden Maßstab aller Urteile (wurde), die über eine jede Person gefällt werden konnten."(EÜ,155) Angesichts dieser Doktrin hatte der Protagonist als ein Arbeiter zunächst

> einen notgedrungenen Respekt den Angehörigen der Klasse gegenüber, für die der Staat mit seinem Namen einzustehen vorgab, vermutet(...); mit einer Wirklichkeit, in der ich plötzlich meinen Boden als Angehöriger der Arbeiterklasse verlieren konnte–in einem Gesellschaftssystem, das sich als die wahre Heimat der Arbeiterklasse lang und breit empfahl–und in der ich so leicht in ein Loch stürzen konnte, in dem ich nur noch eine Null war, wollte ich nicht rechnen.(EÜ,70)

Hinzukommt als ein scheinbar nebensächlicher, doch in meinen Augen äußerst bedeutsamer Umstand, daß der Ich-Erzähler zu den "Undeutschen"(DB,98) gehört; beim Kartenspielen beschimpfen sich die Männer in seines Großvaters Küche auf Polnisch oder Russisch–man lebt in jenem Viertel der Stadt, "in welchem die ungelernten Arbeiter wohnen" (DB,98), jene, die eine besonders "schmutzige() minderklassige() Arbeit"(AA,62) ausüben, eine Arbeit, auf die der normale deutsche, d.h. gelernte Arbeiter selbstverständlich verächtlich herabblickt. Wie soll der Protagonist keinen Minderwertigkeitsgefühlen erliegen, wenn er im "Viertel der Schmierigen und Asozialen" lebt, dort, "wo das Straßenpflaster aufhörte und der Braunkohlenschlamm anfing, noch heute ist es die Gegend mit dem wirklich unangenehmsten Ruf in der

Stadt, die üble Gegend, die den Bürgern (hierzu rechnet Hilbig auch die gelernten Arbeiter, G.E.) unheimlich ist."(DB,99) Meines Erachtens ist es gerade dieser Herkunft aus dem alleruntersten Rang der Arbeiterschicht, dem 5.Stand, zu verdanken, daß der Protagonist nicht den imaginären Täuschungsmanövern der Macht zum Opfer fällt, sondern diese in ihrer Funktion durchschaut:

> Sie richten vor ihr (der Arbeiterklasse,G.E.) ein Standbild auf, in der Hoffnung, sie werde sich darin wiedererkennen. Sie verstehen... dieses Standbild ist also geschaffen, damit die Klasse die Klasse bliebe. Und nur deshalb vermuten und erhoffen Sie Klassenbewußtsein in der Klasse. Aber dieses Klassenbewußtsein existiert nur in Köpfen, die nicht der Klasse angehören, die nicht Proletenköpfe sind. Deshalb ist es im Grunde, wie längst *Bloch* schon bemerkte, Proletkult zu nennen, Proletkult, den er falsch und bürgerlich angesteckt nannte. Nicht nur bloß angesteckt, möchte ich sagen, vielleicht geradezu neomonopolistisch.(DW,94)

Wen der Protagonist hier freilich polemisch mit "Sie" anredet (ein imaginärer Dialogpartner, der ihm für die Zeit der Unterhaltung in einem roten Sessel gegenübersitzt) ist eine Inkarnation seiner selbst, die gewissermaßen das Über-Ich des Protagonisten repräsentiert, dessen durch den Drill der sozialistischen Erziehung erzeugtes Klassenbewußtsein als Arbeiter. Derjenige, der protestierend das Wort führt, ist eine andere Inkarnation des Protagonisten, die Stimme seines Es. Im Fortgang der Erzählung *Der Brief* entzweien sich die beiden bis zur Feindschaft, die Spaltung des Protagonisten, von Anfang an latent vorhanden, wird manifest. Christa Wolf, Sprecherin des kritischen Bildungsbürgertums der DDR, konstatiert in ihrer Erzählung *Was bleibt*: "Die Spaltung ist in jedem angelegt"[17]; sie spricht von der Spaltung zwischen Staatsräson und Protest. Daß sie in Hilbigs Protagonisten nicht nur "angelegt" ist, sondern aufreißt und die Persönlichkeitskonstitution verhindert, ist auf dessen Zugehörigkeit zum Proletariat zurückzuführen, erfährt er doch dessen doppelte Existenz, als "Standbild"(DB,94) und als "Null"(EÜ,70), tagtäglich am eigenen Körper. Žižek über die "doppelte" Existenz der Arbeiterklasse im Sozialismus[18]: Seiner Ansicht nach ist der Sozialismus eine Klassengesellschaft mit nur einer Klasse. Die herrschende Bürokratie befindet sich dabei an der Stelle der herrschenden Klasse, die nicht existiert, sie nimmt deren leeren Platz ein. Damit erreiche der Sozialismus einen Punkt, an dem die Differenz der Klassen wirklich differentiell wird: nicht mehr zwei positive Wesenheiten stehen einander feindlich gegenüber, sondern eine abwesende (herrschende) und eine anwesende (arbeitende) Klasse. Die abwesende ist die Arbeiterklasse selbst, als die entgegengesetzte Klasse zu den empirischen Arbeitern, wodurch der Unterschied der Klassen mit der Differenz zwischen Allgemeinem (Arbeiterklasse) und Besonderem (die Klasse der besonderen Arbeiter) zusammenfällt; die herrschende Bürokratie verkörpert—gegenüber der Klasse der empirischen Arbeiter—ihre Allgemeinheit. Die Parteimitglieder sind die einzigen empirischen Repräsentanten der wahren Klasse, der Klasse als solcher. Damit schrumpft der empirische Arbeiter zwangsläufig auf ein Nichts, scheint es doch so, als ob er der Arbeiterklasse fremd, ihrer Allgemeinheit gegenüber entartet wäre.[19] Daher der "Zustand latenten Schuldbewußtseins" der Arbeiter im Sozialismus, von denen Hilbig spricht:

> Wird sein Tun und Lassen nicht andauernd mit Gewissensfragen verbunden. Wo sagte man ihm zum Beispiel einmal, er solle so gut und so viel produzieren wie notwendig. Immer heißt es doch, so gut wie möglich, so viel wie möglich. Eigentlich(...) ist er doch sein ganzes Leben damit beschäftigt, Täuschungsmanöver zu entwickeln, denn tagtäglich muß er beweisen, daß er seinen verdammten Lohn *verdient* hat, einen Lohn, der bestenfalls einen geringen Prozentsatz seiner Mühen gerecht begleicht.(DB,104)

Und die Partei? Sie ist Žižek zufolge der Fetisch, der das Reale der Differenz der Klasse, der Nicht-Beziehung zwischen ihrem Ganzen und dem Nicht-Alle, desavouriert (deshalb schmückt sich die Partei gern mit Mitgliedern, die empirische Arbeiter sind, etwa Hilbigs Mutter). Analysieren wir die Argumente, die die zwei verschiedenen psychischen Instanzen des Protagonisten in ihrem Streit einander an den Kopf werfen, so ist unschwer zu erkennen, daß sie einerseits von der Position des Allgemeinen, andererseits von jener des Besonderen aus formuliert sind. Auf jene Instanz, die des Protagonisten Über-Ich repräsentiert, hat

> der eindrucksvolle Vergleich, mit dem die Schulmeister vor den Kathedern meiner frühen Schuljahre uns, den Schülern, die Macht des Proletariats darstellten–denkt nur, wie schwer es ist, alle Zündhölzer aus einer Packung, im Gegensatz zu einem einzigen, gleichzeitig zu zerbrechen–(...) seine Spuren(...) hinterlassen.(DB,84)

Die andere Instanz (der empirische Arbeiter) erwidert ihr: "Welcher Idiot benutzte uns denn derart zweckentfremdet, daß er uns alle gleichzeitig packte, um uns zu zerbrechen."(DB,85)

Dieses Bewußtsein eines inneren Entzweigeschnittenseins der Arbeiter im Sozialismus und die damit verbundenen Hilflosigkeitsgefühle machen sie in Hilbigs Augen erst recht anfällig für den Zugriff der Dressur- und Abrichtungsmechanismen im Disziplinarraum Fabrik. Es wäre ein eigenes Thema, diesen schrittweisen Abrichtungsprozeß in Hilbigs Text genau zu verfolgen. Hier nur soviel: übrig bleiben am Ende "eingeebnete, tonale Monster"(UN,31), die

> Maschinen (produzierten) zur Herstellung von Maschinenteilen, aus denen Maschinen zur Herstellung von Maschinen zusammengesetzt würden, diese wiederum, unter Obhut der Arbeiter, fertigten ebenfalls Maschinenteile zum Aufbau von Maschinen für Maschinenteile, daraus endlich entstünden Maschinen zur Herstellung von Ölkannen, die nötig seien, um die Maschinen zu ölen.(UN,33)

"Leichenhallen" die Fabriken, "und was in ihnen aufgebahrt war", konstatiert der Protagonist in der Erzählung *Der Brief*, "was darin auf einem ölgeschwärzten, nackten Katafalk ruhte, war sein Leben."(DB,142)

3. die Institution des Gefängnisses. Zwei entscheidende Erlebnisse werden Hilbigs Protagonisten hier zuteil: erstens der Schock über die Entdeckung des Individuums als eines Geschöpfes von Disziplinarapparaten, wie Foucault dieses Erlebnis bezeichnen würde, begleitet von "minutenlang in mir bis zu heftiger Schrille ansteigende(n), unartikulierte(n) innere(n) Entsetzensschreie(n)" (UN,64). Zweitens das Akzeptieren der inneren Spaltung als einer Fluchtmöglichkeit, um "derjenige sein (zu können), den diese Papiere nicht betrafen"(UN,77)–es handelt sich um die Papiere, die den Protagonisten als jenes Disziplinarindividuum identifizieren,

> diese Person(...), über die das stupide, keiner annähernden Gegebenheit entsprechende Gesetz der Gesellschaft, das wie ein Naturgesetz sich gebärdende Gesetz über die Unteilbarkeit von Körper und Geist verhängt war, dasjenige, das die erlogene Gesamtheit meines Ichs dem kalten Frieden der Welt wieder zu integrieren entschlossen war. (UN,77)

Übrigens werden die beiden Erlebnisse von einem blitzartig einsetzenden Realitätsverlust begleitet–der Bürgersteig etwa "entwirklicht" sich im Augenblick der Verhaftung (UN,80)–diesem Aspekt wende ich mich zu, wenn ich dem Zusammenhang von Sprachkrise, Identitätskrise und dem Verschwinden der Realität nachgehe.

Die Dekonstruktion des Begriffes Individuum als eine Folge der Hafterfahrung des Protagonisten entfernt Hilbig am weitesten von seinem romantischen Ansatz, ist es doch der romantischen Hermeneutik zufolge gerade das Individuum, das in der herrschenden Struktur interveniert, ihre "zeitlose Identität (...) von sich selbst abspaltet", damit ihre Präsenz verhindert[20]. Erblickt Hilbigs Protagonist im Text *Die Einfriedung* angesichts seiner Verhaftung "plötzlich eine fremde Figur" (UN,81), eine Figur, "durch Fingerabdrücke und Geruchsproben, Fotos und Zählappelle und Lichtkontrollen... als anwesend feststellbar"(UN,91), so handelt es sich fraglos nicht mehr um das wunderbare, sich den Einschreibungen der symbolischen Ordnung widersetzende Individuum der Romantik. Hilbigs "Figur", als die sein Protagonist in Panik sich selbst erblickt, entspricht viel eher Michel Foucaults Disziplinarindividuum, "eine Realität, die von der spezifischen Machttechnologie der 'Disziplin' produziert worden ist."[21] Die herrschende Struktur wurde von diesem Individuum identisch verinnert: "Die schöne Totalität des Individuums wird von unserer Gesellschaftsordnung nicht verstümmelt, unterdrückt, entstellt; vielmehr wird das Individuum darin dank einer Taktik der Kräfte und Körper sorgfältig fabriziert."[22] Das Individuum ein Produkt der Macht. Die Instrumente seiner Fabrikation, wir wissen es bereits, sind die Disziplinarapparate Schule, Fabrik, Gefängnis. Sie greifen um so erfolgreicher, sofern in psychologischer Hinsicht die Voraussetzungen gegeben sind, die Klaus Theweleit in seinem Buch *Männerphantasien* angesichts der

Wilhelminischen Familie beschreibt, d.h. sofern mangelnder mütterlicher Zuwendung zufolge das Kind seine Körpergrenzen nicht von innen heraus lustvoll zu besetzen vermochte. Deshalb ist es m.E. gar nicht so abwegig, Foucaults Begriff des Disziplinarindividuums, das sich seit dem 18. Jahrhundert zunehmend als ein beschreibbarer und analysierbarer Gegenstand konstituiert, mit Theweleits Begriff des soldatischen Mannes zu vergleichen, in Hilbigs Worten: "der neue Mensch einer Rasse mit Stahlfedern in den Gliedern"(DB,209). Angesichts des ihm fehlenden "erbarmungswürdigen Tröpfchens"(DW,70) an Mutterliebe fragt sich der Protagonist zu recht:

> Wo kann ich es finden, und was wird mir geschehen, wenn ich es nicht finde, wenn ich den Mangel nicht auffüllen kann. Wird dieses winzige, nadelstichgroße Bohren in mir aufreißen, wird dies kaum merkliche Loch irgendwann zu wahnsinniger Riesengröße aufplatzen, mich verschlingen, wird es mich töten(...) *oder wird meine Hand nur noch fühlen, wenn sie die Schalthebel der Foltertechnologie berührt.* (DB,71, Hervorhebung von mir)

Übrigens ist es von dem Schock, der Hilbigs Protagonisten in der Haftanstalt darüber befällt, im Extremfall anhand einer Geruchsprobe identifiziert zu werden, nicht mehr weit in die postmoderne Welt Patrick Süßkinds, in der die menschlichen Körper für den sie verfolgenden Homunkulus nur mehr Duftmarken darstellen[23].

Hatte das Selbst von Hilbigs Protagonisten die Disziplinarmechanismen der Schule, wo er bereits derjenige gewesen war, "der mit dem Gesicht zur Wand zu stehen hat"(UN,82), recht und schlecht überstanden, so deshalb, weil zu jener Zeit für ihn Gott noch gelebt hatte; und allein durch die Projektion unserer Identität in ein Anderes, in dessen Bild wir unsere Subjektivität als eine einheitliche erfahren, vermögen wir so etwas wie Subjektivität zu konstituieren. Verschwindet mit Gottes/ Stalins Tod für Hilbigs Protagonisten jener transzendente Ort der imaginären Verankerung, kommt der Protagonist zu der ernüchternden Feststellung: "es gibt keinen Haken im Himmel, an dem wir uns festhängen können"(EÜ,118), ist er mit einemal auf das Verhängnisvollste der Gefahr ausgesetzt, von den genau ausgeklügelten Techniken der Macht, wie sie Foucault beschreibt, als ein perfektes Disziplinarindividuum produziert zu werden, mit der "namenlos sicheren, unfehlbaren Automatik" eines Gehens, "die Schritte um keinen Zentimeter zu kurz oder zu lang"(UN,64), einer, dessen "Hand (letztlich, G.E.) nur noch (fühlt), wenn sie die Schalthebel der Foltertechnologie berührt"(DW,71). Ein Aspekt, der diese Gefahr verstärkt, ist, vergessen wir dies nicht, die Tatsache, daß es dem Protagonisten während des Spiegelungsvorganges nicht gelungen war, ein Ideal-Ich zu produzieren, dessen Image notfalls als ein Ersatz für Gott dienen könnte. Weshalb erliegt der Protagonist am Ende dennoch nicht der Gefahr der beschworenen totalen Instrumentalisierung?

Er dekonstruiert seine Individualität—welche "dem Strom der Begriffsgeschichte" zufolge gerade "für einen Kern nicht weiter zu zerlegender Identität mit sich selbst gehalten"[24] wird—flüchtet in die "Spaltung"(DB,109), in die "Zerfaserung (s)einer Identität"(DB,160), in die "Bewußtlosigkeit"(EÜ,273), in die "Nichtexistenz"(EÜ,212), in "eine Art heilsamen Wahnsinn" (EÜ,100), in einen Zustand, in welchem er "keinen Begriff mehr von (s)einem Wesen" hat, sich nicht mehr fühlt, nicht mehr sieht. In diesem Zustand vermag er dann tatsächlich derjenige zu sein, den "diese Papiere"(UN,77) auf dem Tisch (es handelt sich um eine Vorladung zur Polizei) nicht betreffen. In diesem Zustand kann er dem Vernehmer im Gefängnis auf den Befehl zu schweigen, entgegenhalten:

> meiner hier sitzenden Existenz (ist) das sehr wohl zu befehlen, aber man rechne dabei nicht mit derjenigen, in die ich mich in der Nacht verwandelt fühle und der gegenüber ich keine Stimme habe."(EÜ,43).

Hüten wir uns, Hilbigs Text als ein Dokument von Psychose zu interpretieren; Genia Schulz' Etikett für Hilbigs deutlich autobiographisch ausgewiesenen Protagonisten im Text *Der Brief*, ein "zunehmend verrücktere(r) Schriftsteller"[25], verführt leicht zu diesem Fehlschluß. Dagegen hat Hilbigs Protagonist Recht, wenn er sagt:

> Ich bin nicht schizophren... viel eher noch wollte ich, ich wäre es. Wäre ich das, ich müßte nicht denken und denken, wie es mir möglich sein könnte, einzugehen in eine andere Inkarnation.(DB,83)

Deleuze warnt davor, Schriftsteller als mögliche Patienten zu behandeln. "Denn Schriftsteller, sind sie groß, ähneln eher dem Arzt als dem Kranken."[26] Statt lediglich ein Patient zu sein, der seine Symptome aktualisiert, dramatisiere der Schriftsteller wie ein Arzt das Ereignis des (etwa psychotischen) Vorgangs und exhibitioniere dabei die Symptome. Was Wolfgang Hilbig in seinen Texten, betrachten wir sie unter dem Stichwort Identitätskrise, dramatisiert und exhibitioniert, ist der zunehmende Wahnsinn seines Protagonisten als einer *Fluchtlinie* aus dem "Kerkerkontinuum"[27] der Disziplinargesellschaft.

Hier sind wir nahe bei Dionysos, der Chiffre für die Sehnsucht nach Selbstentgrenzung, die zur (lustvollen) Selbstauflösung führt–das Lustvolle daran fehlt Hilbigs Protagonisten. Wie sehr er auch Nietzsche verehrt, das "unbegrenzte Ja- und Amen-Sagen" zum nackten subjektlosen Leben[28] geht ihm ab, einem Vitalismus oder Neo-Vitalismus (wie er sich etwa bei Deleuze und Guattari zeigt) frönt Wolfgang Hilbig nicht. Der (angesichts der Disziplinargesellschaft notwendige) Ich-Verlust wird als unsäglich schmerzhaft erlebt, unausgesetzt verzehrt sich Hilbigs Protagonist danach, die innere Spaltung, die immer weiter aufreißt, in Grenzen zu halten, ja womöglich zu überwinden. Dabei geschieht es ihm, daß er auf dem Höhepunkt des Schmerzes plötzlich eine "sagenhafte Kultur"(UN,94) zu imaginieren beginnt, jene "eines vollkommen schwindelfreien Volkes"(UN,72); und sehnsüchtig schmückt er diesen Phantasieraum aus mit der Annahme: "ein jedes Individuum dieser Welt mußte ein einziges, offenes Ich besitzen"(UN, 93).

Fußnoten

1 Jacques Lacan. *Ecrits*. New York, London: Norton, 1977,4.

2 Gerda Pagel. *Lacan*. Hamburg: Junius, 1989,34.

3 Ebda.,54.

4 Hans- Joachim Maaz. *Der Gefühlsstau. Ein Psychogramm der DDR*. Berlin: Argon, 1990,34.

5 Michel Foucault. a.a.O.,253.

6 Klaus Theweleit. *Männerphantasien*. Reinbek bei Hamburg: Rowohlt, 1987, Band I,40.

7 Ebda., Band I,130.

8 Ebda., Band 2,406.

9 Ebda., Band 2,164.

10 Slavoj Žižek, a.a.O.,145.

11 Die Zehn Gebote der sozialistischen Moral waren auf dem 5.Parteitag der SED 1958 verkündet und 1963 in das Parteistatut aufgenommen worden. Siehe dazu: *DDR- Handbuch*. Bonn: Bundesministerium für innerdeutsche Beziehungen, 1985,918.

12 Klaus Theweleit. *Männerphantasien*. a.a.O. Band I,87.

13 Ebda.,223.

14 Ebda.,375.

15 Ebda.,210.

16 Deleuze und Guattari. *Kafka*. a.a.O.,20.

17 Christa Wolf. *Was bleibt*. a.a.O.,57.

18 Slavoj Žižek. " Le Stalinisme: Un Savoir Decapitonne" *Analytica*. 33 (1983): 78ff.

19 Ebda.,81.

20 Manfred Frank. *Was ist Neostrukturalismus*? Frankfurt: suhrkamp, 1984, 450.

21 Michel Foucault. a.a.O.,250.

22 Ebda.,278f.

23 siehe Patrick Süßkind. *Das Parfüm*. Zürich: Diogenes, 1985.

24 Manfred Frank. a.a.O.,483 Eine Ausnahme ist, darauf verweist Manfred Frank, Novalis, demzufolge "das ächte Dividuum(...) auch das ächte Individuum" sei.

25 Genia Schulz. "Graphomanien" *Merkur*. Bd. 41, 1987,416.

26 Gilles Deleuze. *Logique du Sens*. Paris: Les Éditions de Minuit, 1969,276.

27 Michel Foucault. a.a.O.,390.

28 zitiert nach Manfred Frank. *Was ist Neostrukturalismus?* a.a.O.,404f.

Fünftes Kapitel

Die Verschränkung von Sprach- und Identitätsproblematik

> ...wenn die Entlassung dann doch noch kam, war sie ein Pyrrhussieg, ihre nun überraschende, überfallartige Tatsache bewies dem Verhafteten noch einmal und vollständig *die Existenz einer totalen, zur Willkür aufgestiegenen(...) Herrschaft der Grammatik über sein Gehirn.*
> Wolfgang Hilbig (UN,74, Hervorhebung von mir)

Dieses Eingangszitat stammt aus Wolfgang Hilbigs 1979 geschriebenen Erzählung *Die Einfriedung.* Im 1987 publizierten Roman *Eine Übertragung* quält sich der Protagonist mit der Frage, weswegen ihm seit seiner Haftentlassung "beinahe alle Schreibversuche gescheitert"(EÜ,147) waren. Seine Sprach-/ Schreibkrise wird nach der Erfahrung des Disziplinarraums Gefängnis nicht mehr nur metaphorisch beschworen sowie geistreich reflektiert, sie befällt den Protagonisten nun buchstäblich:

> so daß mir, hatte ich die Schlingen eines beliebigen Wortes zur Hälfte gezogen, die Feder ausglitt, in einem schiefen Bogen über den unteren Teil der Seite, ohne daß ich meinen Willen dagegen setzen konnte, oder daß sich mir ihre Spitze ins Papier bohrte. Ich stellte fest, daß ich die Ellenbogen nicht mehr in der mir günstigsten Lage auf der Tischkante halten konnte, da ich sie zur Unterstützung meines eisenschwer gewordenen Schultergürtels brauchte, oder daß ich mich mit dem Brustkorb gegen den Tisch lehnen mußte, weil eine Last mich drückte, die ihre Ursache nur in meinem Kopf haben konnte.(EÜ,77)

Bei dieser "Last" handelt es sich fraglos um jenes Bewußtsein von der "totale(n), zur Willkür aufgestiegene(n) Herrschaft der Grammatik über sein Gehirn", das Hilbig bereits in einer frühen Erzählung andeutete; ein Sprachtrauma. Unter Grammatik verstehen wir die herrschende Ordnung der Repräsentation samt der ihr eingeschriebenen Identifikations-und Unterscheidungszwänge. Das Resultat dieser mühsamen "Schreibversuche" kann der Protagonist nachher selbst kaum entziffern, nur soviel: "der Text glich dem Versuch, von außen etwas wie eine völlig undurchsichtige Maschinerie zu beschreiben, von der weder ihr Zweck, noch ihre Funktionsweise zu erkennen waren(...) eine roboterähnliche Stilfigur". Der Versuch, sich selbst zu beschreiben (und dies ist stets der wichtigste, fast könnte man sagen, der einzige Schreibantrieb der Protagonisten in Hilbigs Texten), von Beginn an schwierig, scheitert nach der Erfahrung des Gefängnisses konsequent. Was diese "Stilfigur" (den "abgeschilderten" Organismus des Protagonisten) in Bewegung hielt, war nicht mehr Leben, "sie schien von einer Idee bewegt zu werden, welche nicht ihr selbst entsprungen war, sondern demjenigen, der ihre Funktionen zusammengesetzt hatte, ein darüber hinauszielender Sinn schien zu fehlen."(EÜ,78) Das von der herrschenden Grammatik inskribierte Subjekt stellt zu diesem Zeitpunkt in Hilbigs Augen nicht mehr als eine "roboterähnliche ()figur" dar, dies erinnert uns natürlich an Theweleits soldatischen Mann, der Mensch "mit maschinisierter Peripherie und bedeutungslos gewordenem Innern"[1]. Ausgeschlossen, daß solch ein Roboter sich von innen zu sehen, über sich von innen heraus zu schreiben vermag. Und wie überhaupt schreiben, da doch die Sprache (als das einzige dafür zur Verfügung stehende Mittel) schon auf der linguistischen Ebene instrumentell verformt ist–und folglich auch verantwortlich für die Verformung des Protagonisten, ist der doch von Geburt an ihren Zwängen ausgeliefert. "Wenn eine Lehrerin ihren Schülern und Schülerinnen eine Rechenoperation erklärt oder ihnen die Syntax zu erläutern versucht, dann(...) übermittelt (sie) ihnen Befehle, Parolen"[2], sagen Deleuze und Parnet, sicherlich mit Hilbigs Einverständnis. Die Grammatik eine binäre Maschine, welche mit ihren Unterscheidungszwängen von Beginn an unser Denken instrumentalisiert, hatte dies vor der linguistischen Wende nicht bereits Nietzsche erkannt?

> Gerade, wo Sprachverwandtschaft vorliegt, ist es gar nicht zu vermeiden, daß, dank der gemeinsamen Philosophie der Grammatik–ich meine dank der unbewußten Herrschaft und Führung durch gleiche grammatische Funktionen–von vornherein alles für gleichartige

> Entwicklung und Reihenfolge der philosophischen Systeme vorbereitet liegt: ebenso wie zu gewissen anderen Möglichkeiten der Welt-Ausdeutung der Weg wie abgesperrt erscheint. Philosophen des ural-altaischen Sprachbereichs (in dem der Subjekt-Begriff am schlechtesten entwickelt ist) werden mit großer Wahrscheinlichkeit anders "in die Welt" blicken und auf anderen Pfaden zu finden sein als Indogermanen oder Muselmänner.[3]

Zur herrschenden Grammatik kommt das herrschende Vokabular, die Sprache ist Wolfgang Hilbig zufolge nicht mehr als "eine Müllhalde von pseudosemantischen Gemeinplätzen" (EÜ,330), die unseren Körper instrumentalisieren; im Text *Die Weiber* analysiert Hilbig etwa die Funktion des Wortes "*sauber*" (DW,51) als eines Kastrationsgeräts. Darbt der Protagonist "im Ghetto (s)eines verbalen Elends"(EÜ,204), so letztlich deshalb, weil er sich seines eigenen Bewußtseins als einer sprachabhängigen Größe bewußt ist und ihm folgerichtig nicht mehr traut. Das heißt auch, er traut letztlich sich selbst nicht mehr. Deshalb gleitet dem Protagonisten der Stift aus, der Körper verweigert strikt die Produktion von Sprache, ist diese doch immer schon ein Produkt früher (von anderen) geleisteter Arbeit, die man nur mehr benutzen kann, ein starres, verkrustetes Etwas.

Von allen Figuren, die die Verschränkung von Sprach-und Identitätskrise in Hilbigs Text bilden, scheint mir die eben besprochene am radikalsten. Allein der Begriff Sprachtrauma scheint mir für ihre Bezeichnung angemessen. Hauptsächlich das Bewußtsein, daß wir von der Sprache als einem Herrschaftsverhältnis von Anfang an inskribiert sind, verursacht die Sprach- sowie Identitätskrise von Hilbigs Protagonisten. Die Sprache, ein stalinistisches Phänomen—Žižeks Beschreibung trifft in Hilbigs Augen ohne Frage zu; jede Teilnahme am herrschenden Sprachritual führt dich notwendig zur Selbstaufgabe.[4]

Ich untersuche im folgenden, wie sich auf dieser Grundlage die Sprach-und Identitätsproblematik des Protagonisten gegenseitig verstärken, im nächsten Kapitel Hilbigs *Fluchtlinien* aus dieser lethalen Verstrickung (wobei wir, dies erinnern wir aus dem vorangegangenen Kapitel, die Tatsache, daß der Protagonist seine Identitätskrise akzeptiert, bereits ihrerseits als eine

Fluchtlinie aus der Abrichtung zum Disziplinarindividuum beschreiben müssen.)

Die Identitätskrise von Hilbigs Protagonisten zeigt sich am häufigsten in der Gestalt einer Persönlichkeitsspaltung; dabei fühlt sich zum einen sein Arbeiter-Ich in das Bewußtsein seiner Macht sowie jenes seiner Ohnmacht gespalten, in ein "Standbild" und eine "Null"; die Folge ist sein Sprachverlust. Denn (wir erinnern uns an den Streichholzvergleich) "wie anders, als in der Polarität dieser beiden Thesen taumelnd, hätte es geschehen sollen, daß meine Sprache eine so notorisch mit sich selbst entzweite Sprache geworden ist."(DB,84) Aus dem Überdruß heraus, "einer enterbten, macht- und geistlosen Klasse anzugehören, die nun zu allem Überfluß auch noch schuldig geworden war"(DB,86) flieht der Protagonist in das Leben eines "Pseudointellektuelle(n)"(DB,87), um schreibend sein "Differenzproblem"(EÜ,84) zu überwinden, allein diese Flucht verschlimmert alles; denn die beiden Existenzformen, jene des Arbeiters und jene des Schriftstellers, "haben etwas miteinander Unvereinbares"(DB,96), noch weniger vereinbar als das Dasein eines Arbeiters als "Standbild" und "Null". Die Spaltung scheint nun perfekt, zwei "feindliche Brüder"(EÜ,71) kämpfen fortan in des Protagonisten Brust, und er klagt: "Nicht nur, daß sie sich dauernd gegenseitig behinderten, sie hinderten mich auch am Leben, an der Hauptsache des Lebens, ganz konkret an der Liebe"(EÜ,279). Es geschieht vermutlich, um sie zu versöhnen, das Arbeiter- und das Schriftsteller- Selbst, den "Massenmenschen"(DB,104) und den "Unbehausten" (DB,108), daß der Protagonist der Erzählung *Der Brief* an sich selbst schreibt; auf dem Kuvert vermerkt er paranoisch "persönlich auszuhändigen"; diesen Brief gibt er in die Post.

> Ich hatte den Brief tatsächlich an mich selbst geschrieben, er enthielt vielleicht die einzige Erklärung, die mir die Möglichkeit gab, meine Arbeit fortzuführen, er enthielt vielleicht den großen Verrat an mir. (DB,123)

Von jener Arbeit, die kraft der im Brief erhofften Erklärung fortgeführt werden soll, wird nicht nur erhofft, daß sie den Protagonisten von seiner Persönlichkeitsspaltung erlöst (indem sie zwischen den beiden getrennten Hälften eine Kommunikation herstellt), sie soll ihn zusätzlich von seiner Sprachkrise heilen. Es versteht sich, daß der Brief niemals eintrifft. Erstens ist er im Medium der Macht (zu der die Postwege in der DDR gehörten) unterwegs. Zweitens ist auch ein Brief ein Stück Sprache, d.h. sogar, wenn der Protagonist an sich selbst schreibt, ist er "ausgeliefert an ein Zeichensystem, dessen Gefangener ich seit meiner Geburt war"(EÜ,207); das menschliche Bewußtsein verschwindet, dessen ist sich Hilbig bewußt, in der Differentialität der Signifikanten dieses Systems. Hinzukommt, daß Hilbig in seinem Sprachbegriff zwischen einem strukturalistischen und einem poststrukturalistischen Ansatz oszilliert, je nachdem, aus welcher Perspektive er das Phänomen Sprache betrachtet (aus jener des Intellektuellen oder jener des Arbeiters). Erlebt er die Sprache das einemal als ein abstraktes System, eine monolithische Struktur, die blind über uns herrscht, so das anderemal als ein sozial konkretes Herrschaftsverhältnis: "Die Arbeit der Arbeiter ist etwas, das überhaupt erst existent ist durch die Sprache der Ingenieure"(UN,36), wobei der Heizer, welcher im Unterschied zu den Arbeitern nicht Maschinen, "die eine unbekannte, vielleicht schändliche Arbeit verrichten", sondern Wärme produziert, es vermag, "einen Denkfehler(...) in der Sprache der Ökonomie"(UN,33) zu ahnen. Seine Sprache unterscheidet sich folgerichtig sowohl von "der Sprache der Ingenieure", als auch von der "Sprachlosigkeit der Arbeiter" (UN,36). Indessen ist die linguistische Folgerung aus diesem Tatbestand, daß der Protagonist, der in zwei verschiedenen, einander abstoßenden sozialen Existenzformen lebt, simultan zwei verschiedene Sprachen spricht, zum einen die Sprache des Heizers, zum anderen jene des Intellektuellen. Beide trennt eine Kluft des Schweigens, die auch ein Brief nicht zu überbrücken vermag. Noch schlimmer, nicht nur vermag die Arbeit des Schreibens das "Differenzproblem" des Protagonisten nicht zu heilen, langfristig intensiviert sie es. So erkennt der Protagonist der Erzählung *Der Brief*:

> daß ein Selbstheilungsversuch (mittels Schreiben, G.E.) gerade die Verfertigung einer Spaltung ist, und nicht, wie man annimmt, ein Aufbruch in Richtung eines sogenannten heilen Ich. Und der Eindruck aus dieser Spaltung... wahrscheinlich schon seine bloße Ahnung... führt

> ganz folgerichtig zur Verunheimlichung aller umgebenden Dinge. (DB,109)

Als Folge ist der Protagonist nicht mehr realitätsfähig, weder als Arbeiter, noch als Intellektueller–"die Spaltung löscht() (s)eine Texte aus"(DB,117). Er bricht zusammen.

Hilbig läßt es mit dieser Feststellung nicht genug sein. Sein Protagonist möchte wissen, warum der Versuch, die Selbstentfremdung schreibend zu überwinden, sie zwangsläufig bis zur Unerträglichkeit steigert. Stehen in Hilbigs Text *Der Brief* der Protagonist und sein Doppelgänger einander in einer ambivalenten Beziehung gegenüber wie Stevenssons Jekyll und Hyde, so hat bis zu dem zwei Jahre später geschriebenen Text *Die Weiber* der Versuch, dieses Paar zu versöhnen, jenes in unzählige Stücke zersprengt:

> Es war etwas Furchtbares geschehen, das Schlimmste, seitdem ich das Leben von außen zu betrachten vermochte, seitdem ich es vermochte, das Leben zu benutzen, um Beschreibungen anzufertigen, die mir ein inneres Leben ermöglichen sollten.(DW,15)

Der Versuch, die Spaltung in ein Ich und sein Doppel schreibend zu überwinden, führte zur totalen Fragmentierung; nur mehr halluzinierend vermag der Protagonist "die Welt, und (s)eine Möglichkeiten für ein Leben in ihr, (zu) entdecken" (DW,47). Was war geschehen? Schreibend hatte der Protagonist das (sein eigenes) Leben in den Status eines Objekts gerückt, es (sich selbst) damit der binären Opposition von Subjekt und Objekt ausgesetzt; es ist kein Wunder, daß "die Diskrepanz (zwischen innen und außen, G.E.) diesmal die tiefste (ist), sie war entsetzlich"(DW,15). In seinem Roman *Eine Übertragung* versucht Wolfgang Hilbig, diese radikale Selbstentfremdung mittels Schreiben zusätzlich aus einer anderen Perspektive zu ergründen: Schreibend produziert der Protagonist in der Gestalt seiner übereinandergestapelten Texte einen "Popanz" (EÜ,71) mit der Absicht, sich in ihm wiederzuerkennen, um so wenigstens die Illusion eines Ich zu erreichen:

> Ich hatte die merkwürdige Gewohnheit, meine Arbeiten zu zählen, sie zu numerieren... auch die Seiten zu numerieren: so für jeden einzelnen der Texte, zusätzlich aber auch die Seiten aller Texte fortlaufend, als sei es ein Gesamtwerk mit geheimnisvollen Zusammenhängen... und alles

> sorgfältig an einem Platz zu stapeln, den ich von dort, wo ich saß und schrieb, bei gelegentlichem Aufblicken vom Tisch, sogleich im Auge haben konnte. Lange Zeit war es so, daß ich nur schreiben konnte, wenn ich das ganze Bündel der Blätter vor mir sah, die ich schon fertiggestellt hatte. Manchmal sah ich den Stapel dann bis auf meine eigene Höhe wachsen.(EÜ,71f.)

Indessen dauert es nicht lange, und der Protagonist gewahrt, dieses "Monstrum"(EÜ,72), das er im Begriff ist, zu produzieren, und welches er sehnsüchtig "die Poesie" nennt, beendet sein Dasein als Arbeiter/Produzent: "ich würde diesem Produkt eines Tages im Wege stehen, es würde mich zuschütten oder auffressen, es würde über mich hinwegtrampeln" (EÜ,71). Der "Popanz", begreift der Protagonist anhand von Karl Marx' Theorie von der entfremdeten Arbeit, welche durch die Herrschaft der vergegenständlichten über die lebendige Arbeit definiert wird, war nichts anderes als eine "*Ware,* (die) endlich Asche werden mußte, um die Wege der Produktion nicht zu verstopfen". Kurz, der Popanz "war die Produktion, die dagegen rebellierte, Produktion zu sein... war die Aporie" (EÜ,71). Er demonstrierte, so könnten wir in Anlehnung an Marx' Begriff der entfremdeten Arbeit sagen, die Herrschaft der vergegenständlichten Sprache über den lebendigen Schreibprozeß. Der Begriff "Arbeiterschriftsteller" mußte im Zusammenhang damit ein Unding sein; "die Vermischung der Produktivkraft mit dem Produktionsmittel (mußte) zur Auslöschung des Ganzen führen–das Nichts war die ursprüngliche Veranlagung in einem solchen Subjekt." Beabsichtigte der Protagonist, mittels des Schreibens sein *Differenzproblem* langfristig zu lösen, so entwirklichte ihn der produzierte "Popanz" rückwirkend:

> ich sah schon jetzt die schwarzen Flecken unter meiner Hirnschale... schwarze, nicht mehr weiße, wie ich sie früher vermutet hatte. Diese Totenflecken waren wohl schon die Schatten, die jenes Gewüchs warf, da drüben, jenseits der Differenz, das imstande war, mir unüberwindlich und unüberschaubar über den Kopf zu wachsen.(EÜ,73)

Die Überwindung der Differenz, diese schreckliche Erkenntnis wächst dem Protagonisten zu, würde sein eigenes Ende, seinen Tod, bedeuten.

Zu allem Überfluß geschieht es dem Protagonisten, daß sein "Fertigprodukt" (der Popanz), angesichts dessen er sich immerhin zu einer radikalen Selbstreflektion imstande fühlte, beschlagnahmt wird. Nach der Rückgabe schlägt jeder Versuch, sich in ihm–wenn auch gebrochen–zu spiegeln und darüber zu reflektieren, fehl:

> was dort der Kontur einer Schulter, eines halben Kopfs glich, war der Haufen meiner vollkommen ungeordneten Papiere, die ich in dem Durcheinander, in dem ich sie nach ihrer Beschlagnahme durch die Polizei wiederbekam, auf den Fensterstock zurückgepackt hatte(...) diese Figur, die mir jetzt irrtümlich wie ein wüst verzerrtes Profil erschien... eine erstarrte Grimasse(...), nur noch ein von den Pinzetten der Sicherheitsleute zerfleischtes Antlitz.(EÜ,75)

Selbstreflexion, damit Schreiben, ist unter der Voraussetzung, daß der Staatssicherheitsdienst den Reflexionsprozeß kontrolliert, nicht mehr möglich: "es war, als habe sich plötzlich ein Gashahn in den Raum meines Lebens geöffnet"(EÜ,75), beschreibt der Protagonist seine Befindlichkeit. In Panik betäubt er sich mit Alkoholexzessen. Ihre Folge "blackouts":

> irgendwo wirbelten ein paar irrsinnig kreisende Lichter, dann schien, unter heftigen Krämpfen, meine äußere Hülle nach innen zusammenzubrechen, ein letzter vergeblicher Versuch, Luft zu schöpfen, vervollständigte die Implosion, schwarzes Material schien mir jede Lebenszufuhr von außen zu verstopfen, Finsternis brannte mich aus; und ich war verschwunden.(EÜ,315)

Betrachten wir mit Deleuze und Parnet das Gedächtnis als eine Funktion der binären Maschine, welche die herrschende Ordnung in uns als einen Machtapparat installiert[5], so bedeutet seine Implosion natürlich eine radikale *Fluchtlinie*. Nur eben eine solche, die der Macht nicht unerwünscht sein kann: "SCHWEIGEN SIE WIE EIN GRAB!"(EÜ,42), lautet deren Rat an den Protagonisten; ein Rat, den ein vom Alkohol Ausgelöschter schließlich befolgen muß. Es würde an dieser Stelle zu weit gehen, Wolfgang Hilbigs Reflexionen über das Thema Alkohol nachzuzeichnen, nur soviel: der Alkohol, begreift Hilbigs Protagonist, steht fraglos im Dienst der Macht:

> das Saufen, das wie eine Form von Gegenwehr gegen den Machtanspruch des staatseigenen Menschenbildes aussieht, ist unbedingt eine von der Macht erwünschte Gegenwehr. (EÜ,159)

Deleuze zeigt überzeugend am Beispiel F. Scott Fitzgeralds, wie im Alkoholismus (ebenso wie bei der Drogensucht oder im Wahnsinn) der kaum wahrnehmbare Bruch an unserer Oberfläche (an der Grenze zwischen Innen und Außen) sich zu einem Riß im Körper vertieft, aus welchem heraus wir nur mehr zu stottern oder schreien, allein nicht mehr zu sprechen vermögen; alles fällt zurück in die Primärordnung, wo die Wörter nur mehr Affekte des Körpers darstellen.[6] Sprechen, dies vermögen wir allein, bleibt jene geistige Oberfläche/ "äußere Hülle"(wie Hilbig sie bezeichnet) halbwegs intakt als dasjenige, was die Laute von ihrer körperlichen Grundlage löst und damit die Sprache von ihren oralen und analen Bestimmungen befreit. Nur dank dieser Oberfläche wird Sinn und damit Unsinn möglich, die Basis für wirkliche *Fluchtlinien.* Ich gebe Manfred Frank recht, der Deleuzes Feier einer Sprache des Unsinns entgegenhält, auch der Unsinn ist stets "relativ auf einen Zustand des Sinns (der Ordnung) und verlöre jenseits dieser Beziehung seine Qualität als deren Gegensatz oder bestimmte Negation"[7], d.h. auch Unsinn bestätigt damit letztlich die legale Ordnung. Nichtsdestoweniger möchte ich Deleuzes Theorie über mögliche *Fluchtlinien* aus der Struktur, die wohlbemerkt keine Fluchtlinien in die Primärordung sind, Hilbigs Protagonisten zuliebe sehr ernst nehmen.

Ich zeichne im folgenden den Prozeß nach, in dem sich Deleuzes *Logique du Sens* zufolge jenes transzendentale Feld bildet, das er *die Oberfläche* nennt, damit die Voraussetzung für unser Vermögen zur Sprache. Für den Zusammenhang von Sprach- und Identitätskrise bei Hilbig ist dies insofern interessant, als Deleuze der Nachweis gelingt, daß die Sprache sexuellen Ursprungs ist. Und ihre sämtlichen Operationen werden Deleuze zufolge von einer sexuellen Geschichte begleitet, die stets unausgesprochen bleibt, aber mit ihnen koexistiert und auf das sexuelle Zubehör der formativen linguistischen Elemente weist. Wichtig ist vor allem:

> Dieser Status der Sexualität ist verantwortlich für die Unterdrükkung(...) Jene ist stets die Unterdrückung einer Dimension durch eine andere. Die Höhe–d.h. das Über-Ich(...)–unterdrückt die Tiefe, in welcher sexuelle und destruktive Triebe eng miteinander verbunden sind.[8]

Geht der Weg der Entstehung der Sprache in dieser dynamischen Genesis, die Deleuze in Anlehnung an Melanie Kleins Forschungen rekonstruiert, vom Lärm zur Stimme, von der Stimme zur Rede, von jener zum Verb (d.h. zur verbalen Repräsentation), so vermag Kunst Deleuze zufolge im günstigsten Fall nichts weiter, als diesen Weg nachzuvollziehen und zu dramatisieren, stets mit dem Ziel, die Unabhängigkeit der Laute zurückzugewinnen, ein Ereignis, stets gefährdet von der alltäglichen Banalität oder den Leiden des Wahnsinns.[9] Präzise darum ist es Wolfgang Hilbig in seinen Texten zu tun: das Ereignis des Sprechens/Schreibens zu dramatisieren und die dabei unterdrückten sexuellen/linguistischen Dimensionen freizulegen als einer möglichen *Fluchtlinie* aus der symbolischen Ordnung:

> Verdammte Stadt, ich werde dich nicht mit dem Schwanz meines Vaters besingen, verdammtes Land, ich werde dich mit mir übergießen, ich werde deine Mauer anwichsen, ich...(DW,100)

Zeitweise scheint Hilbig dabei Deleuzes Idealbild eines Schriftstellers nahezukommen, der am besten ein Drittel Stoiker, ein Drittel Zen und ein Drittel Carroll sein solle:

> mit der einen Hand masturbiert er exzessiv, mit der anderen schreibt er in den Sand die magischen Worte des reinen Ereignisses, welches für das Unzweideutige offen ist: 'Geist–glaube ich–ist Wesen–Ent–abstrakt–das heißt–ein Unfall–den wir–das heißt–ich meinte-'[10]

Die Klippen, zwischen welchen Hilbig bei diesem Projekt balanciert, scheinen allerdings bedrohlich: zum einen das Bewußtseins seines totalen Gefangenseins in der Grammatik (die Deleuze m.E. zu läppisch mit alltäglicher Banalität umschreibt), zum anderen die Gefahr des blackouts, des Rückfalls (etwa durch Saufen) in die Primärordnung, wo die Wörter nichts als Aktionen und Passionen des Körpers darstellen[11]. Hilbigs Text stellt im Unterschied zu dem von Deleuze hochgelobten Lewis

Caroll zumeist (doch nicht immer) die artifizielle Beschreibung von Schiffbrüchen an diesen Klippen dar; dabei zerbrechen, wie wir sahen, das Ich und seine Sprachfähigkeit gleichzeitig.

Wie kommt es nun im frühen Alter zur Konstitution jener *Oberfläche*, welche die Laute vom Körper trennt, sie zu Aussagen organisiert und uns letztlich ermöglicht, uns für andere verständlich zu artikulieren? Der Weg beginnt Deleuze zufolge mit der paranoid-schizoiden Phase des Kleinkinds. In dieser Phase erscheint ihm die Mutter in ein gutes und ein schlechtes Objekt zerbrochen (Melanie Klein zufolge in eine gute und eine böse Brust), die Einführung ihrer Partialobjekte in den eigenen Körper verbindet das Kind mit einer Projektion von Aggression auf diese Objekte, darauf projiziert es diese in den mütterlichen Körper zurück (dadurch enthält dann auch das gute Objekt/die gute Brust ein schlechtes Teil und spielt die Rolle eines Verfolgers). In der daran anschließenden manisch-depressiven Position versucht das Kind, sich mit dem guten Objekt zu identifizieren, das sich unerreichbar in der Höhe hält; dies tut das Kind, um sich eine eigene Identität aufzubauen, auch wenn dies bedeutet, daß es sich dabei mit den Leiden dieses guten Objekts (unter den Schlägen der Partialobjekte aus der Tiefe des Körpers) identifizieren muß. Hierbei kommt es zur Entstehung des Über-Ichs, für das Kind verbunden mit einer Bewegung aus der Tiefe des Körpers (der Welt des Es, dem Reservoir der Partialobjekte) in die Höhe, den Himmel, d.h. verbunden mit einer totalen Reorganisation des psychischen Lebens. Gegen die schlechten, gefährlichen Partialobjekte aus der Tiefe, die uns verfolgen, verspricht diese höhere und überlegene Einheit des guten Objektes, d.h. unser Über-Ich, Schutz, aber auch Grausamkeit. Seine Kraft bezieht es von den Partialobjekten, war das gute Objekt doch zunächst verinnerlicht und danach in den fragmentierten Körper der Mutter zurückprojiziert worden. Dabei entsteht in dieser Phase das Ich, die Vorstellung einer "vollen" Tiefe, in der keine Stückchen herumwirbeln, explodieren, ein Geschlossenes ohne Mund und Anus, d.h. ein organloser Körper. Zog das gute Objekt der Höhen, d.h. das Über-Ich, von den Partialobjekten seine Kraft, so zieht es vom Ich seine Form, d.h. seine Vollständigkeit und Integrität. Die Folge ein ständiger Kampf zwischen dem guten Objekt der Höhen und den Partialobjekten in der Tiefe, wobei sich das Ich mit dem guten Objekt der Höhe identifiziert, damit an seiner Macht partizipiert, seinen Haß gegen die inneren Objekte richtend. In Wolfgang Hilbigs Text *Die Weiber* sehen wir dieses Drama gestaltet und das Ich darin als eine Funktion der Anpassung (an das Objekt in der Höhe) erkannt:

> Wenn ich *Ich* werde, wenn ich dasselbe tun kann wie meine Mutter mit ihrem Phallus, werde ich so sein wie ihr, und damit so, wie ihr mich wollt. Ich werde ein Schwein werden, ein alter Bock, ein Patriarch, ein Offizier, ein Werkzeugmacher. Wenn ihr mich einmal laßt (d.h. Geschlechtsverkehr haben, G.E.), werde ich die Müllhalden freiwillig verlassen, ich werde nie wieder Pornograf sein, ich werde auf die Rache verzichten.(DW,84)

"Ihr" verkörpert hier die Welt des Über-Ichs; seine Grausamkeit besteht für Hilbigs Protagonisten u.a. auch darin, daß es (für gutes Benehmen) Lust zuteilt und (für schlechtes Benehmen) die Lust entzieht. Lust bedeutet in diesem Zusammenhang die (sexuelle) Vereinigung mit dem unerreichbaren guten Objekt in der Höhe (der Mutter). "Die Müllhalden" dagegen repräsentieren die Welt des Es, der gefährlichen Partialobjekte. Und "Pornograf", dies ist kein anderer als Hilbigs Protagonist als ein Anwalt der aggressionsgeladenen Tiefe, in der sexuelle mit destruktiven Impulsen verschränkt sind.

Deleuze zufolge ist wichtig, daß das gute Objekt der Höhen beim Übergang von der schizoiden zur manisch-depressiven Position die erste Stufe bei der Formation einer Sprache garantiert. Es filtert aus all den Geräuschen aus der Tiefe (dem Lärm) eine Stimme: die des guten Objekts/Über-Ichs (dieses ist Freud zufolge stets akustischen Ursprungs). Das gute Objekt aus den Höhen spricht zu uns, folgerichtig erscheint die Sprache dem Kleinkind als ein Modell für jenes, was vorherbesteht, die familiäre Stimme, das, was Traditionen weiterträgt, die Ordnung aller vorherexistierenden Einheiten. Sie berührt das Kleinkind als Träger eines Namens und verlangt dessen Einsetzung, bevor das Kind überhaupt etwas versteht. Diese Stimme hat alle Dimensionen der organisierten Sprache zu ihrer Verfügung, bezeichnet das gute Objekt sowie die bösen Partialobjekte, manifestiert die emotionalen Variationen der ganzen Person (die Stimme, welche liebt, schimpft, sich beklagt, sich zurückzieht). Noch vor allem Sinn für das Kleinkind, ist diese Stimme doch nicht länger Lärm: in diesem aus der Höhe kommenden Gesumm vermag es das, was bereits existiert, vorzuverstehen; und um es zu verstehen, greift es später nach den differentiellen Beziehungen der Phoneme.

Was diese Stimme von oben bedroht, ist der Körper des Kleinkindes, welcher einer Höhle wilder Tiere ähnelt, die das gute Objekt zu schnappen versuchen[12]; dabei stiehlt die Stimme dem Kind auch das ganze klangvolle vor-vokalische System, welches das Kleinkind in der schizoiden Phase zu seinem spirituellen Automaten gemacht hatte. Hilbigs Gedichte versuchen diesen Vorgang stets von neuem zu beschreiben, in einem Ton der unendlichen Trauer um etwas Verlorenes:

> *stimme stimme*:
> das holz ist sauer/ausgelaugt und klanglos(...) brackwasser quietscht im holz der Worte(...) saures holz meiner worte/die lüge schreit/sicher ist es lüge was ist und ich selbst bins(...) alles was sang(...) war schweigen aus tropfengeklirr(A,46ff.)

Deleuze verweist in diesem Zusammenhang darauf, die Schizophrenie besteht im Grunde genommen darin, daß der Betroffene sich hinter die erste Position des Kleinkindes zurückzieht: er nimmt die mütterliche Stimme in phonetische Geräusche auseinander und setzt sie in nichtartikulierbare Blöcke zusammen. Eine *Fluchtlinie* von der Stimme zurück in den Lärm. Kein Wunder, daß Hilbigs (von der Stimme von oben verwundeter) Protagonist ausruft: "Ich bin nicht schizophren(...) viel eher noch wollte ich, ich wäre es."(DB,83)

Allein was hat Sprache mit Sexualität zu tun? In der vorgenitalen Phase bedeutet Sexualität die Produktion von Teiloberflächen als das Ergebnis der Reaktion der manisch-depressiven auf die schizoide Phase: der Blick aus der Höhe (wo wir uns mit dem guten Objekt identifiziert haben) auf die Tiefe läßt nämlich jene als eine Oberfläche mit verschiedenen Öffnungen erscheinen, die erogenen Zonen. Damit sorgt das Über-Ich bei aller Grausamkeit dafür, daß die libidinösen Triebe von den destruktiven Trieben der Tiefe getrennt werden; die (vom

Selbsterhaltungstrieb) befreite Libido wird eine Oberflächenenergie; ihre Aufgabe ist es, die erogenen Zonen zu koordinieren. Um diese Koordination geht es insbesondere in der dritten, der ödipalen Position des Kleinkindes.

Das Entscheidende ist hier die Verdopplung des Penis in Penis und Phallus durch die Projektion eines besonderen Bildes auf die privilegierte genitale Zone (letzterer erlaubt dem Kind, mit der Mutter zu schlafen, ohne den Vater zu beleidigen); der Phallus indessen ist ein Instrument der Oberfläche— wie eine Pflugschar zieht er Deleuze zufolge eine Linie auf jener, die erogenen Zonen miteinander verbindend, d.h. er sorgt für deren Integration. Das Kind besitzt nun, dank des Phallus, eine zusammenhängende Oberfläche, Deleuzes Bezeichnung für die Grenze zwischen den Körpern und Wörtern und damit das entscheidende Element der Artikulation. Zur Beschreibung der Oberfläche bevorzugt Deleuze das Bild des Möbiusstreifens mit seiner Kontinuität von Vorder-und Rückseite, stellt die Oberfläche doch eine Grenze dar, ohne eine Grenzscheide zu sein. Natürlich ist diese Oberfläche fragil. Leicht geschieht es, daß die Linie, die der Phallus auf jener zieht, in die Spaltung in der Tiefe hinabgezogen wird; d.h. die schizophrene und die depressive Position bedrohen unausgesetzt mit der Angst (sie stammt aus der schizoiden Aggression) und der Schuld (sie stammt aus der depressiven Frustration) die Ödipusphase; die Oberfläche fragmentiert dabei. Da diese Oberfläche auch der Entwicklung des Ich dient (ohne Phallus, d.h. ohne das Bild, das der gute, ideale Penis der Höhen auf den eigenen Genitalbereich projiziert, kommt es zu keiner Integration der Körperzonen), folgt aus dieser Zersplitterung zweierlei: eine Krise der Identität sowie der Artikulation. Hilbigs Protagonist, der auf Grund der seine Kindheit beherrschenden Familien-und Zeitumstände diese ödipale Position nicht zu meistern vermag, weiß um die Fragilität seiner Oberfläche. Selbst die Rolle, die Angst und Schuld bei ihrem ständig drohenden Zusammenbruch spielen, ist ihm bewußt. Kein Text, in dem er nicht der tieferen Beziehung zwischen Angst oder Schuld und seiner Identitäts-sowie Sprachproblematik nachforscht:

> Mein äußerer Körper hastete völlig empfindungslos durch die Nacht, während in mir Sprache eingebettet war in die muffige, diffuse, aber doch zähe Pestluft einer unergründlichen alten Angst, gefangene Wörter zappelten in ihren nebelhaften Netzen, die, je mehr Fäden und Maschen in entsetzter Bewegung zerrissen wurden, sich um so dichter und feiner spannen.(DW,33)

Nehmen wir an dieser Stelle an, das Kleinkind vermag es, die ödipale Position erfolgreich zu absolvieren. Was geschieht hierbei in Hinblick auf unser Thema Sprache? Hat sich das Kind mittels seines Phallus eine Oberfläche gegeben, möchte es auch der Mutter eine solche zukommen lassen, nimmt aber deren (von den Penissen in der Tiefe) verwundeten Körper als kastriert wahr und meint, es habe ihn selbst kastriert. Das gute Objekt der Höhen (unser Über-Ich) beginnt darauf, den libidinösen Trieb als solchen zu verdammen; die Spur, welche der Phallus über die körperliche Oberfläche zieht, wird zu einer Spur der Kastration. Verbunden damit ist, daß die Libido, die das Ich in die Oberfläche investierte, zu einer desexualisierten Energie transmutiert, die Freud zufolge den Todestrieb nährt (jener ist eine reine Angelegenheit der Spekulation), aber auch den Mechanismus des Denkens ermöglicht. Durch diese Energie entsteht neben der physischen eine neue metaphysische Oberfläche, jene des reinen Denkens, mit seinen zwei Aspekten, Sublimierung und Symbolisierung. Auf diese Oberfläche, diesem Screen, den die desexualisierte Energie geschaffen hat, projiziert sich Deleuze zufolge nun die gesamte sexuelle Oberfläche (Teile und Ganzes) sowie die Tiefe des Körpers mit ihren Objekten, ebenso die Höhe mit ihren Phänomenen. Sie alle erscheinen dort in einer sublimierten Form, die Linie der Kastration etwa als ein zentraler Sprung im Screen, eine abstrakte Linie. Verläuft dieser Prozeß, den Deleuze Sublimation nennt, erfolgreich, ist die sexuelle Oberfläche, die zwischen den Tiefen des Körpers und der metaphysischen Oberfläche liegt, nach der letzteren orientiert und schreibt ihr die sublimierten Formen der voraufgegangenen Positionen ein; ist sie es nicht, haben wir eine Orientierung zur Psychose. In diesem Fall zerschlägt die Kastration die sexuelle Oberfläche, ihre Splitter verbinden sich mit den Fragmenten der Tiefe, dabei stürzt ebenfalls die metaphysische Oberfläche ein (dies geschieht etwa im Fall der blackouts von Hilbigs Protagonisten). Sitz dieser metaphysischen Oberfläche ist das Gehirn: "Nur der Sieg des Gehirns, findet er statt, befreit den Mund zu sprechen, befreit ihn von exkrementhafter Nahrung und zurückgezogenen Stimmen und nährt ihn mit jedem möglichen Wort."[13] Deleuze vertritt hier fraglos eine romantische Position, denn was haben wir davon, werden wir mit jedem möglichen Wort "genährt". Ein Wort ist, wie Hilbig weiß, ein Mörder des Dinges, das es bezeichnet; es repräsentiert nichts als dessen Abwesenheit ("Abwesenheit" ist bezeichnenderweise der Titel von Hilbigs erstem Gedichtband); deshalb befiehlt er der Sprache: "blutscheißender wallach/zurück in die leere."(DV,67)

Wie dem auch sei, das Kleinkind (und auch Hilbigs Protagonist) möchte sich sprachlich artikulieren. Um zu verstehen, wie wir von der Stimme (die noch nicht Sprache, sondern erst Gesumm ist) zur Rede und von jener zum Sinn/Unsinn kommen, müssen wir uns Deleuze zufolge die Rolle der Serien ansehen. Allein die Oberfläche ist in Serien organisiert, nicht die Tiefe; jene besteht aus koexistierenden Blöcken, organlosen Körpern, Worten ohne Artikulation oder Folgen (keinen Serien) von Partialobjekten, d.h. der Tiefe fehlt eine Struktur. Die Serien beginnen mit der Freisetzung der sexuellen Triebe: in der pregenitalen Phase die Serie der erogenen Zonen, wobei jede erogene Serie eine neue Serie unterstützt, jene der Images, die über die Serie projiziert werden, d.h. eine Serie von Objekten, die eine auto-erotische Befriedigung versprechen. Ebenso besitzt die genitale Serie ihre eigene Serie, die unter sich wiederum heterogene Serien subsumiert. Koordiniert der Phallus all diese erogenen Serien, so begleiten diese Koordination Vorgänge, die elterliche Bilder betonen. Diese treten nun in Beziehung zu jenen elterlichen Bildern, die mit den pregenitalen Serien korrespondieren, und sogar mit den Personen, von denen diese Bilder genommen werden. Siehe etwa die beiden verschiedenen Bilder, die Hilbig von seiner Mutter zeichnet; für einen unaufmerksamen Leser entsteht der Eindruck, es handelt sich um zwei verschiedene Mütter: die kastrierte, ohnmächtige Mutter, die der Protagonist (auch vor sich selbst) beschützen, deren Wunden er verbinden möchte, sowie jene

Mutter, die sich mit der Macht verbündet hat, die Mutter mit dem Phallus. Aus diesen Bildern verschiedenen Ursprungs, genitalen und pregenitalen, entstehen zwei vollkommen verschiedene Serien, die miteinender resonieren; das Ergebnis dieser Resonanz heterogener Serien sind verzweigte Disjunktionen und eine disjunktive Synthese, Voraussetzung für das Phantasma als dasjenige, das ein Ereignis repräsentiert. Konvergieren die Serien, so freilich stets in Hinblick auf das gute Objekt, das, in den Höhen verloren, als ein Idol funktioniert. Jenes Objekt hatte den Übergang der Tiefe in Teiloberflächen ermöglicht, es hatte den Phallus über die genitale Zone projiziert; und nur dieser vermag es, die Teilzonen konvergieren zu lassen. Dieser aber weicht häufig der Aufgabe aus, seine Linie verschmilzt mit jener der Kastration, womit sein exzessives Bild nichts weiter bezeichnet als seine eigene Abwesenheit. Das paradoxe Element ist der Phallus, stets ohne Gleichgewicht, Exzeß und Mangel in einem, stets seine Identität, seinen Ursprung vermissend, seinen Platz. Damit ist er Deleuze zufolge der Oberflächenunsinn und folglich dasjenige, das beiden resonierenden Serien, der vorgenitalen sowie der ödipalen, samt der entsprechenden Elternbilder Sinn gibt–dank ihrer Differenz. Die Sprache ist insofern sexuellen Ursprungs, als die sexuelle Position unter verschiedenen Aspekten (erogene Zone, Phallus, Kastrationskomplex) verschiedene Typen von Serien erzeugt, die mit einem bestimmten Zustand der Sprache korrespondieren. Mit den sexuellen Serien beginnt auf unterschiedliche Weise ein Vorverstehen dessen, was schon existiert; aus dem von oben kommenden Fluß der Stimme schneidet sich das Kind Elemente verschiedener Ordnung aus und gibt ihnen eine Funktion, die zwar noch vorlinguistisch ist, aber jedes der drei Elemente der Sprache korrespondiert mit einer bestimmten sexuellen Position: Phoneme beziehen sich auf erogene Zonen, Morpheme auf den Phallus der Koordination, Semanteme auf den Phallus der Kastration. Dies ist freilich kein Bezug der Bezeichnung (Phoneme bezeichnen nicht etwa erogene Zonen), sondern die Frage einer Oberflächenwirkung unter sowohl tonalem als auch sexuellem Aspekt, anders gesagt, unter den Aspekten der Resonanz und des Spiegels. Hier sind wir bei der Rede, die indes auch noch nicht Sprache ist, denn die Phoneme, Morpheme, Semanteme benennen noch keine Dinge, manifestieren noch keine Personen, bedeuten noch keine Begriffe, sie haben vorläufig einen rein sexuellen Bezug. Wir sind noch nicht im Bereich des Sinns. Der Lärm der Tiefe war Deleuze zufolge ein Untersinn, die Stimme von oben ein Vorsinn. Der Phallus als Oberflächenunsinn verteilt nun Sinn an die Serien, die er durchquert und miteinender verzweigt, die eine bestimmt er als die bezeichnende, die andere als die bezeichnete. Die Sexualität ist Deleuze zufolge der ständige Begleiter, Co-Sinn, des Sinns; die Besessenheit, mit der ein Denker bestimmte Wege verfolgt, hat (für den Denker unbewußt) fraglos sexuelle Ursachen.

Wirklich sprechen können, setzt Deleuze zufolge das Verb voraus; mit ihm wird die sekundäre Organisation hervorgebracht, das Kind lernt seine metaphysische Oberfläche mit ihrer Organisation von Sinn und Unsinn meistern. Eine Voraussetzung dafür war das Phantasma; es ist Deleuze zufolge über mindestens zwei divergierenden sexuellen Serien konstruiert (und deren verschiedenen Elternbildern), verschmilzt mit ihrer Resonanz—ein Weg vom Bildlichen zum Abstrakten; mit dem Phantasma beginnt das Unkörperliche, das Denken. Da es stets zu seinem äußeren Beginn (der Kastration) zurückkehrt, wiederholt es auch stets seinen inneren Beginn, die Bewegung der Desexualisierung, bringt dadurch unaufhörlich das Innere und Äußere in Kontakt, vereint sie zu einem Einzigen—ein Raum der ewigen Wiederkehr. Diese ständige Rückkehr zur ursprünglichen Bewegung der Desexualisierung (die zum erstenmal in unserer frühen Kindheit stattgefunden hatte) ist überaus wichtig: "Ohne diese ständige innere Wiederholung der Anfänge könnte das Phantasma nicht seinen anderen, äußeren Beginn integrieren."[14] In diesem Fall liefe es Gefahr, auf seinen ärmsten Gedanken zurückzufallen, eine kindische und redundante alltägliche Träumerei über Sex, die stets dann eintritt, wenn das Phantasma sein Zeichen verfehlt und zwischen beide Oberflächen fällt. Genau dem entspricht das Leiden von Hilbigs Protagonisten im Text *Die Weiber*, solange, bis jener entschlossen aufs Dach klettert, um von dort mit den im Hof des Frauengefängnisses im Kreis dahinschreitenden gefangenen "Weibern" Kontakt aufzunehmen. Diese Kommunikation konstituiert offensichtlich in ihm eine Serie notwendiger Images, die er an einem entscheidenden Punkt seiner dynamischen Genesis als ein Kleinkind vermißte. Danach ist sein Phantasma aus der Falle der unentwegten Träumerei über Sex heraus, und auch die "Erkrankung (s)einer Sprache" ist (freilich nur in diesem einen Text) auf dem Wege der Besserung.

Das Phantasma, über zwei divergierenden sexuellen Serien konstruiert, mit ihrer Resonanz verschmolzen, führt also, wie wir nun wissen, zu einer Bewegung der Desexualisierung, welche jenseits der physischen eine metaphysische Oberfläche konstituiert, auf die selbst die verschlingenden/verschlungenen Objekte der Tiefe projiziert werden. Diese Bewegung findet nicht zwischen den sexuellen, sondern den unendlich größeren Serien, Essen und Denken, statt, wobei das zweite immerzu im ersten zu verschwinden droht, das erste immerzu riskiert, auf dem zweiten projiziert zu werden, eine (höchst unfriedliche) Pendelbewegung. Hat die metaphysische Oberfläche bei dieser Pendelbewegung die Oberhand, wird das Verb auf sie eingeschrieben. Sinn entsteht (freilich solcherart, als schriebe man an einer beschlagenen Fensterscheibe mit dem Finger [15]). Offen gestanden, finde ich diesen letzten Schritt, von der Rede zur verbalen Repräsentation, von Deleuze nicht hinreichend plausibel demonstriert, er beschränkt sich auf eine metaphorische Beschreibung. Die Anwendung seiner Forschungen auf den Text Wolfgang Hilbigs wird indessen davon kaum beeinträchtigt, kommt doch Hilbigs Protagonist keineswegs in den Genuß einer Meisterschaft der verbalen Repräsentation, der Sinn bleibt für ihn abwesend. Seine Genesis bricht vorher ab, zu sehr mißtraut er der Ordnung der Sprache. Verspricht uns die Konstitution einer metaphysischen Oberfläche deren mühelose Handhabung, so hat jene doch nichts anderes als "die Herrschaft der Grammatik über (unser) Gehirn"(UN,74) zur Folge. Selbst, wenn wir die Sprache samt ihrer zugehörigen Logik benutzen, um zu widersprechen, unterstützen wir das herrschende System. So wird Hilbigs Protagonist im Text *Eine Übertragung* von seinem Freund S. ermahnt: "Fest steht aber für mich, daß du inzwischen in ihren Kategorien denkst. Wenn du ihnen nachweisen willst, daß du nichts getan hast, was für sie strafbar ist, dann bist du schon einer von ihnen."(EÜ,152).

Hilbigs Protagonist hält folgerichtig auf der Stufe zwischen Rede und Sprache an und flieht zurück in die Tiefe, in die Welt des Es. Von dort sendet er (etwa als "Pornograf") seine gefährlichen Signale aus. Das Unbewußte, diese Auffassung Theweleits unterstreicht Hilbigs Text *Die Weiber*: "eine() den Herrschaftsrahmen jeder Gesellschaft sprengende() Produktionskraft."[16]

Deleuze veranschaulicht den Prozeß der dynamischen Genesis an Alices Erfahrungen im Wunderland, wie sie Lewis Carroll beschreibt: Alices Fall in die Tiefe und die Beschreibung ihres Aufenthaltes dort entspricht der schizoiden Position: alles ist Essen, Exkremente, Simulakrum, innere Partialobjekte und ihre giftigen Mischungen; dieser Teil des Textes trägt offenkundig einen oralen, analen Charakter. In Wolfgang Hilbigs Text entspricht dieser Phase unverkennbar der Anfang der Erzählung *Die Weiber*: der Protagonist arbeitet im Keller einer Fabrik, wo er bezeichnenderweise Eisenfomen mit Öl einpinselt. Er onaniert. Er schwitzt. Seine Ellenbogen werden von weißen Flechten befallen, sein Körper fragmentiert, unangenehme Gerüche ausstoßend. Später richtet der Protagonist seinen Blick nach oben. Durch einen Gitterrost in der Kellerdecke vermag er die in der ersten Etage arbeitenden Frauen zu erkennen; Frauen repräsentieren bei Hilbig (im Unterschied zu den Weibern) stets das gute Objekt in der Höhe. Doch was tut er dabei genau? Er beobachtet die Frauen ausgerechnet

> vor der kleinen Leiter an der Mühle für die Materialabfälle(...) Dies war die ersehnte Minute, in der ich die Stirn, das Gesicht gegen das Gitter preßte, um zu sehen–um zu sehen, wie eine der beiden Frauen die Bockleiter bestieg, um sich nach vorn über den Trichter der Mühle zu beugen...(DW,13)

Kurzum, er richtet zwar den Blick zu dem guten Objekt in der Höhe hinauf, allein dabei ist es ihm hauptsächlich darum zu tun, jenem unter den Rock zu spähen. Damit verletzt er aufs bösartigste die Regeln; und weder ein Über- Ich, noch ein ordentliches Ich können sich bilden. Der Protagonist wird als Folge aus der Fabrik entlassen. Er hat vor dem guten Objekt in der Höhe versagt (im Gegensatz zu Alice im Wunderland, die sich mit dem guten Objekt in der Höhe, der Cheshire Cat, identifiziert.) Zunächst scheint jenes noch einmal Gnade zu zeigen; das gute Objekt in der Höhe in Gestalt einer Angestellten des Arbeitsamtes lädt Hilbigs Protagonisten zu einer Aussprache ein, um ihm eine Arbeit bei der Müllabfuhr anzubieten. Diese Szene ist für unser Thema interessant, ist es doch die weibliche Stimme, "der drohende Unterton in der Stimme der schwergewichtigen Frau", die ihn irritiert und entlarvt, "ehe (er) den Mund geöffnet hatte". Stotternd spricht er

> von meinem seit früher Zeit mich beherrschenden Hang zur Schriftstellerei(...), dem zu folgen ich für meine eigentliche Aufgabe halte... ach, sagte sie, was wollen Sie denn schreiben...—eine Frage, die mich sofort verstummen ließ—... Sie haben doch nicht einmal das Abitur gemacht, Nein, sagte sie, Sie haben nicht einmal die zehnte Klasse geschafft(...) Ihre Dankbarkeit, dem Staat und der Gesellschaft gegenüber, läßt sehr zu wünschen übrig, um nicht zu sagen, sie nimmt kriminelle Ausmaße an.(DW,25f)

Anschließend zerbricht sich der Protagonist den Kopf, weswegen ihn diese Worte der Angestellten im Amt für Arbeitskräftelenkung so tief verletzten (dabei schreitet er bezeichnenderweise vor einer Müllhalde auf-und ab, der Chiffre für das Es, als habe er eine Entscheidung darüber zu treffen, in welche Richtung er sich hinfort bewegen soll, nach unten, zum Unbewußten hin, oder nach oben). Hätte ein Mann diese Sätze gesprochen, so denkt er, wäre es ihm "möglich gewesen, darüber zu lachen, ich hätte das Ganze gleich nach dem Verlassen des Amtsgebäudes vergessen können"(DW,27). Daß im Gegensatz dazu der Mund einer Frau, "ein weiblicher Mund", eine begehrte erogene Zone, die Drohung der Staatsmacht angesichts seiner schriftstellerischen Ambitionen verbalisiert, dies scheint ihn um den Verstand zu bringen. Bürokratie ist, begreift er, eine Form von Begehren, die Ausübung von Macht eine erotische Angelegenheit.[17] Erotik in einer solchen Gestalt freilich (Deleuze und Guattari nennen sie paranoisch), die mit der Gestalt seines eigenen Begehrens, der es an einer radikalen Freisetzung der Wunschströme gelegen ist, aufs schärfste kollidiert. Nach dieser Erkenntnis leidet der Protagonist unter einem Alptraum, in welchem die Stimme der Angestellten und jene der Mutter einander erschreckend ähneln; Vokabeln wie "schweißüberströmt, von Grauen geschüttelt"(DW,30) zur

Beschreibung seiner Befindlichkeit. Aus dem schmerzhaften Durcheinander seiner Gefühle flieht der Protagonist in die Tiefe zurück, versteckt sich in den "Eingeweiden (s)einer Mutter"(DW,20), ein Ort, an welchem ihn ihre Stimme, die an der Machtausübung als einer Form paranoisch deformierten Begehrens partizipiert, nicht zu erreichen vermag. Statt das ihm vorgeschlagene Arbeitsangebot bei der Müllabfuhr anzunehmen, um damit beim guten Objekt in der Höhe für seine Sünden abzubitten, wendet er sich der Suche nach den verschwundenen "Weibern" zu, Hilbigs Chiffre für die (lustverheißenden) Partialobjekte, für die Befreiung der Wunschflüsse. Und selbstverständlich ist das Ausweichen in die Tiefe mit einem Versagen der Sprache gekoppelt, Deleuze zufolge keineswegs ein Wunder, zieht doch die Fragmentierung der sexuellen Oberfläche folgerichtig den Einsturz der metaphysischen Oberfläche nach sich. Von einer Meisterschaft des Verbs, der verbalen Repräsentation, kann keine Rede sein, löst sich doch in der Tiefe die Stimme sogar in Lärm auf, die Wörter verwandeln sich in Geräusche zurück. Hilbig weiß so gut wie Deleuze, daß Sexual-, d.h. Identitäts- und Sprachkrise einander notwendig bedingen: "meine abgeschnittene und verstrickte Sprache, krank von Schamgerüchen"(DW,35). Zeitweise klettert Hilbigs Protagonist an die Oberfläche zurück, um dort nach *Fluchtlinien* in der Gestalt einer anderen als der herrschenden Sprache zu suchen; von dieser Suche, deren Intensität es uns erlaubt, Hilbigs Text einer *kleinen Literatur* zuzurechnen, handelt das nächste Kapitel.

Eines soll an dieser Stelle wiederholt werden: Beschreibt Hilbig im Text *Die Weiber* die Unfähigkeit seines Protagonisten, die ödipale Situation zu meistern, sowie dessen daran anschließende orale-anale Regression, so dramatisiert er damit das Ereignis eines solchen Vorgangs (eingebettet in die entsprechenden sozialhistorischen Koordinaten); keineswegs präsentiert Hilbig seinen eigenen Fall von Psychose. Im letzteren Fall hätten wir keinen lesbaren Text vor uns.

Fußnoten

1 Klaus Theweleit. *Männerphantasien*. a.a.O. Bd.II,162.

2 Gilles Deleuze und Claire Parnet. *Dialoge*. a.a.O.,29.

3 Friedrich Nietzsche. *Kritische Studienausgabe*. München:dtv, 1988. Bd.V,34f.

4 Slavoj Žižek. *The sublime Object of Ideology*. a.a.O.,211.

5 siehe etwa Gilles Deleuze und Claire Parnet. *Dialoge*. a.a.O.,30-33.

6 Gilles Deleuze. *Logique du Sens*. Paris: Les Éditions de Minuit, 1969,182f.

7 Manfred Frank. *Was ist Neostrukturalismus?* Frankfurt: suhrkamp, 1983, 431f.

8 Gilles Deleuze. *Logique du Sens*. a.a.O.,284.

9 Ebda.,290.

10 Ebda.

11 Ebda.,287.

12 Ebda.,221.

13 Ebda.,260.

14 Ebda.,256.

15 Ebda.,158.

16 Klaus Theweleit. *Männerphantasien*. a.a.O. Bd.I,219.

17 Žižek zufolge ist Kafka gerade deshalb ein postmoderner Schriftsteller, da in seinen Romanen "immer wieder die geheime Komplizenschaft auftaucht, die das bürokratische *Ding* (Schloß, Gerichtshof) mit dem weiblichen Genießen verbindet." Slavoj Žižek. *Die Grimassen des Realen*. Köln: Kiepenheuer & Witsch, 1993,157.

Sechstes Kapitel

Hilbigs Fluchtlinien aus der Sprache

> ...wobei es mir schon sinnlos erschien, Worte richtig auszuschreiben, so daß ich bald nur noch hektische Striche und Haken aneinanderreihte, in deren Fluchtlinien sich einzelne Buchstaben kaum noch ausmachen ließen...
> Wolfgang Hilbig (EÜ,77)

Ebenso wie bei Kafka geht es bei Hilbig stets um Angst und um Flucht. Deleuze und Guattari zufolge ist eine Flucht dabei keineswegs ein Akt der Feigheit:

> Die ehrenwerten Leute erklären, daß man nicht fliehen dürfe, daß das nicht gut, unwirksam sei, daß man für Reformen sich einsetzen müsse. Doch der Revolutionär weiß, daß die Flucht revolutionär ist(...), solange man nur die Decke mit sich reißt oder ein Stück des Systems fliehen läßt.[1]

Mit anderen Worten: solange man damit das Bestehende in die Flucht schlägt (nicht zuletzt waren es die Massen der Flüchtlinge aus der DDR, die 1989 die DDR über Ungarn verließen, welche die Mauer zum Einsturz brachten).

Im letzten Kapitel sahen wir, es ist vor allem die Sprache mit der ihr impliziten Weltauffassung, die nicht nur das Subjekt, sondern auch die bestehende Wirklichkeit konstituiert. Weil es die Dualismen/Dichotomien, aus denen die Sprache geschmiedet ist, sind (etwa die Paare: Singular-Plural, männlich-weiblich), die zu den Dualismen der Wirklichkeit führen, muß es Deleuze, Guattari und Parnet zufolge die Aufgabe des Schriftstellers sein, *Fluchtlinien* aus der Sprache zu finden, um damit jene in die Flucht zu schlagen:

> was angezettelt werden kann und muß, ist der Kampf gegen die Sprache, ist die Erfindung des Stotterns–nicht, um abermals zu einer prälinguistischen Pseudorealität vorzustoßen, sondern um eine Laut- oder Schriftlinie zu ziehen, die die Sprache zwischen diesen Dualismen

> hindurchwandern läßt, kurz, von der Sprache einen minoritären Gebrauch zu machen.[2]

Fluchtlinien folgen, bedeutet dabei stets eine Deterritorialisierung, ein Molekular-Werden der Sprache, etwa so, wie es Hilbig im Eingangszitat dieses Kapitels beschreibt: der Protagonist seines Textes *Eine Übertragung*, als Folge der Gefängnishaft in eine schwere Identitäts- sowie Sprachkrise verstrickt, schreibt die Worte, ja Buchstaben nicht mehr richtig aus, möglicherweise in der Hoffnung, die herrschende Sprache, der er letztlich seine Depression verdankt, damit davonzujagen. Wie eine solche Deterritorialisierung der Sprache in Hilbigs eigener Schreibpraxis, in der er zwar die Wörter, doch nicht die Buchstaben ihren *Fluchtlinien* folgen läßt, aussieht, dafür ein Beispiel aus *Alte Abdeckerei*:

> Alte Abraucherei, alte Abklopferei an den unterirdischen Ufersteinen vorbei, klappernd über die Schwellen, über die Schienenschläge, lärmbedeckte Steckenfechterei, Lärmen erdüberdachter Absteckerei; alte Abdeckerei... Altdeckerei... Alteckerei... Alteckerei... Alterei... (AA,116f.)

Weil es Hilbig zufolge vor allem die Substantive sind, die "die eigentlichen Substanzen der Dinge"(AA,39) verschweigen, sind es vornehmlich jene, welche er hin und wieder am Schopf packt, um sich selbst wirbelt und damit von allem Sinn losreißt, in diesem Fall das Substantiv "Abdeckerei" mitsamt seinem Adjektiv "alt"–keineswegs nur ein Akt der Zerstörung, vielmehr ebenso ein Akt der Intensivierung der Sprache, handelt es sich hier doch um einen Gebrauch, der jenem der Kinder ähnelt, die den Sinn der Worte erst vage fühlen und deshalb schöpferisch mit ihnen umgehen, in einem Spiel von Sinn und Unsinn.[3] Deleuze und Guattari verweisen im Fall Kafkas auf dessen Beschreibung des Tierwerdens als eine Möglichkeit der Deterritorialisierung. Kafkas Protagonist Gregor Samsa verwandele sich in einen Käfer, um der Welt der Bürokratie zu entfliehen, damit erreiche er jene Region, "wo die Stimme nur mehr summt. 'Hast du Gregor jetzt reden hören?' 'Das war eine Tierstimme', sagte der Prokurist".[4] Die Sprache werde dabei an einen Punkt der absoluten Asignifikanz getrieben, in reine Intensitäten aufgelöst. Hilbigs Roman *Eine Übertragung* schließt mit einer erstaunlichen Episode, in welcher sich Hilbigs Protagonist zwar nicht in ein Tier verwandelt, doch mit Tieren (Krähen) kommuniziert, um dabei Sprache in die Flucht zu schlagen. Vor einem ausgedehnten Müllfeld in der Nähe ihrer Heimatstadt, das von Krähen übersät ist, lauschen der Protagonist und sein Freund Waller den Schreien der Vögel und antworten mit einem jeweils durch Assonanz verwandten Substantiv:

> ... Klingt es nicht wie Macht... Macht?
> –Macht!, donnerte ich, daß es von der Wand des hellgrauen Waldes widerhallte. Maacht... Maaaacht!
> Der Himmel war plötzlich von einer Unzahl wie rasend durcheinanderjagender schwarzer Bestien erfüllt.
> –Staatsmacht, erwiderte Waller. Staatsmacht... Niedertracht!
> –Staatsmacht, Fluchtverdacht...
> –Friedenswacht, Mauerpracht, Grabesnacht...
> –Licht in der Nacht,
> Stalin wacht!
> –Wer hätte das gedacht...
> Deutschland in der Nacht!(EÜ,342)

Eine Orgie der Sprachverhöhnung, bei welcher der Tierlaut (Krähenschrei) als eine Fluchtlinie dient. In einer *kleinen Literatur* gibt die Sprache Deleuze und Guattari zufolge ihre Repräsentationsfunktion auf. Tut sie dies indessen radikal, d.h. deterritorialisierte Kafka etwa seine eigene Sprache in einem Maße, daß sie tatsächlich einem Tierlaut nahekäme (statt einen Tierlaut literarisch zu repräsentieren), wäre sie nicht mehr verständlich; eine wirkliche, radikale Durchführung dieses Konzepts überstiege und zerstörte die Identitätsbedingungen der sprachlichen Zeichen. Unverständliches Stammeln oder unartikuliertes Schreien ist es indessen nicht, was wir mit einer *kleinen Literatur* im Auge haben, sollen doch mit ihrer Hilfe kollektive Äußerungen gefördert werden, in Hilbigs Fall etwa jene der Arbeiter in der mitteldeutschen Industriewüste, Ausgestoßene, die sich nicht selbst Gehör zu verschaffen vermögen. Deshalb ist es fruchtbarer, Deleuzes Analyse der Malweise Francis Bacons zu Rate zu ziehen (ich beschrieb sie in der Einleitung), angesichts derer er dem Künstler vorschlägt, in einem bestimmten Maß noch in den Grenzen der Repräsentation zu bleiben, aber deren Ordnung zu unterlaufen, indem er es kleinen Inseln von Chaos im Bild/ Text erlaubt, "eine Zone von Sahara in den Kopf einzuführen"[5], eine Fluchtlinie. "Eine Art Fremder *in* seiner eigenen Sprache sein!"[6] Nicht, daß du sie vollends verläßt, doch du bewegst dich an ihren Grenzen.

Der Protagonist in Hilbigs Text *Die Weiber* sucht ebenfalls nach einer neuen Sprache, um schreibend seine Selbstentfremdung zu überwinden; dabei entdeckt er, alle bisherigen Beschreibungen waren untauglich, weil sie von Männern gemacht worden waren. Das Fazit: "ich mußte mir womöglich erst einen weiblichen Blick aneignen"(DW,94). Als Folge sammelt er auf den Müllhalden weibliche Kleidungsstücke und zieht sie sich über; eine Fluchtlinie aus der herrschenden Struktur, die Deleuze und Guattari als Frauwerden bezeichnen würden; wie das Tierwerden bei Kafka ein Molekularwerden–d.h. ein Vorgang, bei dem im sozialen Feld Flüsse des Unbewußten produziert werden, welche etablierte Strukturen unterminieren; in Hilbigs Text, um den es an dieser Stelle geht, wird die binäre Opposition männlich-weiblich in Frage gestellt. Mit seinem Frauwerden zieht Hilbigs Protagonist eine Linie zwischen den entgegengesetzten Polen und führt jene ad absurdum, nachdem er den Pol "Frau" bereits seinerseits differenzierte. Frauen, das sind für ihn Frauen und Weiber, die ersten sind von der Welt ihrer Väter, also von dem männlichen Pol, übercodiert:

> Ja, ich spürte, daß ich die Weiber beschreiben mußte, welche in der Qual und in der einfachen Solidarität dieser Baracken (es handelt sich um jene eines Konzentrationslagers, G.E.) gelebt hatten, dort, wo man sie die *Weiber* genannt hatte, weil die Frauen zum Personal der Wachmannschaften gehört hatten.(DW,96)

Diese erträumte Beschreibung gelingt dem Protagonisten indessen nicht, denn seine *Fluchtlinie* verkehrt sich in eine Linie der Destruktion: verzweifelt über seine Krankheit, die sich vor allem in einem Wahrnehmungsverlust äußert (er sieht die Frauen/Weiber nicht mehr, sie scheinen ihm aus der Stadt verschwunden), übergießt sich der Protagonist vor dem Polizeirevier der Stadt mit Benzin, möchte sich anzünden, allein er findet keine Streichhölzer, ein Selbstmordversuch. Deleuze weist darauf hin, daß sämtliche Fluchtlinien dieser Gefahr ausgesetzt sind, in schwarze Löcher hineingezogen zu werden; in diesem Fall führen sie dich in den Tod (siehe etwa den Selbstmord Kleists, eines typischen Fluchtliniendichters). Was Hilbigs Protagonisten im Text *Die Weiber* rettet, ist, daß er neben jener Fluchtlinie des Frauwerdens eine geographische Fluchtlinie konstruiert, aus seiner Heimatstadt, in welcher ihn seine Krankheit befiel, nach Berlin: dort wächst ihm der Mut zu jener Kletterpartie auf das Dach zu, von dem er Kontakt zu den Insassinnen des Frauengefängnisses findet, welche ihn mit ihrem sprachfreien, sprachtranszendierenden Zeichen, das ein Zeichen gegen den "reinen Staat" ist, von seiner Krankheit heilen... Die verschiedenen Fluchtlinien in den Texten eines Autors entdecken, ausmessen, kartographieren, dies und nichts anderes soll Deleuze und Parnet zufolge die Arbeit des Literaturkritikers sein.

Nicht, daß ein despotisches Regime von Zeichen, wie es etwa die Texte des sozialistischen Realismus darstellen (eine kreisförmige Organisation von Zeichen, die sich alle auf das Zentrum, Gott oder Staatsapparat, zurückbeziehen[7]) keine Fluchtlinien enthielte, nur werden diese von einem negativen Zeichen abgestempelt, sie bezeichnen den Sündenbock. Denken wir nur an Neutschs Beschreibung des anfangs rebellischen Arbeiters Hannes Balla in *Spur der Steine*, der als Zeichen seiner vermeintlichen Unzähmbarkeit eine Perle im Ohr trägt. Später, nach einem intensiven Prozeß der sozialistischen Erziehung, den Neutsch akribisch verfolgt, legt jener die Perle ab und steckt sich ein Parteiabzeichen ans Revers: das gute Zeichen gegen das böse der Barbarei. Die Fluchtlinie wird in diesem Fall negativ bewertet und abgeschnitten; eine rigide oder molare Linie tritt an ihre Stelle. Diese Linie formt mit ihren klar bestimmten Segmenten (Familie, Schule, Armee, Fabrik), die wiederum von binären Maschinen abhängen (den Dualismen Frau-Mann, Kind-Erwachsener, öffentlich-privat...), in Individuen, Gruppen, Texten einen Organisationsplan, auf dem sich die "Erziehung der Subjekte und (die) Harmonisierung der Formen" vollzieht[8]. In Hilbigs Texten ist es im Unterschied zu Neutsch gerade jene molare Linie, welche unterminiert wird, auf die Gefahr hin, daß Hilbigs Protagonist mit der Auflösung ihrer Segmente jede Möglichkeit verliert, sich seiner selbst zu versichern. Diese Linie vollends zu sprengen, würde Deleuze zufolge sowohl unseren Organismus, als auch unseren Verstand zerstören, es hätte den Tod zur Folge.

Notwendigerweise bedingt die Dominanz verschiedener Linien einen anderen Umgang mit Sprache. Eine Literatur (oder ein Persönlichkeitstyp) der molaren Linien, etwa in Neutschs Fall, ist stets mit Sprachvertrauen verbunden, welches gewöhnlich zu einer hemmungslosen Symbolisierung neigt: "jede Sekunde, die tatenlos verstrich, riß ein Stückchen aus dem Aufbau"[9]. Eine Literatur (oder ein Persönlichkeitstyp) der molekularen oder Fluchtlinien dagegen neigt zur Sprachskepsis mit einer Bevorzugung der Allegorie oder, im konsequenteren Fall, der Tendenz, die Worte bis zur Unverständlichkeit zu deterritorialisieren: "alte Abdeckerei... Altdeckerei... Alteckerei... Alteckerei... Alterei"(AA,117), eine Tendenz zum Stammeln. In seinem unlängst veröffentlichen Text "prosa meiner heimatstraße" singt Wolfgang Hilbig ein Hohelied auf das "sprachgebrechen" jener, die sich in der DDR nicht zu artikulieren vermochten; nur da, in diesem Gestotter, verkündet er, "warn wir wirklich frei"[10]. Dieser Text ist aus der Perspektive der unblutigen Revolution im Herbst 89 geschrieben, die darin bestanden habe, daß "chöre von stotternden die Plätze erobert"[11] haben—Hilbig feiert hier die Tatsache, daß eine Fluchtlinie aus der Sprache zu einer Fluchtlinie aus der versteinerten Wirklichkeit wurde, die dabei tatsächlich in die Flucht geschlagen, davongejagt wurde; den gesellschaftspolitischen Umschwung in der DDR deutet er als "die revolution der analphabeten"[12]; die "ästheten" mit ihrem "hochmut"[13] können seines Erachtens nicht beanspruchen, einen Anteil daran gehabt zu haben. (Tatsächlich hatten mehrere Schriftsteller im Herbst 1989 vorgeschlagen, die DDR weiter geschlossen zu halten, weil allein in diesem Binnenraum die besondere Eigenart der DDR-Literatur bewahrt werden könne.[14]) Deleuze und Guattari mit ihrer Idee einer *kleinen Literatur* als eines anderen, asignifikanten Gebrauchs der Sprache, der es letztlich vermöchte, die Welt zu verändern, hätten ihre Freude an diesem Text Hilbigs, der es buchstäblich meint, wenn er schreibt: "schön ist der dilettanten aufstand im orchestergraben"[15]. Auch darin ist übrigens Hilbigs Text jenem Kafkas verwandt: er wehrt Interpretationen ab, möchte wörtlich genommen werden, in diesem Sinn wirkt er unmittelbar politisch.

Woher diese Verschiedenheit des Diskurses etwa bei Neutsch und Hilbig aus psychoanalytischer Perspektive rührt, ist Deleuze und Guattari zufolge die Verfassung des Wunsches. Dieser wende sich dem gesellschaftlichen Feld direkt zu, d.h. die Libido bedarf "zur Besetzung der Produktivkräfte und Produktionsverhältnisse keiner Vermittlung noch Sublimation, keiner psychischen Operation, noch Transformation"[16], mit Theweleits Worten, der Wunsch möchte "die Erde(...) benutzen und produzieren"[17] dürfen; er ist damit eine umstürzlerische, revolutionäre Kraft. Nur kann es freilich passieren, daß der Wunsch auf Grund der gesellschaftlichen Bedingungen seine eigene Repression wünscht; angesichts unserer Wünsche (die, in gesellschaftliche/familiale Knebelungen eingezwängt, Namen und eine Struktur bekamen, etwa Ödipus, Inzest usw.) quälen uns Schuld und Scham; und wir verwandeln uns in gehorsame Untertanen, um unsere Wünsche, die sich vermeintlich auf Mutter oder Vater richten, wiedergutzumachen. So komme es letztlich, daß "die Menschen *für* ihre Knechtschaft kämpfen, als ginge es um ihr Heil"[18]. Deleuze und Guattari unterscheiden in diesem Zusammenhang zwei große unbewußte libidinöse, gesellschaftliche Besetzungstypen, das Molare und das Molekulare. Das Molare meint "strukturierte und signifikante, paranoische Integrationslinien" oder "den Verlauf perverser Reterritorialisierungen", das Molekulare dagegen "verstreute und maschinelle, schizophrene Fluchtlinien" oder die Bewegung schizophrener Deterritorialisierungen". Diesen beiden Polen entsprechen zwei gesellschaftliche Besetzungstypen, "ein seßhafte(r) und bijektiv machende(r) Typ mit reaktionärer oder faschistischer und ein nomadische(r) und polyvoke(r) Typ mit revolutionärer Tendenz." Denn tatsächlich werde "in der schizoiden Aussagen 'ich bin von minderer Rasse' (...) 'ein Tier, ein Neger', 'wir sind alle deutsche Juden' (oder Hilbigs: ich gehöre dem fünften Stand an, G.E.) das historisch- gesellschaftliche Feld nicht weniger besetzt als in der paranoischen Formulierung 'ich bin einer der euren, fühle mich wohl bei euch'"[19], (in unserem sozialistischen Vaterland, könnte der erfolgreich gezähmte Balla am Ende von Neutschs

Roman sagen). Der paranoische Typ, hauptsächlich aus molaren Linien gebildet, besetzt die Form der zentralen Herrschaft; er überbesetzt sie, indem er sie zur letzten Ursache aller anderen Gesellschaftsformen in der Geschichte stilisiert[20] (etwa der Aufbau des Sozialismus in der DDR, dieses Bild vermittelt Neutschs Roman, als das Ziel der deutschen Geschichte); der schizo-revolutionäre Typ folgt dagegen "den *Fluchtlinien* des Wunsches", bricht "durch die Mauer" (das vollführte Hilbig tatsächlich mit seinem Umzug von Leipzig nach Nürnberg im Jahr 1985), läßt Ströme fließen und geht "in allem umgekehrt zu Werke(...) als der erste Typ"[21]. Dabei sei es möglich, daß das Unbewußte zwischen beiden Polen oszilliert. Dasjenige von Hilbigs Protagonisten besetzt das historisch gesellschaftliche Feld ohne Frage auf schizo-revolutionäre Weise; allein Ströme und Partialobjekte sind ihm vertraut, kaum individuelle Personen mit festen Körpergrenzen (was das Fehlen sowohl eines Helden, als auch einer Figurenkonstellation in Hilbigs Texten verständlich macht). Im Unterschied dazu besetzt in Neutschs Fall das Unbewußte das gesellschaftliche Feld paranoisch.

> Der Paranoiker macht Massen zu Maschinen, er ist der Künstler großer molarer Einheiten, statistischer Formationen, herdenhafter Gebilde, organisierter Massenphänomene. Er besetzt alles unter dem Zeichen großer Zahlen[22].

Genau dies vollführt der Autor auf den rund eintausend Seiten des Romans *Spur der Steine*; wie der Oberbefehlshaber einer Armee bewegt er ein umfangreiches Figurenensemble ordentlich und übersichtlich hin und her, solange, bis eine nach den herrschenden Normen als vorbildlich geltende Entwicklung repräsentiert ist, jene des jungen Arbeiters Hannes Balla, der sich allmählich vom "von Baustelle zu Baustelle streunenden Glücksucher" zum sozialistischen Brigadier mausert, zu einem, "der zur Erkenntnis seiner selbst und seiner Position in der Republik kommt"[23]. Der Wunsch des Arbeiters Balla, der anfangs ziellos floß (und Ziellos- Fließen- Wollen macht Deleuze und Guattari zufolge das Wesen des Wunsches aus), ist am Ende codiert, damit geknebelt, erdrosselt. Beginnt Balla schließlich zu schreiben, so keineswegs eine Art "Durchfall des Verstandes" wie Hilbigs Protagonist, Balla verfaßt eine Rede, die sogar auszugsweise im 'Neuen Deutschland' (dem führenden Parteiorgan der DDR, G.E.) veröffentlicht wird. Demgegenüber treibe der schizo-revolutionäre Schriftsteller gleichsam

> Mikrophysik(...), nicht mehr den statistischen Gesetzen gehorchende(...) Moleküle, (...)Wellen und Korpuskel(...), Ströme und Partialobjekte, die nicht mehr den großen Zahlen unterworfen sind, infinitesimale Fluchtlinien statt Perspektiven großer Einheiten[24]

—dafür interessiert er sich. Deshalb bei Hilbigs Protagonisten im Gegensatz zu Balla eine Art umgekehrte "Entwicklung"; statt seine Identität zu finden, fragmentiert der Protagonist, ebenso fragmentieren die Objekte, auf die sich seine Wünsche richten:

> Weit entfernt, ein Subjekt vorauszusetzen, ist das Begehren nur dort zu verwirklichen, wo einer der Macht, Ich zu sagen, entledigt ist. Weit entfernt, zu einem Objekt zu streben, ist das Begehren nur dort zu erreichen, wo einer ebensowenig ein Objekt sucht oder erfaßt, wie er sich selbst als Subjekt erfaßt.[25]

Wenn Hilbigs Protagonist nach den Weibern sucht, meint er damit nicht Frauen als Objekte, vielmehr einen Zustand, indem die Wunschflüsse nicht blockiert sind, das Unbewußte nicht trockengelegt. Hilbigs Text *Die Weiber*, das radikalste Buch über Begehren innerhalb der DDR-Literatur.

Was die Sprache betrifft, so ergibt sich aus dieser Perspektive für Hilbigs Protagonisten freilich das Problem, daß sich beim Immer-näher-Halten des Mikroskops auf sich selbst und die Welt auch die Sprache in ihre Bestandteile auflöst: statt einer "Spur der Steine", ein Bild, das präzise Neutschs Sprache beschreibt, ein Fluß heterogener Molekularpartikel, denen Hilbigs Protagonist Dämme setzen muß, um sich seinen Leserinnen (es ist ihm erklärtermaßen nur um weibliche Leser zu tun) verständlich machen zu können; ein Vorgang, der freilich eine teilweise Reterritorialisierung einführt, deshalb die permanente Unzufriedenheit des Protagonisten mit seinen Schreibprodukten.

Neben der zeitweiligen Zertrümmerung der Sprache sowie dem Frauwerden finden sich Fluchtlinien anderer Art bei Hilbig, etwa in Gestalt von Paradoxen, sprachliche Elemente, welche unmittelbar die Kräfte des Unbewußten ins Spiel bringen. Wir erinnern uns, der Protagonist des Textes *Die Weiber* klagte über den phallischen Charakter der Sprache als eine Ursache seiner Schreibkrise. Dieser phallische Charakter besteht in seinen Augen darin, daß die Sprache mit ihrer phallischen Symbolik (siehe etwa das Wort *stockreaktionär*) die Eigenart hatte, "alle ihre Gegenstände mit dem Charakter eines Prozesses in einem bestimmten Moment anzuhalten, den Prozeß in einem viel zu frühen Moment am Weiterlaufen zu hindern"(DW,90f.). Wonach Hilbigs Protagonist augenscheinlich sucht, ist eine Sprache des Werdens gegenüber jener der Begrenzung und des Stillstands, eine Sprache, die Deleuze zufolge einen anderen Zeitbegriff impliziert. Einen Zeitbegriff, demzufolge sich die Zeit unendlich in Vergangenheit und Zukunft zerteilt, mit der Konsequenz, daß einem Ereignis keine Gegenwart zukommt; vielmehr dehnt es sich stets gleichzeitig in beide Richtungen aus, nach gestern und morgen[26]. Alles ist in dieser Zeit (Deleuze nennt sie *Aion*) bereits vergangen und noch nicht da, reines Werden (in den Augen eines Denkers wie Plato wahres Verrückt- Werden), womit der von uns seit Goethe so vergötterte Augenblick auf ein Moment der Abstraktion schmilzt. Hilbigs Protagonist ist dieser Zeitbegriff des *Aion* fraglos vertraut:

> In diesem Augenblick schien es mir untrüglich, daß ich den kleinen Mann gekannt hatte, gleichzeitig aber war mir bewußt, daß ich nie erfahren würde, woher, wenn es tatsächlich eine Bekanntschaft war, mußte sie in großer zeitlicher Ferne stattgefunden haben, oder, noch eigenartiger, sie würde mir erst in der Zukunft geschehen.(ZP,88).

Kein Wunder, daß das Selbst von Hilbigs Protagonisten, das dieser doppelten Richtung, in die Vergangenheit und in die Zukunft, folgt, fragmentiert. Der Zeitbegriff des reinen Werdens schließt Identität aus. Daß uns diese Zeitauffassung des *Aion* nicht geläufig ist, wir statt dessen einen Zeitbegriff vorziehen, der die Illusion einer Gegenwart und damit auch einer Identität, einer Welt, eines Gottes privilegiert, liegt Deleuze zufolge allein an der Sprache, die zwischen vorher und nachher, gestern und morgen Grenzen zieht. Lernen wir als Kleinkinder sprechen, verinnerlichen wir den Zeitbegriff des *Chronos*. Gleichzeitig vermöge es die Sprache aber auch, diese

Grenzen zu transzendieren, womit sie das, was wir Identität nennen, als eine optische Illusion entlarvt–sie vermag es kraft des Paradoxes: “Das Paradox ist ursprünglich das, was den guten Sinn (bon sens) als die einzige Richtung zerstört, und es ist auch das, was den gewöhnlichen Sinn (sens commun) als die Bestimmung fixer Identitäten zerstört.”[27] Der gute Sinn denkt Deleuze zufolge nur in eine Richtung, von der Vergangenheit in die Zukunft, in Begriffen des einerseits, andererseits; der gewöhnliche Sinn schmiedet Diversität zu einem Ganzen, dem Ich, er ist die Fakultät der Identifikation. In der Komplimentarität der beiden Sinne ist die Allianz von Selbst, Welt und Gott (jener ist das oberste Prinzip aller Identitäten) besiegelt[28]–wie das Paradox sie gleichzeitig umdreht, dafür ein Beispiel aus Hilbigs Roman *Eine Übertragung*:

Der Protagonist erinnert sich daran, wie er einst mit einem Gedicht, in welchem er allen “noch einen roten i-punkt auf jedes wort” wünscht, in einem Literaturzirkel, in den er von seiner Fabrik delegiert worden war, eine immense Beunruhigung auslöste. Die harmlose Formulierung wird gedeutet als eine “Chiffre, die eine Diffamierung enthielt”(EÜ,186); sie erregt den Verdacht auf eine staatsfeindliche Gesinnung. Interessanterweise ist es weniger die Verszeile selbst, welche Panik auslöst, als die Tatsache, daß ihr Verfasser sie nicht zu erklären vermag. Die Arbeit der Zirkel bestand, so erkennt der Protagonist,

> aus ununterbrochener Heimholung grenzüberschreitender Vokabeln und Vokabelverbindungen: eine nicht sofort verständliche, nicht sofort erklärliche Konstellation konnte also nur einen jener Teile des LEBENS beschreiben, die dem Tod des Lebens im Raum des Tabu aufs verletztendste widersprachen. Meine Sentenz lieferte dafür ein genaues Beispiel. Da mir der Nachweis der Grenzüberschreitung der Tabuzone, die Dechiffrierung des vermeintlichen Codes, selbst nicht gelang, verfehlte ich die Chance, das Opfer einer verbalen Strafaktion zu werden, die mich von dem Delikt befreit hätte, indem sie mir Selbstkritik ermöglichte. Damit war ich das unbelehrbare Element, das sich von der Bahn des Todes abgesetzt hatte.(EÜ,168)

Der rote i-Punkt, den die politisch wachsamen Zirkelteilnehmer hier fälschlich als einen Code, d.h. als eine verschlüsselte Sprache, deuten, mit deren Hilfe vermutlich eine staatsfeindliche Botschaft transportiert wird, ist ein Paradox–eine Kraft des Unbewußten innerhalb der Sprache und damit für die Zirkelteilnehmer etwas noch weitaus bedrohlicheres als ein Code: "es geschieht, konträr zum guten Sinn, stets im Raum zwischen zwei Bewußtseinen, oder hinter dem Rücken des Bewußtseins, konträr zum gewöhnlichen Sinn."[29] Damit kann es nicht rational aufgelöst, nicht interpretiert, d.h. mit einem eindeutigen Sinn ausgestattet werden; es bedroht unseren gesunden Menschenverstand und damit die Dreieinigkeit von Subjekt, Welt und Gott (für Hilbigs Zirkelteilnehmer ist die Position des letzteren durch den sozialistischen Staat besetzt). Eine Sprache, die wie jene Hilbigs mit dem Paradox arbeitet, führt die Dimension des Unsinns ins Denken ein, läuft das Paradox doch durch beide Serien an der Oberfläche: durch jene der Aussagen und jene der Dinge, oder anders gesagt, zieht es doch zwischen beiden Serien die Linie des Aion, des reinen Werdens[30] (oder, in Platos Augen, Verrücktwerdens).

Was hat es genauer mit diesem Paradox Hilbigs auf sich? Wir ahnen es bereits: rot, eine Farbe, und nicht irgendeine (ein blauer i-Punkt, damit wäre Hilbigs Protagonist möglicherweise davongekommen); rot–die Farbe der Fahne der Arbeiterklasse, und, noch schlimmer, zugleich jene des Blutes, eine Körperflüssigkeit, auch die Farbe der Lippen, von Lippenstift usw.–das Adjektiv rot bringt zum einen eine Serie der herrschenden politischen Symbolzeichen und zum anderen eine Serie körperlicher, gar erotischer Dinge ins Spiel, jene werden innerhalb eines Buchstabens, dem i, montiert mit der Serie der linguistischen Zeichen. Die Serien der Signifikate und der Signifikanten konvergieren in einem paradoxen Element; für einen Moment fühlen wir die Fragilität allen Sinns, der gemäß seiner Definition die Differenz der Serien artikuliert, wir ahnen seine enge Verwandtschaft, beinahe Identität, mit dem Unsinn–eine Bedrohung für die symbolische Ordnung.

Hilbigs Protagonist ist sich der Herkunft seiner Verszeile mit dem roten i-Punkt durchaus bewußt; allein als ein Ersatz für sein Unvermögen zur Dechiffrierung dieser Zeile den Zirkelteilnehmern davon zu erzählen, kommt für ihn nicht in Frage, als ahnte er, es wäre das Eingeständnis einer Blasphemie. Einst bewegte er eine schwere mit Ölschlamm gefüllte Schubkarre durch das unterirdische Labyrinth einer Gießerei, erblickte Lona, eine heimlich verehrte, sehr dicke Frau, die sich gerade bückte, dabei gab der Kittel ihren roten Schlüpfer frei. Besessen von diesem Anblick bemerkt der Protagonist nicht, daß sich sein Schubkarren selbstständig macht.

> Mir erstarb der Ruf in der Kehle, im voraus entsetzt, aber vollkommen hypnotisiert, glotzte ich auf das vorrückende Ungetüm, das ruhig und unaufhaltsam mit dem gelben Gummihandstück der präzise zielenden Griffstange in das Zentrum des Lethe, genau auf den Doppelrand des Vulkans zwischen den beiden feuerwehrroten Hinterflächen traf, noch längst nicht haltmachte, so daß Lona nach einem zaghaften Ausfallschritt besiegt auf alle Viere kippte, sofort aber mit gellendem Aufschrei und all ihrer Muskelkraft sich zur Seite schnellte.–Iiiih! schleuderte sie mir einen hohen Ton von gewaltiger Vibration entgegen...(EÜ,191)

Später reflektiert er über dieses Erlebnis:

> Unvergeßlich verbanden sich für mich die Farbe einer Unterhose(...) mit der hellen Klangfarbe eines empörten Vokals(...). Blindlings in meinem Kopf agierende Geilheit also hatte mein Assoziationsvermögen in Gang gesetzt, und da ich in meinem Gedicht sowieso von der Liebe sprach, hatte ich, befeuert von einer grell mich anfachenden Wäschefarbe, einen leuchtenden, alles besiegelnden Punkt über jedes Wort setzen wollen(...) ich hatte die Sprache mit dem Tonfall der Liebe färben wollen.(EÜ,192)

Allein Sprache und Sexualität sind unserem gesunden Menschenverstand zufolge zwei inkompatible Serien. Fädelt einer sie, wie es Hilbig in seinem Paradox tut, durch das gleiche Ör, müssen wir am Ende um unsere Zurechnungsfähigkeit bangen.

Neben dem Paradox spielt in Hilbigs Diskurs die Halluzination eine bedeutende Rolle–jene tritt stets dann in den Vordergrund, wenn seinem Protagonisten die Oberfläche zerbricht, dessen Selbst in die Tiefe des Körpers zurückstürzt. Mit Deleuzes Vokabular könnten wir die Halluzination als einen Unsinn der Tiefe bezeichnen im Vergleich zu jenem der Oberfläche, dem Paradox etwa. Julia Kristevas Aufsatz zum "Wahr-Realen" (le vréel) scheint mir in diesem Zusammenhang relevant. Das "Wahr-Reale" ist eine Ausdrucksweise kraft ikonischer Halluzination, die aus dem Rahmen dessen herausfällt, was gewöhnlich im sozialisierten Raum der symbolischen Ordnung als verständlich und plausibel betrachtet wird[31], also auch das "Wahr-Reale" eine *Fluchtlinie*. Wir finden es in den heterogenen semiotischen Räumen (Halluzinationen, bedeutungsleeren Sätzen) einer Rhetorik; der Signifikant wird dabei, in einer Bewegung, die keinen Platz für das Signifikat läßt, für seinen Referenten, für das Reale, den Körper genommen[32]. In Hilbigs Text *Die Weiber* wähnt Hilbigs Protagonist bekanntlich, die Weiber seien aus der Stadt verschwunden; in Panik beginnt er, nach ihnen zu suchen. Dabei geschieht es ihm, daß er die Müllkübel in weibliche Mülltonnen umbenennt und jene danach "als eine Serie von unförmigen Weibern"(DW,17) halluziniert: "Ich ging so weit, eine der Tonnen heftig zu umarmen, sie vom Boden abzuheben, wie man es im ersten Feuer großer Wiedersehensfreude gelegentlich tut."(DW,17) Kristeva zufolge handelt es sich hierbei um eine unzulässige Konkretisierung des Signifikanten, bei Übergehung des Signifikats, womit die gesamte symbolische Ordnung verleugnet wird. Auch Hilbigs Definition der Sprache als eines "blutscheißende(n) wallach", seine Klage über das buchstäbliche Vergewaltigtwerden durch die Sprache: "die namen(...) werfen mich aufs bett und öffnen mir die schenkel"(DV,32) oder der Schreck seines Protagonisten darüber, daß er "schwarze Buchstaben() ins Spülbecken(...) huste(t)"(DW,85), gehören in diese Kategorie.

Um die Bildung des "Wahr-Realen" psychoanalytisch zu erklären, geht Kristeva zu Winnicotts sogenanntem potentiellen Raum des Kleinkindes zurück, in dem noch keine klare Unterscheidung zwischen Subjekt und Objekt (d.h. zwischen Kleinkind und Mutter) existiert. In dieser Zeit beginnt der Spracherwerb. Damit tritt erstmalig die Notwendigkeit der Verleugnung auf, die mit jeder linguistischen und symbolischen Funktion verbunden ist. Das Kind zieht seine Besetzung der imaginären Repräsentation des mütterlichen Phallus zurück und besetzt statt dessen jede repräsentative Instanz, womit die Kette der Signifikanten eröffnet wird sowie die Kenntnis der Realität, die erst jetzt als solche wahrgenommen wird[33]. Daß die Verleugnung der symbolischen Ordnung immanent ist, bedingt das ständige Gefühl des Verlustes von Realität im sprechenden Subjekt; Freud zufolge sei die Verleugnung ein Synonym der Negativität, die der symbolischen Ordnung entspricht. Uns steht nun zu wählen an, folgert Kristeva, zwischen der Verleugnung der historischen Realität, dies platziere uns in die Serie der Signifikanten; und jener des Wunsches; letzteres führt uns zur Wahrheit des Symptoms, die sich in einer Art soufflierter Sprache ausdrückt—alles ist da nur Schein, sehr plausibel, allein nie wahr. Im Konflikt zwischen der Forderung des Instinkts und dem Verbot durch die Realität, den die Verleugnung repräsentiert, wird im Symptom für die symbolische Ordnung Partei ergriffen, deshalb ein exzessives Spiel mit dem verbalen Symbolismus—dieser Kategorie können wir fraglos den Diskurs des sozialistischen Realismus zurechnen. (Übrigens gibt das Symbol Kristeva zufolge jeder Kunst eine perverse Dimension[34]. Žižek erinnert an einen Film Eisensteins, *Das Alte und das Neue*, in dem die Erfolge der Kollektivierung der sowjetischen Landwirtschaft in den 20er Jahren gefeiert werden. Um zu symbolisieren, wie selbst die Natur daran Gefallen findet, sich den neuen Regeln der kollektiven Landwirtschaft zu unterwerfen, identifiziert sich die Kamera mit dem Blick eines Bullen, der eine Kuh besteigt: "Was wir hier haben, ist eine Art stalinistische Pornographie."[35]) Im Gegensatz dazu entscheidet sich Hilbigs Protagonist für das erste, die Verleugnung der Realität: statt seine libidinöse Besetzung der imaginären Repräsentation des mütterlichen Phallus zurückzuziehen, bewahrt er diese Besetzung auf: "meine Mutter mit ihrem Phallus..."(DW,84). Eine Metapher? Eine solche stellt Kristeva zufolge stets einen rein linguistischen Prozeß dar. Worum es sich bei den Halluzinationen dagegen handelt, sind Kompositionen aus Sprache und Trieb; ein Trieb, der an der Erkenntnis sexueller Differenz scheitert. Das Symbolische kann folgerichtig nicht entschieden genug vom Imaginären isoliert, der mütterliche Raum nicht in die väterliche Metapher aufgehoben werden: beide Achsen bleiben beieinander; die mütterliche spekulär-anale Instanz klebt an der väterlichen vokal-phallischen; dies führt folgerichtig zu einer Verwerfung des Namens des Vaters, sofern dieser in einer bestimmten Beziehung zur Struktur als Ganzem operiert. Wozu das "Wahr-Reale"? Es schützt den Körper vor Krankheit. Hilbigs Protagonist:

> Ich mußte halluzinieren... Fehlte mir dazu die Kraft, verschwand alles, was ich lieben konnte... verschwanden meine Hoffnungen und Anklagen... verschwand alles, was ich gern berührte... und wahrscheinlich verschwand ich sogar selbst.

Die Halluzinationen im Text *Die Weiber* schützen Hilbigs Protagonisten vor dem endgültigen Zusammenbruch–halluzinierend hält er sich solange über Wasser, bis er die Kraft findet zu seiner heroischen Kletterpartie auf das Dach und seiner Liebeserklärung an die Insassinnen des Berliner Frauengefängnisses, die er von jenem Ort aus beobachten kann. Mit diesem Akt zeigt er der Realität, die er bis dahin mittels der Halluzination verleugnete, die Faust–eine andere Weise, mit ihr zurechtzukommen, ohne sich ihr unterordnen zu müssen.

In ihrer Praxis als Psychiaterin beobachtete Kristeva, daß halluzinierende Personen stets eine Vorliebe für das Visuelle besitzen[36] (die Stimme gehört zu dem verworfenen Namen des Vaters). So scheint es folgerichtig, daß Hilbigs Protagonist im Text *Die Weiber* in jenem Moment erkrankt, in welchem seine Entlassung aus einem Frauenbetrieb in Kraft tritt. Damit ist der Verlust seiner voyeuristischen Position verbunden; sein Sehtrieb kann nicht mehr befriedigt werden. "Ich... ein göttlicher Voyeur", mit dieser Aussage stellt sich Hilbigs Protagonist in *Eine Übertragung* (EÜ,191) vor. Definiert Kristeva die Halluzination als eine Komposition aus Sprache und (Anal)trieb, so enthält diese Definition den Hinweis, es wäre besser, statt von Sprache von *scopic* (Schauen) zu sprechen, ihre archaische Form. Der Signifikant wird dabei "real": Wort und Fleisch zugleich (was Hilbigs Protagonist "in großer Wiedersehensfreude" umarmt, ist die weibliche Vokabel Tonne), auf diese Weise ist der Signifikant wahr–"Wahr-Reales". Aus dieser Konstellation ergibt sich eine unendliche Kombination von Zeichen; denn die Ausdehnungen der Grenzen des Ich sowie jene des Objekts werden decodiert, die Grenze zwischen Ich und Außenwelt verschwimme dabei. Daher die Fruchtbarkeit des "Wahr-Realen" für den künstlerischen Diskurs, der Kristeva zufolge gerade kraft dieser Dimension die herrschende symbolische Ordnung unterminiert: "Die halluzinatorische Ikone, die kraft ihrer Wiederholung obsessiv wird, fordert heraus, was als eine Sprache strukturiert werden könnte: sie löscht Realität aus und läßt das Reale als ein frohlockendes Rätsel hervortreten."[37]

"Graphomanien", definiert Hilbig seine Texte(DB,13). Ein Graph ist die konkrete Wiedergabe eines Graphems als der "kleinsten bedeutungsunterscheidenden Einheit in einem System von Schriftzeichen"[38]; die Manie bezeichnet einen "affektiven Extremzustand(...); gekennzeichnet besonders durch grundlose, übertriebene Heiterkeit, übersteigerten Betätigungsdrang, Selbstüberschätzung"[39]. Die strikte Hinwendung zum Molekularen, sowohl beim Blick auf die Sprache, als auch bei jenem auf die Welt, gekoppelt mit einem Ton, der zwischen tiefster Melancholie und übersteigerter Heiterkeit hin- und herschießt–nichts ist zutreffender zur Bezeichnung von Hilbigs Texten als seine eigene Definition, in welcher er den Graph und die Manie sprachschöpferisch durch ein o montiert; kein Zweifel, bei Graphomanien handelt es sich um Texte, in denen *Fluchtlinien* dominieren. Diejenige Fluchtlinie Hilbigs, die sein Ich-Erzähler mit "mein() etwas obszöner Humor" (DW,56) umschreibt, ist es meines Erachtens in erster Linie, was Hilbigs Text aus dem Kanon der DDR- Literatur heraussprengt. Ein Satz wie "Tatsächlich, ich wußte, in ihrem Herzen liebten die Weiber einen Mann wie Lenin, der keinen Schwanz besaß... jedenfalls war nichts über den Schwanz Lenins bekanntgeworden"(DW,54) machen Hilbig zum Fremden in dieser Literatur oder, um Deleuzes und Guattaris Vokabeln zu gebrauchen, zum Zigeuner, zur Ratte, zum Hund. Zeigt Hilbig in seinen frühen, im Band *Unterm Neomond* gesammelten Texten noch Züge eines in-sich-gekehrten, schuldbeladenen Ästheten, der sich bisweilen nach einem stabilen Ich sehnt, so wird sein "etwas obszöner" Humor in der Abfolge der Texte immer stärker, wischt alle Introvertiertheit weg und mündet schließlich in Gelächter: "Ein Gelächter wollte in ihm aufsteigen... das boshafte Gelächter seiner Rasse"(ZP,146) Oder:

> erneut war es, als sei die Luft von den Intervallen eines häßlichen Gelächters durchbraust, das diesmal von vorn in den Bus eindrang, um sich im Heck zu sammeln: es war das wütende Gelächter eines Riesen, der seine Kleider fast aus den Nähten sprengte, es war das Lachen eines vierschrötigen Monuments, einer Arbeiterfigur, wie sie Stand-

> bilder zeigten... es war das Lachen eines Gottes aus schwarzem Stahl, der untätig und anbetungswürdig auf den Dächern der Industrie hockte, während unter ihm ameisenhaft gearbeitet wurde.(ZP,147)

Bezeichnenderweise trägt Hilbigs Text, in welchem dieses überpersönliche Gelächter erschallt, den Titel "Er, nicht ich"; und öfter als in den übrigen Texten geschieht es darin, daß die Erzählerperspektive innerhalb eines Satzes zwischen der ersten und der dritten Person Singular hin- und herspringt, zwischen jenem, der erzählt, und jenem, über den erzählt wird; der für alle Literatur des literarischen Kanons der DDR bezeichnende Dualismus zwischen dem Subjekt der Äußerung und dem sich äußernden Subjekt wird förmlich fortgelacht, eine radikale Deterritorialisierung.

Peter Sloterdijk schlägt in seinem Buch über Nietzsche *Der Denker auf der Bühne* vor, zwischen einer zweifachen Manifestation des Dionysischen (d.h. der orgiastischen Zersprengung der Grenzen des Ich) zu unterscheiden: "einer hohen und einer niederen, einer symbolischen und einer pantomimischen, einer festlichen und einer alltäglichen, einer spektakulären und einer unmerklichen"[40]. Die zweite Manifestation des Dionysischen verkörpert für ihn Diogenes, "ein() ordinäre(r) philosphierende(r) Narr(), der sich über Helden, Tragödie und die ganze Welt des Symbolischen lustig macht"[41]. Also ein nicht-tragischer, und im Zusammenhang damit ein nicht- aristokratischer, ein plebejischer Dionysos; seine Waffe ist der Humor, ein Humor, der es ermöglicht, der symbolischen Ordnung, im Namen von deren Normen und Werten wir uns selbst kasteien, "die Zunge (zu) bleck(en)"[42]. Diogenes also. Die Affinität Hilbigs zur kynischen Tradition, die mit Diogenes beginnt, scheint offensichtlich. Die Banalität des Alltäglichen, bei Hilbig etwa in Gestalt eines roten Schlüpfers einer Frau, die dick ist, kommt zur Ehre in diesem Diskurs. Damit rückt der Körper in den Mittelpunkt; auf eine abstrakte Frage antwortet der Kyniker bekanntlich mit einer einfachen Körperreaktion.

> Bei den Hauptrepräsentanten des Kynismus zeigt sich eine eindrucksvolle Verweigerung gegen die Autorität menschengemachter Gesetze–ausgedrückt in dem Entschluß, sich ohne kulturelle Verbrämungen nur noch unter die Majestät der *physis* zu stellen.[43]

Statt philosophischen Spekulationen über die "Stunde der Weißglut" (d.h. eine radikale sozialistische Revolution) zu frönen wie Heiner Müller, der bekannteste Vertreter einer dionysischen Ästhetik innerhalb der DDR- Literatur, denkt Wolfgang Hilbig über Lenins Penis nach, sinnt, weswegen über jenen bislang nichts bekannt wurde, und folgert, Lenin hatte keinen. Mit anderen Worten, der Leninismus ist eine Philosophie, in welcher die Wunschflüsse unterdrückt sind. Nietzsche besaß Sloterdijk zufolge in den Schriften seiner mittleren Periode einen Sinn für dieses Dionysische des Alltäglichen, "die Satyrspiele des Banalen und die Höllenringe des Allzumenschlichen"[44], siehe etwa seine Obsession mit der Befindlichkeit seines Körpers oder seine Lust, die Welt in Gestalt der Wörter in den Mund zu nehmen: "Die Philosophie steigt zurück zu ihren somatischen Quellen; die Welt ist ursprünglich etwas, das durch den Mund geht"[45].Wovor Diogenes den dionysischen Denker warnt, folgert Sloterdijk, ist das Verkörpern- Wollen; die echte Körperlichkeit des Lebens sei bereits Dionysos. Jede Verdopplung dieser primären Körperlichkeit durch die Verkörperung eines imaginären Dionysos führe notwendig zur Verrücktheit, wie Nietzsches Fall zeigt; durch jene Spur des Kynismus in seinem Denken sei Nietzsches geistige Zurechnungsfähigkeit jedoch weniger rasch verbrannt, als es ohne sie der Fall gewesen wäre. Diogenes inkarniert Sloterdijk zufolge die "Nicht- Inkarnation", mit anderen Worten die Unmöglichkeit der Repräsentation: "er übt sich darin, mit größter Geistesgegenwart den Machtworten einen Sinn abzugewinnen, der von den Mächten so nicht gemeint war; er ist der Meister der humoristischen Subversion."[46] Deleuze zufolge ist die kynische eine Philosophie der Oberfläche–gegen die apollonische der Höhe, etwa Platos, und die dionysische der Tiefe der Vorsokratiker. Ein Erdtier der Kyniker, eins, das an der Oberfläche lebt, seine Waffe der Humor, eine Kunst der Oberfläche[47]. Mantel und Wanderstab die Symbole des kynischen Philosophen. Genau dies habe übrigens Nietzsche im Sinn gehabt, als er sagte, die alten Griechen waren tief aus Oberflächlichkeit. In der zeitlichen Abfolge von Wolfgang Hilbigs Texten und auch innerhalb einzelner Texte selbst, etwa *Die Weiber*, konstatiere ich eine Bewegung aus den Tiefen (Keller,

Höhlen) an die Oberfläche/“Erdhaut”(AA,93), welche sein Protagonist auf seinen endlosen Streifzügen bis auf “fast jeden Fußbreit”(AA,12) auszumessen und literarisch zu kartograhieren beginnt, einschließlich ihrer Gerüche sowie Geräusche. Verbunden mit dieser Bewegung ein allmähliches Schwinden der Halluzination als ein Ausdrucksmittel der Tiefe, während Spiele der Sprachzertrümmerung sowie der Humor als Kunstmittel der Oberfläche von Hilbigs Text Besitz ergreifen. Sein Protagonist des Textes *Eine Übertragung* nimmt Züge von Diogenes an; wird doch etwa ein Durchfall in der Öffentlichkeit einer Gefängniszelle, zunächst eine ungemein beschämende Angelegenheit, für ihn mehr und mehr zu einer philosophischen Demonstration. Ähnliches läßt sich für den Protagonisten im Text *Die Weiber* sagen: masturbiert jener anfangs schuldbewußt im Keller der Fabrik, so wiederholt er später diesen Vorgang ohne jede Scham auf einem Bürgersteig vor dem Polizeilokal–zu einem Zeitpunkt, an dem er es zum Beispiel auch vermag, einen Antrag zu stellen, “ab sofort Röcke tragen zu dürfen”(DW,41), um seine Grenzen als Mann aufzulösen–pantomimische Akte, in denen einer spricht, ohne zu sprechen (Deleuze zufolge das Ziel des Humors). Der herrschenden Ordnung der Repräsentationen wird dabei, um es mit Sloterdijk zu sagen, die Zunge gebleckt.

Worin unterscheidet sich der Humor von der Ironie? Deleuzes Antwort, die mich besticht: In der Ironie sprechen das Individuum bzw. die Person, beim Humor spricht eine vierte Person Singular, eine un- oder vorpersönliche Instanz[48], deren Singularitäten nicht in die Grenzen von Individuen oder Personen eingesperrt sind. Nur die Freiheit der Singularitäten ermöglicht jene Kunst der komplexen Beziehungen zwischen den zwei Oberflächen, der körperlichen sowie der nichtkörperlichen (sexuellen und metaphysischen)[49], welche dem Humor zugrundeliegt. Wovon wir uns dabei provoziert fühlen, ist die Gleichzeitigkeit von Sinn und Unsinn. Trägt Diogenes auf die Frage, was Philosophie ist, am Ende eines Strickes einen Kabeljau umher, so wollen wir schon Unsinn! rufen, allein ist nicht der Fisch tatsächlich das “oralste” aller Tiere: “er stellt das Problem der Stummheit, der Verzehrbarkeit, des Konsonanten im nassen Element, kurz das Problem der Sprache.”[50] Diogenes

Antwort eine Pantomime statt einer Definition, die sich unweigerlich in der Aporie verfinge, daß wir Ideen nicht sprachlich repräsentieren können. Eine *Fluchtlinie* aus der symbolischen Ordnung und dennoch keine Flucht in die Tiefe, in der die Wörter zu Aktionen und Passionen miteinander vermischter Körper werden. Das Problem der Repräsentierbarkeit von Ideen beunruhigte offenbar bereits Plato, wenn er sich beklagte, daß wir, nach einer Bedeutung befragt, stets einen Körper bezeichnen: "Ich frage dich nicht, wer ist gerecht (pflegte er zu sagen), sondern, was ist Gerechtigkeit, etc."[51] Löst du das Selbst in freie nomadische Singularitäten auf, wird dieses Problem hinfällig, denn mit dem Ich verschwindet die Notwendigkeit der Repräsentation–damit der Teufelskreis aus Bedeutung, Bezeichnung und Manifestation, die einander voraussetzen und doch niemals genügen.

Singularitäten sind nach Deleuzes Definition Kräfte der Differenz, die das Denken aus den Grenzen der Identitätslogik hinaustreiben, "Zentren einer impliziten, virtuellen Differenz, so wie sie existieren, bevor sie in irgendeiner spezifischen Form entwickelt oder aktualisiert werden."[52] Nomadisch verteilt, formen sie in uns ein transzendentales Feld, das nicht nur in unseren Köpfen ist, sondern an der Oberfläche der Worte und Dinge–"eine 'metaphysische' Oberfläche, die sich für uns durch widersprüchliche, paradoxe Simulakren manifestiert."[53] Durch das *Mana* etwa–ein Paradox wie Lewis Carrolls *Snark* oder Hilbigs roter i-Punkt, ein Null-Signifikant, d.h. ein Begriff, der keine bestimmte Bedeutung besitzt, aber ebenso gegen die Abwesenheit von Bedeutungen opponiert. Kraft dieser Singularitäten vermag das Denken Deleuze zufolge mehr als nur eine Kritik der in die Sprache eingebetteten binären Oppositionen; sie ermöglichen ein schöpferisches Experimentieren mit Sprache, indem sie stets von neuem die Kräfte des Unbewußten und sein Vermögen zum Unsinn ins Spiel bringen. Der romantischen Ironie geht es ebenfalls darum, die Versteinerungen des identitätslogischen Denkens schöpferisch aufzubrechen, zugleich legen die Romantiker jedoch Wert auf den Begriff der organischen Individualität als etwas Nichtzerlegbares, das der Gleichschaltung durch die Tauschabstraktion widersteht; damit schließen sie die Auflösung der Ganzheit unseres Selbst in Singularitäten aus, die Voraussetzung für Humor. Hilbigs Text kann man im Unterschied zu jenem von Novalis stellenweise laut lachend lesen, etwa wenn er den Koitus zwischen seiner Mutter und dem "Vater Staat" beschreibt, zu dessen Beglükkung die jungen Garden der Partei ein Meer von Fahnen entfalten; im Fall des Gelächters tritt eine jener asignifikanten, schallartigen Störungen unserer Sprache auf, um die es Deleuze mit seinem Begriff der *Fluchtlinie* geht:

> Ein intensives Zentrum der Metamorphose öffnet sich, ein Prozeß des Tier- oder Anderswerdens, der als eine aktive Kraft der Deformation und der Rekombination funktioniert, sowohl in den sozialen Repräsentationen des Inhalts als auch in den linguistischen Formen des Ausdrucks.[54]

In Hilbigs Fall können wir diese Metamorphose auch als Erdewerden umschreiben. Am Ende seiner Reflexionen über die Unzulänglichkeiten der Sprache in *Die Weiber* und seiner Verkleidungsversuche als Frau, seinem Frau-Werden, folgert Hilbigs Protagonist: "es war der Moment, die Dinge zu ändern. Nicht ich hinfort, sondern die Weiber, da ich sie nicht mehr finden konnte, mußten neu beschrieben werden."(DW,93) Er zerbricht sich den Kopf, wie, und erkennt: "aus Erde" mußten sie gemacht werden:

> Enthielten sie nicht alle die Bindemittel, die auch aus mir troffen–Atem, Schleim, Tränen–und troffen, um wieder Erde zu werden. War es nicht einfach so, daß all das, was aus Krankheit und Verwesung an mir haftete; dem Beginn meiner Rückverwandlung in Erde angehörte, und war dies nicht bei allen *Menschen* so, mußten die Weiber nicht genauso aus Erde gemacht werden. Eine Rippe von mir war jedenfalls nicht nötig dazu.(DW,94)

Nicht nur, daß Hilbig hier die Geschlechterrollen auflöst, mit dem Erdewerden wertet er das vorpersönliche Feld der Singularitäten gegenüber dem Begriff des Individuums oder der Person auf, und er offeriert dieses Konzept als eine Lösung der Sprachproblematik. Damit präsentiert sich Wolfgang Hilbig als ein postmoderner Denker, für den zwar, um es mit Derrida zu sagen, nichts außerhalb des Textes ist[55], aber er reduziert nicht die Welt auf Sprache. In den Netzwerken ihrer Zeichen pulsieren die Kräfte des Unbewußten und führen innerhalb ihrer Strukturen kleine Inseln von Chaos ein, die, wie wir am Fall der DDR sehen, für die Struktur verhängnisvoll werden können–mit jedem kollektiven Stottern, mit jedem systematischen Ausrutschen des Stiftes in einer Literatur, mit jedem überpersönlichen Gelächter, das von Zeit zu Zeit aus unseren Körpern dringt, steht die Herrschaft der Ordnung der Repräsentation auf dem Spiel.

Fußnoten

1 Gilles Deleuze und Felix Guattari. *Anti-Ödipus.* a.a.O.,358.

2 Gilles Deleuze und Claire Parnet. *Dialoge.* a.a.O.,41.

3 Ebda.,21.

4 Gilles Deleuze und Felix Guattari. *Kafka.* a.a.O.,25.

5 Gilles Deleuze. *Francis Bacon: The Logic of Sensation.* a.a.O.,65.

6 Gilles Deleuze und Felix Guattari. *Kafka.* a.a.O.,48.

7 siehe Gilles Deleuze und Claire Parnet. *Dialoge.* a.a.O.,115.

8 Ebda.,140.

9 Erik Neutsch. *Spur der Steine.* a.a.O., 93. Mit dem "Aufbau" ist hier sowohl der des Wasserwerks, als auch jener des Sozialismus gemeint.

10 Wolfgang Hilbig. "prosa meiner heimatstraße." *Neue Rundschau* 2 (1990):81-99,95.

11 Ebda.,96.

12 Ebda.,97.

13 Ebda.,96.

14 Michael Naumann. *Die Geschichte ist offen.* Reinbek bei Hamburg: rowohlt, 1990. Siehe etwa den Beitrag von Rainer Schedlinski.

15 Wolfgang Hilbig. "prosa meiner heimatstraße", a.a.O.,96.

16 Gilles Deleuze und Felix Guattari. *Anti-Ödipus.* a.a.O.,39.

17 Klaus Theweleit. a.a.O.,219.

18 Gilles Deleuze und Felix Guattari. *Anti-Ödipus.* a.a.O.,39.

19 Ebda.,440.

20 Ebda.,357.

21 Ebda.,358.

22 Ebda.,360f.

23 Erik Neutsch. *Spur der Steine*. a.a.O., Klappentext.

24 Ebda.,361.

25 Gilles Deleuze und Claire Parnet. *Dialoge*. a.a.O.,97.

26 Gilles Deleuze. *Logique du Sens*. a.a.O.,77f.

27 Ebda.,12.

28 Ebda,96.

29 Ebda.,98.

30 Ebda.,99f.

31 Julia Kristeva. "The true-real." *The Kristeva Reader* ed. Toril Moi. New York: Colombia UP, 1986,216.

32 Ebda.,214.

33 Ebda.,225.

34 Ebda.,224.

35 Slavoj Žižek. *Looking awry*. Cambridge, London: MIT-Press, 1991,118.

36 Ebda.,231.

37 Ebda.,230.

38 *dtv Brockhaus Lexikon in 20 Bänden*. München: dtv, 1988, Bd.VII,136.

39 Ebda., Bd. X,238.

40 Peter Sloterdijk. *Der Denker auf der Bühne. Nietzsches Materialismus*. Frankfurt am Main: Suhrkamp, 1986,113.

41 Ebda.,112.

42 Ebda.,147.

43 Ebda.,123.

44 Ebda.,126.

45 Ebda,131.

46 Ebda,149.

47 Gilles Deleuze. *Logique du Sens*. a.a.O.,154.

48 Ebda,166.

49 Ebda,289f.

50 Ebda,159f.

51 Ebda,160.

52 Ronald Bogue. *Deleuze and Guattari*. a.a.O.,73.

53 Ebda.

54 Ebda,53.

55 Ebda,157.

Siebentes Kapitel

Das Verschwinden der Realität in Hilbigs Texten. Seine Rezeption der Gespensterromantik

> Du glaubst mit der Realität zu handeln, doch sie handelt längst mit dir.
> Wolfgang Hilbig (DB,40)

Nicht allein das Bewußtsein von der Unmöglichkeit der Repräsentation markiert Lyotard zufolge die Postmoderne, es ist vor allem auch die Entdeckung der mangelnden Realität der Realität[1]. Hilbigs Sprachtraumata als der stets scheiternde Versuch, die Identitätskrise seines Protagonisten literarisch zu repräsentieren und damit zu heilen, werden begleitet von Klagen über "die Unwirklichkeit"(EÜ,81). Wenn ein bestimmtes Maß an Wirklichkeit unterschritten wird, reflektiert der Protagonist des Romans *Eine Übertragung*,

> dann hat man das Gefühl, die Wirklichkeit ist völlig hohl geworden. Wenn diese Grenze erreicht ist, gibt es plötzlich eine Unzahl von Varianten für eine bestimmte Wirklichkeit(...) daß man die Fähigkeit eines gottähnlichen Überblicks haben müßte, um richtig zu liegen. Wie soll man da noch schreiben? (EÜ,303f.)

Wir erinnern uns an Deleuzes Bestimmung des gewöhnlichen Sinns (wir bezeichnen ihn gemeinhin als den gesunden Menschenverstand) als der Fakultät der Identifikation. Dabei wird die Identität des Selbst, das Ich zu sagen vermag, durch die Beständigkeit bestimmter Signifikate garantiert, jener der Begriffe Welt und Gott. Kollidieren deren Bedeutungen, geht folgerichtig das Gefühl einer persönlichen Identität verloren[2]; ohne ein Subjekt, das sich in ihr ausdrückt und manifestiert, scheint jedoch auch Sprache nicht mehr möglich—kein Wunder, daß Hilbigs Protagonist meint, nicht mehr schreiben zu können, nachdem die Welt ihm "völlig hohl geworden" erscheint.

Die Auflösung dessen, was wir als die Realität bezeichnen, erlebt Hilbigs Protagonist erstmalig im Augenblick seiner Verhaftung (beschrieben in seinem Text "Die Einfriedung" von 1979): Vor den Augen der hinter den Gardinen schlecht versteckten Hausbewohner wird er, "mit der Knebelkette am Handgelenk, über den von einem Moment zum anderen sich vollkommen *entwirklichenden* Bürgersteig, in den Wagen geführt"(UN,80). Weswegen er verhaftet wird, ist ihm unbekannt, doch natürlich meinen "die Zuschauer hinter den Gardinen", es müsse schon irgendeinen gerechten Grund dafür geben. Die Entwirklichung des Bürgersteigs hat zur Folge, daß sich "die Schwerkraft aller Dinge in einem Nu auflöst()", und dies, daß er sich selbst plötzlich als "eine fremde Figur (erblickt), ganz ausgeliefert an das Chaos der aus allen Zusammenhängen gerissenen Trümmer"(UN,81). Das Gefühl für eine mit sich selbst identische Welt sowie für die eigene Identität (in seinem Fall durch die Umstände seiner Kindheit ohnehin schwach entwickelt) ist für immer dahin. Welche verzweifelte Anstalten der Protagonist in den folgenden Jahren auch macht, er gewinnt dieses Gefühl nicht zurück. Die Realität bleibt irreal, der Protagonist bleibt es sich selbst.

Was Hilbigs Protagonisten während des traumatischen Erlebnisses der Verhaftung geschah, würden die Stoiker damit erklären, daß das *lekton* von der Welt herabsprang. Wörter sind für sie Körper, akustische Einheiten, welche allein in jenem Fall eine Bedeutung für uns bekommen, daß auf ihrer Oberfläche ein unkörperliches *lekton* sitzt (das jedoch keineswegs das Dasein des Wortes als ein Körper beeinflußt); sitzt jenes *lekton* auf Dingen, erzeugt es Ereignisse; wir würden es als den Sinn bezeichnen. Deleuze, der sich in seiner Theorie über den Sinn und Unsinn hauptsächlich auf die Stoiker beruft, führt zur Veranschaulichung das Ereignis *ein Kampf* an–eine Art fließende Ganzheit, die überall sichtbar ist und doch nirgends zu lokalisieren. Ein unkörperliches Ereignis, indifferent gegenüber den Individuen, die in ihn verwickelt sind sowie dem Ergebnis des Kampfes, ein teilnahmsloser, anonymer Prozeß ohne klaren Beginn, ohne klares Ende, niemals präsent, stets Vergangenheit oder Zukunft, ein reines Simulakrum.[3] Das heißt, das Ereignis *ein Kampf* ist real, ohne präsent zu sein, eine Idee, die sich indessen radikal von Platonischen Ideen unterscheidet, da sie nicht in einem separaten, transzendenten Reich existiert, sondern als eine Oberflächenwirkung der Dinge. Eine reine, leere Form von Zeit, ist sie indessen verschiedener Aktualisierungen fähig. Mir fällt als ein Beispiel die Schlacht von Waterloo ein, die wir als ein historisches Ereignis kennen; allein Stendhals Soldat Fabricio[4], der sich mitten in der Schlacht befindet, sucht vergeblich nach ihr, er findet *die Schlacht* nicht, wie er auch seine Augen anstrengt, auf seinem Pferd umhersprengt; sie ist für ihn als ein Ereignis nicht präsent. Dennoch schwebt das Ereignis *die Schlacht von Waterloo* über allen einzelnen Kampfhandlungen, die ihn umgeben. Ist der Soldat nicht fähig, folgert Deleuze, jede zeitliche Aktualisierung der Schlacht von dieser Höhe der ewigen Wahrheit des Ereignisses sehen zu können (d.h. mit einem *lekton* ausgestattet, G.E.), ist er unfähig anzugreifen, zu sterben. Insofern gebe es wirklich einen Gott des Krieges, nur sei jener vollkommen indifferent, leerer Himmel, Aion[5]. Übertragen wir dies auf Hilbigs Protagonisten, so ergibt sich: im Augenblick der Verhaftung verwandelt sich für ihn die Realität in ein Simulakrum. Von nun an unfähig, sein tägliches Sein von der Höhe der ewigen Wahrheit *der Wirklichkeit* sehen zu können, vermag er nicht mehr zu heizen, zu schreiben; er wird funktionsuntüchtig, asozial. Der Gott dieser Wirklichkeit, Stalin, stirbt nun endgültig.

Im weiteren Fortgang geschieht es, daß am Ort der verschwindenden Realität etwas Neues erscheint–der Spuk. Er verwandelt die Restbestände der Wirklichkeit in eine Wahnsinnswelt, in welcher Hilbigs Protagonist bald seinen Augen nicht mehr traut. In Hilbigs zweitem Prosaband *Der Brief* von 1985 dominiert das Unheimliche–wie bei E.T.A. Hoffmann, den Hilbig schätzt, "kein Phantom unseres Ichs"[6], sondern real, das Produkt bestimmter Strukturen der Intersubjektivität. Im folgenden gehe ich auf die erste dieser Gespenstergeschichten genauer ein, "Beschreibung II".

Mit einem Begleiter, der sich später als sein Doppelgänger entpuppen wird, fährt der Protagonist von Dresden die Elbe hinab, um eine Stelle als Kellner in einem Hotel anzunehmen, in dem "die Angehörigen hoher bis höchster Ämter verkehren"(DB,15). Außer um eine Verdienstmöglichkeit geht es ihm darum, "die Macht" aus eigener Anschauung zu erleben, um eine Geschichte über sie schreiben zu können, müßten doch den Selbstbeschreibungen der Macht, die "bis zum Erbrechen erledigt" sind, eine neue Beschreibung entgegengesetzt werden, "der Text von unten", "aus der Niederlage... Beschreibung zwei"(DB,43). Während der Schiffsreise und des Umherirrens in der Kleinstadt W. auf der Suche nach dem Hotel erlebt der Protagonist einen gespenstischen Gewittersturm, der "ihn um die eigne Achse dreht (und) rückwärts weiter stolper(n) läßt"(DB,18). Dabei rempelt er beinahe ein "uralte(s) Weib (an), fast zur Erde gekrümmt, mit einem ungeheuren Buckel, in schwarze, über das Pflaster schleifende Röcke und Kaftane gehüllt, sich auf eine Krücke stützend"(DB,19). Scheinbar leicht, mit nur einem Arm, schleppt die Hexe einen gigantischen Handwagen einen Berg hinauf, wobei sie sich plötzlich als "ein riesenhafter, verkleideter Mann (entpuppt), der mit dem Stock, der auch eine Schußwaffe sein konnte"(DB,20) auf den Protagonisten zielt. Von Grauen gepackt, flieht jener; dabei stößt er unvermittelt auf das Hotel, das unmittelbar "aus der Erde gewachsen"(DB,21) erscheint. Mit dem Eintritt in dieses Gebäude beginnt für den Protagonisten der Einbruch des Unheimlichen in sein Leben, verkörpert von den grotesken Gestalten eines Empfangschefs sowie eines Oberkellners, unschwer erkennbar als Funktionäre der DDR-Staatssicherheit.

Siegmund Freud zufolge besteht das Unheimliche aus verdrängten Angst- oder Wunschregungen, die durch bestimmte Eindrücke aus der Verdrängung zurückkehren[7]. Demgemäß können wir die Staatssicherheit (in der DDR kurz Stasi genannt) als das ins kollektive Unbewußte verdrängte Heimliche des realexistierenden Sozialismus verstehen, ein traumatischer Kern, so wie ihn Žižek in Anlehnung an Lacan beschreibt: er wird sichtbar an einzelnen mysteriösen Details, die in die Realität eine bedrohliche Dimension einführen (bei Hilbig etwa der als Hexe verkleidete Mann) und in die symbolische Ordnung nicht integriert werden können, das heißt auch, man kann sie nicht interpretieren[8]. Bricht dieses verdrängte

Heimliche (Žižek nennt es auch das Reale) durch bestimmte Eindrücke aus der Verdrängung hervor, wie beim Eintritt unseres Protagonisten in das Hotel, d.h. bricht das Reale in die Realität, dann erweist sich letztere, die Realität unseres täglichen Lebens, als eine Illusion, ja, Wolfgang Hilbig zufolge, als eine Erfindung der Macht, eine Inszenierung, mit deren Hilfe die Macht sich selbst als "Vertretung des sogenannten gesunden Menschenverstandes"(DB,42) zu feiern vermag, die Realität eine Erfindung zu unserer Täuschung und Unterdrückung.

Im Hotel stellt sich der Protagonist dem mit glänzenden Kunstlöckchen geschmückten Empfangschef vor als einer, der von seinem Freund F.S., bis vor kurzem selbst Kellner in diesem Hotel, dem Direktor empfohlen wurde; er komme sozusagen als Ablösung von F.S. Der Empfangschef sowie der herbeigerufene Oberkellner indessen geben vor, von F.S. niemals gehört zu haben, womöglich meine er aber "Hands". "Nach einem Theater von frechen Behauptungen"(DB,32) seitens des Oberkellners, "der eine Macht zu verkörpern schien, die über seine Stellung weit hinausging"(DB,26) flieht der Protagonist aus dem Hotel; sein Freund, so erfährt er, sei tags zuvor unter der Anschuldigung, ein Konspirateur für das Ausland zu sein, in Dresden verhaftet worden. Obwohl es ihm gelungen ist, das Hotel zu verlassen, wird sich der Protagonist voller Grauen bewußt, daß er von nun an in einem Alptraum gefangen lebt, aus dem es kein Entrinnen gibt. Die Grenze zwischen dem Realen, dem Trauma, und der Realität, Žižek zufolge die Grundbedingung für ein Minimum an Normalität[9], ist von diesem Augenblick an niedergebrochen, dergestalt, daß das traumatische Reale sich als ein Element der sogenannten Realität erweist. Diese Realität nimmt folgerichtig die Gestalt eines Verfolgers an, eines Verfolgers, der selbst an einer Paranoia leidet, deshalb benötigt er unausgesetzt das Entlarven von Konspirateuren. Nur die Existenz einer Konspiration, erkennt Hilbigs Protagonist, bestätigt die Macht in ihrer Realität, "was sie vor sich selber berechtigt, die Wirklichkeit nach ihrem Maß zu gestalten"(DB,40). Mit anderen Worten, ein totalitärer Staat muß sich einen Feind erfinden, um sich seiner eigenen Realität zu versichern; und Hilbigs Protagonist hatte sich, durch seine

Vorstellung in jenem ominösen Hotel, in die Rolle des Feindes gedrängt, wenn nicht in eine noch grauenvollere Rolle. Im Eisenbahnabteil auf der Fahrt nach Dresden bestätigt sich diese Vermutung. Nackt serviert ihm der bekannte Oberkellner, den Henkel des Glases zwischen die Gesäßhälften geklemmt, ein Bier, welches sich als Urin erweist, und beginnt nach diesen und noch ärgeren Zumutungen ein Einstellungsgespräch mit dem Protagonisten für das Hotel; jener wird in das dort herrschende System der Enthüllungen eingeweiht, wobei, so erfährt er, die Spezialität seiner Aufgabe als Kellner bzw. Spitzel darin bestehen soll, die Hotelgäste zuerst zu den Dingen zu bringen, die später enthüllt werden sollen–für jeden Gast individuell etwas, das er keineswegs zu enthüllen wünscht. Als Probe, ob er für die Arbeit tauglich ist, sieht der Protagonist sich gedrängt, Enthüllungen über seinen Freund F.S. zu liefern. Schaudernd flieht er daraufhin (es ist Nacht) aus dem Zug, als dieser auf einer Eisenbahnbrücke kurz hält. Zu Fuß gelangt der Protagonist nach "Dreßden". Die Wahl dieses Schauplatzes für jenen Ort, an dem in Hilbigs Text der Horror kulminieren wird, scheint nicht zufällig, hatten doch auch E.T.A. Hoffmanns Gespenster vornehmlich in der Stadt Dresden gehaust, eine Welt, in der "Kleinbürgertum (und) Duodezhof"[10] nahe beieinander existieren, ein günstiges Binnenklima für die Kluft zwischen Schein und Sein, die Franz Fühmann zufolge, der Anwalt Hoffmanns in der DDR, einen idealen Nährboden für das Unheimliche darstellt. In einem Essay Wolfgang Hilbigs zu Fühmanns 60.Geburtstag (ZP, 202-10) zeigt sich der Autor mit Fühmanns Interpretation der Texte Hoffmanns und jenen selbst eng vertraut. Hoffmanns Welt ist seine eigene. Nur wird bei Hoffmann "Dresden" stets korrekt nur mit "s" geschrieben, bei Hilbig von der 57. Seite des Textes an mit "ß"–eine Chiffre für pure Arbiträrität, was sowohl auf eine Steigerung des Spuks seit E.T.A. Hoffmanns Zeiten verweist, als auch auf den Übergang aus der literarischen Moderne (als deren Vorläufer ich Hoffmann betrachte) in die Postmoderne. "Dreßden" in Hilbigs Augen ein Ort, an dem sie "alle" (auch sein Protagonist) zu Insekten oder Gespenstern degenerieren, ein Schauplatz, an dem einer erfährt, "wie man das Menschentum verlor"(DB,74).

Angesichts dieses Verlustes liegt es nahe, nach der Macht zu greifen, denn

> Macht allein schien es zu ermöglichen, daß man existierte, ohne daß menschliche Reflexe ebenfalls existierten. Macht bedeutete, Geschichten, Bewegungsabläufe zu veranlassen, die lediglich mit ihrem Geschehen von der Existenz der Macht zeugten. Andauernd bewegten sie Figurengruppen und kausale Verwicklungen, Spiele, in denen sie selbst keine Rollen übernahmen, andauernd inszenierten sie, maskierten und enthüllten, sondierten und säuberten... nur so waren sie fähig, an sich selbst zu glauben. Und wenn sie selbst einmal, durch Zufall in eins der Netze gerieten, so betraf dies statt ihrer jene äußerlichen Ebenbilder von ihnen, die aus der Zeit vor ihrem Aufenthalt in Dreßden stammten.(DB,74)

Der Sturm hat sich plötzlich gelegt. Verfolgt von einem Auto, wandert der Protagonist die Elbpromenade entlang. Das Auto stoppt ihn. Er wird genötigt, zwei Polizeibeamten in Zivil seine Papiere zu zeigen. Nach seinem Namen gefragt, sagt er, er sei "Hands" (der Name jenes angeblichen Kollaborateurs im Hotel, welcher sein Freund F.S. sein soll). Angewidert wirft der Protagonist nach diesem Begebnis seine Papiere in den Papierkorb, geht wenig später zurück, um sie wieder herauszunehmen. Allein sie sind verschwunden. Darauf die gruselige Schlußszene des Textes: der Protagonist steigt zaghaft eine Freitreppe empor. Oben angekommen, gewahrt er eine "abscheuliche Plaza in Form eines männlichen Pissoirsymbols"(DB,73) mit palastartigen Gebäudefronten–ein gigantisches klassizistisches Panorama aus schwarzem Marmor, ein größenwahnsinniges Werk, "ohne jede menschliche Funktionalität, einzig für die Ewigkeit"(DB,69), deshalb in den Augen des Protagonisten eine architektonische Brutalität. Das Echo seiner Schritte ist ihm genommen, ebenso sein Schatten und sein Spiegelbild. Diese "Architektur war so eingerichtet, daß jede Menschenmöglichkeit aus ihr verschwand"(DB,72). Victor Klemperer weist in seiner Untersuchung der Sprache des Nationalsozialismus, *LTI*, darauf hin, auch die "architektonische Kraftprotzerei"[11] gehöre zu ihr; dichtet und denkt Sprache für uns, steuert sie unser gesamtes seelisches Leben, so ist Klemperer zufolge einer ihrer Bestandteile die Sprache der architektonischen Räume. In Hilbigs Fall wird die eben beschriebene Architektur ergänzt durch "genau ausgeklügelte() Lichtverhältnisse()(DB,67)" mit dem Effekt, daß der Protagonist sich geblendet fühlt. Der Eindruck, er wird gesehen, doch er sieht selbst kaum; schließlich kommt er sich vor wie ein gefangenes Insekt. Und präzise dies, so ahnt er, war die Absicht dieser Anlage, "der Zweck der Vorführung"(DB,72). Was wir hier, genau besehen, vor uns haben, ist das Konstruktionsprinzip eines Benthamschen Panoptikums, wie es Foucault in *Überwachen und Strafen* beschreibt: ein Disziplinarapparat, dessen schreckliche Wirksamkeit darin besteht, daß das Subjekt nie sicher weiß, ob es wirklich vom zentralen Kontrollturm aus beobachtet wird oder nicht; dies verstärkt sein Gefühl der Gefahr. Derjenige, der der Sichtbarkeit unterworfen ist, internalisiert schließlich das Machtverhältnis, in welchem er dann gleichzeitig beide Rollen spielt[12]. Nicht allein die Architektur dieses Platzes in "Dreßden", Hilbigs literarisches Universum entspricht jenem Panoptikum. Den Platz des Kontrollturmes darin nimmt die Stasi ein—ein Universum der Angst. Mehr noch, ein psychotisches Universum, welches Žižek zufolge durch das Zusammenfallen von Halluzinationsinhalten und Realität charakterisiert wird, stellt es sich doch etwa bei Tageslicht heraus, daß Hilbigs Protagonist einer Täuschung zum Opfer gefallen war; die Monumentalität der Paläste entpuppt sich als ein Häufchen kleiner, geschmackloser, steinerner Kästen. Hinter den Türen, Portalen, nur Stein; die Öffnungen der Gebäude waren lediglich von außen angebrachte Attrappen, das monumentale Bild der Nacht allein die Halluzination des Protagonisten gewesen, hervorgerufen von jener "raffinierten Lichtarchitektur"(DB,70). Unschwer ist dieses Spiel mit dem Licht als eine Erfindung der Macht erkennbar, die ihrem System von Enthüllungen komplementär ist, welches jener als Oberkellner getarnte Stasibeamte im Zug dem Protagonisten beschrieben hatte—auch dieses System ein Panoptikum:

> Nein, wir haben das festgefügte Gebäude unserer Enthüllungen (prahlt der Oberkellner), dessen Aufbau jeder ganz genau kennt. Versteckte, nicht kalkulierte Innenräume, in denen sich irgendein riskantes Individuum aufhalten könnte, gibt es dabei nicht.(DB,56)

Von Gruselgefühlen geschüttelt, ruft der Protagonist nach "Hands". Kein Echo. In Panik flieht er vom Schauplatz "Dreßden", welcher, so sein abschließendes Urteil, "ein auf Erden projiziertes Kabinett der Hölle"(DB,73) ist.

Das Reale, dessen Einbruch in die Realität wir in einem traumatischen Schock erfahren, ist Žižek zufolge nicht repräsentierbar, kein Bild entspricht ihm; wir können es in unsere symbolische Ordnung nicht integrieren[13]. Gerade dies ruft die Wirkung des Horrors hervor. Es versteht sich, daß sich für eine Literatur, die sich an die Entdeckung dieses Realen wagt, jede traditionelle realistische Schreibweise verbietet. Wolfgang Hilbig, der als seine literarischen Vorbilder u.a. Edgar Allen Poe, Robert Louis Stevenson, Lord Byron nennt, steht folglich im Rahmen der vornehmlich einer realistischen Schreibweise verpflichteten DDR- Literatur weitgehend isoliert da. Wird sonst die Staatssicherheit thematisiert wie etwa in Volker Brauns Text *Die unvollendete Geschichte*[14], so bleibt jene Instanz ein integrierter Bestandteil der vertrauten, alltäglichen, "wirklichen" Welt, zwar bedrohlich, doch grundsätzlich der Vernunft zugänglich, erklärbar und damit veränderbar. Kein irrationales, traumatisches Element, das auf Grund seiner strukturellen Position die organische Szene unseres Alltags entnatürlicht, verhext, und damit auch kein Element, das eine grundsätzliche Unschlüssigkeit des Protagonisten über die Wirklichkeit der Wirklichkeit, die sich in eine reale und eine irreale verdoppelte, hervorzurufen vermöchte.

Diese Unschlüssigkeit bildet die Grundstruktur der phantastischen Literatur, deren wichtigste Teilkomponenten die Schwarze Romantik und die Gespensterromantik darstellen. Eine Unschlüssigkeit darüber, ob das einbrechende Irreale die Manifestation einer übernatürlichen Welt oder lediglich die Halluzination eines kranken Kopfes darstellt[15]; und diese Unschlüssigkeit erfahren wohlbemerkt sowohl der Protagonist, als auch auch der Leser. Zeigt sich Volker Brauns Protagonistin Karin zeitweise von dieser Unschlüssigkeit befallen, so keineswegs der in Brauns Text verankerte Leser. An der Hand eines auktorialen Erzählers steht dieser einer organischen, erkenn- und veränderbaren Realität gegenüber, deren Anblick ihn zwar zeitweise stark beunruhigt, allein er löst in ihm kein grundsätzliches Grauen aus. Das Fehlen des auktorialen Erzählers bei Wolfgang Hilbig zieht uns als Leser dagegen in die Unschlüssigkeit des Protagonisten hinein und damit in seinen traumatischen Schock über die Eruption des Irrealen, das Žižek zufolge gerade das Reale ist, ein Etwas, das den Unsinn, die Absurdität des gesellschaftlichen Universums beglaubigt[16]. Auf Grund dieses Unsinns mußte die Angst institutionalisiert werden; ihre Institution in der DDR war die Staatssicherheit, jenes spezifische Element in der gesellschaftlichen Struktur, das deren spezifischen Mangel anzeigte für einen, der so genau hinsah wie Wolfgang Hilbig–ihren Mangel an Realität.

Den Stärkegrad des Unheimlichen in Hilbigs Texten verursacht nicht zuletzt seine Herkunft aus der Arbeiterschicht; sind es doch Hilbig zufolge gerade die "unteren Klassen", die das Potemkinsche, d.h. fiktive, an der Wirklichkeit durchschauen. Die Falschheit der Fassaden, ihrem Blick entgeht sie nicht. Folgerichtig "ihr Mißtrauen (...) der sichtbaren Wirklichkeit gegenüber... es ist das Mißtrauen enttäuschender Erfahrungen, zerschlagener Hoffnungen"(ZP,221). Im Zusammenhang mit diesem Mißtrauen steht "die Gespensterfurcht des Arbeiters", anders gesagt "die Furcht vor der Berührung mit dem Unbekannten... bin ich zu verstehen: die Furcht vor dem plötzlich nicht mehr Bekannten". Der Arbeiter bewahrt Hilbig zufolge "das größte Potential von uneingelöster Angst in sich"(DB,103) auf.

> Ich kann mich auch in diesem Punkt nur auf mich selbst beziehen. Ich sehe mich am laufenden Band vor irgendwem, vor irgendwas erschrecken, ja, und vermutlich gerade deshalb, weil ich so viele Jahre unter lärmenden Arbeitshorden gesteckt habe, es ist wohl ein Trugschluß, daß dauernder Massenkontakt die Berührungsangst auflöst; nun, da ich mich plötzlich unter sogenannten Intellektuellen finde, merke ich es und ich bin der Schreckhafteste von allen.(DB,104)

Weist Hilbig auf Kafka hin als den ersten, der sah, daß "Wahrheit in der Wirklichkeit kaum mehr aufzufinden ist" (ZP,215), so können wir sagen, daß es vermutlich allein *kleine Literatur* ist, die sich dieser existentiellen Angst stellt und nach Fluchtlinien für sie sucht. Als deutschsprachiger Prager Jude gehörte Kafka einer Schicht an, deren Mißtrauen beim Blick auf die Welt nicht weniger gerechtfertigt schien als jenes der

Arbeiter in der mitteldeutschen Industriewüste. Andererseits entgeht es Hilbigs Blick nicht, daß die Mächtigen selbst an "Gespensterfurcht" leiden–"vor den Lücken (ihrer) Bewußtseinsmaschine"(ZP,218). Lücken, durch die, um es mit Deleuzes und Guattaris Worten zu sagen, Wunschströme in das gesellschaftliche Feld einzubrechen vermögen, um in der gegebenen Struktur zu intervenieren. Das Ergebnis ist "der vom Verfolgungswahn getriebene Verfolger"[17]. Kurt Drawert zitiert in seiner Analyse dieses Typs den Stasi-General Hummitzsch, dessen Überzeugung gemäß jeder "ein potentielles Sicherheitsrisiko" war. Deshalb seine Schlußfolgerung "Um sicherzugehen, muß man alles wissen."[18] Ohne den Wahn dieses totalen Wissens hätte der Macht, die er vertrat, jede Effektivität gefehlt. Wenn Hilbig bei seinen Reflexionen über Stevenson festhält, was seine eigene Gegenwart beherrsche, sei "ein weitaus begründeterer Gespensterglaube, als jener künstlerisch reizvolle aus romantischen Epochen"(DB,81), so können wir als die Ursache auf die allgemeine Durchsetzung des Panoptikums verweisen–nicht zuletzt durch den Sieg neuer Technologien bedingt. Eine Macht, der winzige Abhöranlagen zur Verfügung stehen, muß nicht mehr, wie Bentham vorschlug, einen Turm errichten, um von ihm aus alle Parzellen des Raumes unausgesetzt überwachen und damit die Beziehungen der Menschen kontrollieren zu können. Als Folge verwandelt sich, was einst als Gespensterromantik bezeichnet wurde, bei Hilbig in einen Hyperrealismus:

> ich sitze wieder am Schreibtisch und bin voller Unruhe; ich könnte darauf wetten, nicht mehr allein zu sein... aller Wahrscheinlichkeit nach ist der rote Sessel, der mir gegenüber auf der anderen Seite des Schreibtisches steht, besetzt; wenn ich die Courage hätte, das Deckenlicht zu löschen, könnte ich, unter Garantie, ein mattes Phosphoreszieren im Innern dieses Sessels erkennen. Aber ich rufe nur ein dünnes und vorsichtiges *Hallo* in diese Richtung, erhalte natürlich keine, nicht die stimmloseste Antwort.(DB,82)

Mit Eindrücken wie diesen beginnt die Erzählung "Der Brief". Der Protagonist geht berechtigterweise von der Annahme aus, daß seine Wohnung abgehört wird. Später erhält er tatsächlich Antwort von jener "Person" in dem roten Sessel; eine Doppelgängergeschichte entwickelt sich, da derjenige im Sessel die

Stimme seines eigenen Über-Ichs zu repräsentieren scheint: im Panoptikum internalisiert bekanntlich derjenige, der der Sichtbarkeit unterworfen ist, das Machtverhältnis dergestalt, daß er schließlich beide Rollen spielt. So verlagert sich im Laufe des Textes der Konflikt zwischen dem Protagonisten und der Macht in einen zwischen den zwei verschiedenen Inkarnationen des Protagonisten, alles läuft auf einen Totschlag hinaus des einen durch den anderen. Statt dessen ermordet dann aber der eine von beiden die Postbotin als eine Vertreterin der symbolischen Ordnung... Wie in der Schwarzen Romantik kaum ein Text Hilbigs, in dem nicht ein Verbrechen geschieht, zumeist an einer jungen Frau. Dies jedoch keineswegs, weil, wie Adolf Endler argwöhnt, der Autor Hilbig möglicherweise "einen Mord auf dem Gewissen"[19] trüge, sondern weil wir, Bewohner von Panoptiken, Verbrechen halluzinieren und ästhetisieren[20] müssen als eine typische Reaktion auf die Disziplinargewalt und die damit verbundene Abrichtung unseres Körpers.

In der zeitlichen Abfolge von Hilbigs Texten wächst das Maß der Unschlüssigkeit über die Realität der Realität, bis schließlich ein Punkt erreicht wird, an dem–wie bei Kafka–das Irreale, Unheimliche von allen als natürlich angesehen wird. Das traumatische Reale, so könnten wir sagen, wuchs auf eine Größe, die es ihm erlaubt, nunmehr die ganze Realität auszufüllen. Halten in Kafkas Text etwa alle Beteiligten die Verwandlung Gregor Samsas in einen Käfer für etwas Normales, so geschieht in Hilbigs Roman *Eine Übertragung* das gleiche mit dem Phänomen der Stasi. Daß man rund um die Uhr bespitzelt wird und ohne stichhaltige Begründung jederzeit verhaftet werden kann, fast allen Figuren, die in Hilbigs Roman zu Wort kommen, scheint dies das Selbstverständlichste der Welt. Zeitweise selbst dem Protagonisten, weshalb er nach seiner Haftentlassung die Verhöre als ein endloses Selbstverhör fortführt, bis zum Zusammenbruch seines Denkvermögens. Einerseits weiß er, die Wirklichkeit ist inszeniert, andererseits erliegt er selbst der Perfektion dieser Inszenierung und neigt dazu, was ihm selbst an Entsetzlichem widerfährt, für normal zu halten. Peter Cersowski[21] zufolge besteht genau darin, daß das Phantastische universal wird, das Neue an der phantastischen Literatur des

20. Jahrhunderts. Es gehe notwendig einher mit einer Einsinnigkeit der Erzählperspektive; d.h. alles, was geschieht, wird aus der Perspektive einer einzigen Person gesehen, wodurch der Objektivitätscharakter der beschriebenen Wirklichkeit verloren geht. Bei Hilbig kommt als ein Effekt, der diesen Verlust verstärkt, hinzu, daß jene Person, die erzählt, niemals weiß, wer sie ist, ja, daran zweifelt, ob sie überhaupt existiert; selbst sie geht verloren. Tarnt sie sich als ein "übles Subjekt"(DB,184), um in der mit Gespenstern bevölkerten "Wirklichkeit" nicht aufzufallen und möglicherweise neuen Verhaftungen zu entgehen, so geschieht es ihr als eine Folge, daß sie zeitweise dem Wahn erliegt, tatsächlich ein Gespenst zu sein: "ich erfahre mich als Vampir"(DB,166).

Begleitet wird dieser Prozeß der Ersetzung der Realität durch das Trauma oder besser, des Verrücktwerdens der Realität, der schließlich jeden mimetischen Schreibansatz, um den der Protagonist anfangs noch ringt, verhindert, von einer Veränderung in Hilbigs Sprachvorrat sowie in der Wahl seiner Motive. Dominieren in Hilbigs frühen, d.h. vor 1975 geschriebenen Texten Vokabeln wie Zikaden, Birken, Bachmündung, Spinnweben, Herbstmond, Durst so herrschen später mehr und mehr Wörter vor wie Verwesung, Grausen, Stank, Schutt, Entsetzen, Schlamm, Gewürm. Anfangs Bilder einer wenn auch erschöpften, so doch die Nerven des Protagonisten beruhigenden Natur, später eine Natur, die wie nach einem Atomschlag pervertiert erscheint und den Protagonisten in Panik versetzt:

> Während mir aller übrige Pflanzenwuchs längs des Gewässers einen krankhaft übersättigten Eindruck machte(), glaubte ich die Weiden zu niegekannter Wildheit ausarten zu sehen: in der Dämmerung, wenn der Nebel immer dichter vom Ufer heraufkroch, schienen sie in phantastische Lebewesen verwandelt, Ausgeburten eines unberechenbar fruchtbaren Untergrunds, häßlich verkrüppelte Auswüchse, denen gerade dank ihrer Degeneration Macht und Bosheit zugefallen war. Ich sah in ihnen Gebilde, die in ihrer Fratzenhaftigkeit weder der Vegetation noch einer mir bekannten Tiergattung ganz zuzuordnen gewesen wären, ihrem Ausdruck eignete ein sonderbares Lauern, und immerfort schienen sie bereit, die Wurzeln() wie Gewürm aus dem Schlamm zu ziehen, um wirr und vielfüßig zu wandeln... (AA,48)

Anfangs romantische Entgrenzungsmotive wie etwa der Wald, die Wanderung (aus der Stadt ins Dorf), der Traum, die

(Fabrik)ruine, später Spukgestalten, unentschlüsselbare Botschaften, Morde, Gräber, Leichen, die Mineralisierung organischer Wesen, kurzum Motive der Gespenster-, als auch der Schwarzen Romantik. Anstelle des Teufels die Stasi als dessen DDR- spezifische Ausprägung[22]; im Unterschied zu den Vertretern der Schwarzen Romantik ästhetisiert Hilbig indessen diese Motive nicht. Sie erscheinen gleichsam nackt und werden begleitet von einer ständigen, schmerzhaften Selbstreflexion. Eine der wichtigsten Selbstreflexionen zu diesem Thema findet sich im Text "Der Brief". Hilbigs Protagonist denkt darin über seine ambivalente Reaktion auf Edgar Allan Poes Frauengestalten nach, "Entwürfe voll bebender Sinnlichkeit unter der sanften und intellektuellen Oberfläche... grandiose Lügen, phantastische Lügen"(DB,114). So sehr sie ihn faszinieren, zeitweise erscheinen sie ihm trivial, immer dann, wenn er ihren Hintergrund in einem "ganz triviale(n) Mangel an Wunscherfüllung" in der Person Edgar Allen Poes vermutet. Später begreift er, es ist die Trivialität seines eigenen Lebens, die ihn verführt hatte, Poe "derart zu *durchschauen*" (DB,120). Er war der um ihn herrschenden Realität samt ihren "lächerlichsten Erklärungsverfahren" zum Opfer gefallen. Dabei war es ihm entgangen, daß Poe "mit diesen Beschreibungen die Grenzen der Realität und ihrer Determinationen überschritten (hatte), (...) das Feld verlassen, in das ich *tiefer einzudringen* geglaubt hatte"(DB,120). Mit anderen Worten, Hilbigs Protagonist hatte die phantastische Literatur Poes nach dem geltenden Literaturverständnis "realistisch" gelesen. "Sprachlos vor Zorn erkannte ich die Untat, die das Denken der angewandten Realität an mir begangen hatte. Es kam einem Mord gleich, wußte ich nun"(DB,120). Eine phantastische Literatur, die in solch einem starken Maß wie bei Hilbig die gesellschaftlichen Grundkonstellationen und damit ihr eigenes Zustandekommen reflektiert, schlägt Fluchtlinien aus der herrschenden (Ir)Realität. Es ist *kleine Literatur*.

Fußnoten

1 siehe Francois Lyotard. *The postmodern Condition: a report on Knowledge.* a.a.O.,77.

2 siehe Gilles Deleuze. *Logique du sens.* a.a.O.,29.

3 siehe Ronald Bogue. *Deleuze and Guattari.* a.a.0.,69.

4 Stendhal, eigtl. Henri Beyle. *La Chartreuse de Parme.* New York: G.H. Richmond & Co.,1896

5 Gilles Deleuze. *Logique du sens.* a.a.O.,123.

6 Friedrich A. Kittler. "Das Phantom unseres Ichs und die Literaturpsychologie: E.T.A. Hoffmann- Freud- Lacan." Friedrich A. Kittler und Horst Turk. *Urszenen.* Frankfurt a.M.:Suhrkamp, 1977, 143. Die Literaturpsychologie, welche Hoffmanns Sandmann etwa auf ein "Phantom unseres Ichs" zurückführt, ist Kittler zufolge "selber der Sandmann(), der Kindern Sand in die Augen streut".

7 siehe Siegmund Freud. "Das Unheimliche." *Psychologische Schriften.* Frankfurt: Fischer, 1982, 243-274.

8 siehe Slavoj Žižek. "How real is reality?" *Looking awry.* Cambridge, Mass., London, England: MIT Press, 1991,1-60.

9 Ebda.,20.

10 Franz Fühmann. *Fräulein Veronika Paulmann aus der Pirnaer Vorstadt oder etwas über das Scheuerliche bei E.T.A. Hoffmann.* München:dtv, 1984,82.

11 Victor Klemperer. *LTI.* Leipzig: Reclam, 1990,277.

12 Michel Foucault. *Überwachen und Strafen.* a.a.O.,260.

13 Slavoj Žižek. *Looking awry.* a.a.O.,36. Žižek führt an dieser Stelle als ein Beispiel für den Einbruch des Realen in die Realität und seine Unrepräsentierbarkeit die Tschernobyl- Katastrophe an.

14 Volker Braun. *Die unvollendete Geschichte.* a.a.O.

15 Peter Cersowsky. *Phantastische Literatur im ersten Viertel des 20.Jahrhunderts.* München: Fink, 1983,18.

16 Žižek. *Looking awry.* a.a.O.,134.

17 Kurt Drawert. "Dieses Jahr, dachte ich, müßte das Schweigen der Text sein." *CONstructiv.* a.a.O.,31.

18 Ebda.

19 Adolf Endler. "Hölle, Maelstrom, Abwesenheit." a.a.O.,341.

20 siehe Michel Foucault. *Überwachen und Strafen.* a.a.O.,89.

21 Peter Cersowsky. *Phantastische Literatur im ersten Viertel des 20. Jahrhunderts.* a.a.O.,26.

22 Jürgen Fuchs fand beim Studium der Stasiakten tatsächlich Sätze wie: "Der Stand des Kampfes um seine Seele ist an dem und dem Punkt angekommen. Weitere Gespräche sind vonnöten." Jürgen Fuchs. "Heraus aus der Lüge und Ehrlichkeit herstellen." *Frankfurter Rundschau.* 21. Dezember 1991, Nr. 296, 11.

Achtes Kapitel

Hilbigs Dekonstruktion der geschlossenen Erzählform als eine Konsequenz seiner Einsichten über die Sprache, das Subjekt und die Realität

> Da die Macht das Nichts war..., erreichte sie Selbsterkenntnis lediglich dadurch, daß Figuren, die ihr nicht angehörten, ihr die Geschichte—die Story—der Macht erzählten. Sie war darauf angewiesen, sich dauernd Geschichten erzählen zu lassen, in denen sie wirkte.
> Wolfgang Hilbig (DB,63)

Eng verbunden mit unserem Begriff der Realität ist unser Verhältnis zur Narration. D.h. unser Begriff der Realität entscheidet, ob wir beim Erzählen die Ereignisse als Elemente einer geschlossenen Narration darstellen und damit den Eindruck erwecken, sie erzählten sich selbst, oder ob wir ihnen im Extremfall—wie bei Hilbig—die Erzählbarkeit absprechen und damit ihre "Realität" in Abrede stellen. Dies gilt auch umgekehrt: Als real gilt, darauf stößt Hayden White bei seiner Analyse verschiedener Formen der Geschichtsschreibung, was entsprechend eines gegebenen moralischen/ideologischen Maßstabs wert ist, erzählt zu werden, d.h. was in einer bestimmten narrativen Ordnung einen Platz hat [1]. D.h. nicht um Erkenntnis oder um das Verständnis von irgendetwas ist es uns beim Erzählen zu tun: "Erzählen im Allgemeinen, vom Märchen zum Roman, von den Annalen zur voll realisierten 'Geschichte', hat mit den Topiken Gesetz, Legalität, Legitimität oder allgemeiner, *Autorität*, zu tun."[2] Verleihen wir den Ereignissen, indem wir sie als Elemente einer geschlossenen Narration darstellen, einen Aspekt von Erzählbarkeit, legitimieren wir letztlich die herrschende Realität. Und jene benötigt unsere Erzählungen, um sich ihrer selbst zu versichern. Durchschaut einer diesen Zusammenhang wie Wolfgang Hilbig (siehe das Eingangszitat dieses Kapitels), gerät ihm das Geschichtenerzählen notwendig in eine Krise.

Hayden White zufolge sind die Merkmale einer geschlossenen Narration ein zentrales Subjekt, ein Anfang, Mittelteil, Ende, eine Peripetie, kurz eine Handlung, sowie eine identifizierbare narrative Stimme. Die Handlung definiert White als "eine Struktur von Beziehungen, bei denen die im Bericht enthaltenen Elemente mit einer Bedeutung ausgestattet sind, indem sie als Teile eines integrierten Ganzen identifiziert werden."[3] Sehen wir uns Hilbigs Prosatexte aus den 70er Jahren an, so erkennen wir noch Rudimente dieser Bestandteile einer geschlossenen Narration, etwa in dem wichtigen Text "Der Heizer"(UN, 97-138), in welchem sich der Protagonist, Heizer in einem Betrieb, vornimmt, zu kündigen–als ein Protest gegen die unzumutbar schlechten Arbeitsbedingungen. Doch letztlich unterläßt er es, bestochen von einer unerwartet hohen Jahresendprämie. Obschon bei einigen Szenen dieses Textes (etwa dem Mord an einem alten Pförtner) unklar bleibt, ob sie vom Protagonisten beobachtet oder halluziniert werden, ist der Rest einer Handlungsstruktur vorhanden. Hilbig erzählt, unterbrochen von Halluzinationen, Träumen, fiktiven Dialogen, eine Geschichte, mit einem Anfang, einem Mittelteil, einem Ende. Im Unterschied zu den späteren Texten geben sich auch noch ein (wenn auch gespaltenes) zentrales Subjekt sowie eine von ihm unterschiedene Erzählerstimme zu erkennen, die Trennung zwischen dem Subjekt der Äußerung und jenem des Geäußerten ist noch nicht aufgehoben. Nichtsdestoweniger problematisiert Hilbig von seinen allerersten publizierten Texten an in seinen Selbstreflexionen die geschlossene Narration mit ihren oben genannten Merkmalen. In einem kurzen Text "Herbsthälfte", geschrieben 1974, reflektiert Hilbig folgendermaßen:

> Da es nicht gelingt, sich hinter einer erfundenen Figur zu verstecken, man bedenke den weiten Fortschritt der Zeit, wie weit ist der Gipfel eigentlich schon überschritten... da nicht abzusehen ist von der ersten Person, die jedem Satz voransteht, bleibt es ein überflüssiger Gewaltakt, zu erklären, weshalb so viele Aussagen uns ihren Abschluß

> verweigern, sind sie doch von dieser ersten Person so ausschließlich geprägt, daß selbst so ein kleines Wort wie *steigen*, in einem ich-bezogenen Satz, unweigerlich nach Babylon führt.(UN,46)

Bereits an dieser Stelle verknüpft Hilbig sein Mißtrauen gegenüber dem Erzählen (hier jenem in der dritten Person) mit dem Zusammenbruch seines Fortschrittsglaubens: der Gipfel der Zeit, so konstatiert sein Protagonist, ist überschritten, er lebt in einer Nachzeit. Sieben Zeilen nach diesem Zitat fügt er hinzu: "einer folgsamen Zukunft überdrüssig, leid, das Feld unter der Hirnschale einem Zensor des Jenseits zu räumen."(UN,46). Worauf er mit dieser Bemerkung anspielt, ist das in der DDR von der Macht propagierte teleologische Geschichtsverständnis, demzufolge die Erfüllung aller Wünsche in der Zukunft gesehen und mit dessen Hilfe in der Gegenwart ein repressiver Druck, kurz Zensur, ausgeübt wird. Kaum gibt Hilbig diese progressiv lineare Auffassung von Geschichte auf, muß er auch den herkömmlichen Begriff des Geschichtenerzählens aufgeben, denn beide sind komplementär. Interessanterweise reflektiert er diesen Zusammenhang anhand des Todes Gottes: "War nicht das Universum, in dem ich aufgetaucht war, inzwischen ein Universum ohne Gott, und konnte diesem Universum die Geschichte, die es mit seinem Dasein im Auge hatte, nicht ebenso fehlgehen wie mir?"(EÜ,318) Fehl ging die Geschichte des Universums, so fügt Hilbigs Protagonist kurz darauf hinzu, weil der Mensch die vielfachen Prozesse "ganz für die Ordnung seiner–um einer eigenen Geschichte willen inszenierten–Entwürfe mißbrauchte"(EÜ,318). Gott (Stalin) war, wie wir wissen, bereits während Hilbigs Schulzeit gestorben. Dennoch vermochte es sein Ich- Erzähler nicht sofort, ohne den alten Glauben auszukommen. Für eine Weile lebte er, "als ob noch an Objektivität zu glauben sei, an Erklärbarkeit, und vielleicht daran, daß sich die Welt in seine Erklärungen schicken werde."(EÜ,298) In dieser Zeitspanne, so erinnert er sich, bemühte er sich um eine geschlossene Narration, Geschichten,

> deren Sinn immer wieder darin bestanden zu haben (schien), sich zuschauen zu lassen, wie ihre Verwicklungen sich letztlich in Erklärungen auflösen ließen oder wie sie zumindest die Möglichkeiten von Erklärbarkeit hinterließen. Es war für ihn ein Spiel mit der Hoffnung

> gewesen, mit dem Ziel, gerettet aus ihm hervorgehen zu können. (EÜ,298)

Der letzte Satz verweist auf einen übrigen Zusammenhang, dessen Hilbig sich bewußt ist: wir erzählen Geschichten, um uns unseres Ichs als einer erkennbaren abgeschlossenen Identität zu versichern. Aus diesem Grund stürzt sich Hilbigs Protagonist in seine Schreibversuche, mit dem Ergebnis freilich, daß das Ich, das er dabei zu produzieren glaubt, nichts als die Funktion einer Verkennung ist: "Ich merke es jetzt noch, gerade in diesem Moment, wie die soeben produzierten Worte mich vollkommen fremdgedacht haben."(DB,84) Einer der Texte, in welchen Hilbig am radikalsten die Gründe für das Scheitern seines früheren mimetischen Schreibansatzes analysiert und dabei alle Elemente einer geschlossenen Narration dekonstruiert, ist seine Erzählung *Der Brief* von 1981.

Der Ausgangspunkt dieses Textes ist die Auseinandersetzung des Protagonisten mit der marxistischen Auffassung vom Klassenbewußtsein der Arbeiterklasse, eine geschlossene Narration. Ein Teil seines Selbst, den er als sein "Ich" oder seinen "Aufpasser", kurz den "Staat, die Staatsmacht, die gesellschaftliche Initiative"(DB,110), bezeichnet, verteidigt diese These. Ein anderer Teil, "Mister Hyde"(DB,110), opponiert dagegen. Beide versuchen in verbissenen Dialogen einander von ihrer jeweiligen Position zu überzeugen, bis zum Zusammenbruch des Artikulationsvermögens. Ein Brief, den der Protagonist zu Beginn des Textes an sich selbst schickt, als wolle er damit seine mit einander verfeindeten Hälften vernähen, kommt niemals an. Die Gründe für das Nichtankommen, denen Ich und Er im Laufe des Textes verzweifelt–bis zum Mord an der Postbotin–nachforschen, bleiben unklar. Das Nichtankommen des Briefes sowie die Unerforschlichkeit der Gründe stehen allegorisch über Hilbigs Text.

Mit diesem Zerbrechen der zentralen Figur in gegensätzliche Hälften verzichtet Hilbig auf das wichtigste Element eines herkömmlichen narrativen Textes, den Helden, mit dem sich der Leser zu identifizieren vermöchte (im Gegensatz zu Stevensons "Dr. Jekyll and Mr. Hyde" fehlt die Figur eines Erzählers, der die Persönlichkeitsspaltung eines anderen aus der Distanz berichtet). Früher, als der Protagonist noch um ein Ich rang, so erinnert er sich, hatte er sich im gleichen Zug um ein realistisches Schreibkonzept bemüht. Die Erinnerung daran begleitet jene an sein Dasein als Lehrling, in welchem er dem Kontrolleur ein Werkstück, das er selbst gefertigt hatte, zur Kontrolle überreichte. Jener läßt, nach der Beschäftigung mit Meßuhr und Mikrometer "sein gelangweiltes *Paßt*" hören. Darüber sinnt der Protagonist:

> Wenn ich an mein Schreiben dachte und an meine Mühen, dasselbe mit meinem Dasein irgendwie in Einklang zu bringen, sah ich den Kontrolleur in mir all sein freudloses Desinteresse verlieren. Ausschuß, brüllte er, Ausschuß..., und das Vibrato der Zufriedenheit strahlte in diesem Brüllen(...) Gelächter schüttelte mich, wenn ich daran dachte, wie ich jeden meiner Sätze, bevor ich ihn notierte, an die Wirklichkeit gehalten, wie ich versucht hatte, jedes Wort mit dieser Wirklichkeit in Deckung zu bringen. Und wie ich daran gescheitert war, wie jeder Satz endlos meine Unfähigkeit abspiegelte, eine reale Existenz zu gewinnen, wie alle Wörter letzten Endes der Wirklichkeit fremd blieben.(DB,121)

Diese mißglückten realistischen Schreibversuche hatten in der Zeit vor der Verhaftung des Protagonisten stattgefunden, von der an die Wirklichkeit für ihn zu verschwinden begann, womit ein Widerspiegelungskonzept ohnehin ausgeschlossen wurde. Die Deckungsgleichheit, um die er sich damals bemüht hatte, war offenbar jene zwischen der ihm vom Staat vorformulierten Existenz als ein klassenbewußter Arbeiter und seinem tatsächlichen Leben, in welchem es ihm mißlang, "eine reale Existenz zu gewinnen"(DB,121). Aus der Lücke zwischen beiden Existenzen entsprang die Unfähigkeit, realistisch zu schreiben.

Welchem narrativen Modell entspricht die These vom Klassenbewußtsein der Arbeiterklasse, die Hilbig in seinem Text (ich untersuchte dies im vierten Kapitel) ad absurdum führt? Es ist jenes einer Basisgeschichte, die, gleich einer platonischen Idealform, der Realität als autonom innewohnend behauptet wird–"eine Geschichte, die ein hoch privilegiertes ontologisches Reich des reinen Daseins besetzt, in welchem sie sich unveränderlich und ewig entfaltet."[4] Die diversen (etwa das Dasein der Arbeiterklasse beschreibenden) Erzählungen seien, so impliziert solch ein Modell, nur Nach-Erzählungen dieser einen unbefleckten und an sich existierenden Narration. Barbara Herrnstein Smith weist die Unhaltbarkeit solch einer hypothetischen Konstruktion nach. Auch diese angebliche Basisgeschichte sei von bestimmten Funktionsträgern einer sozialen Realität mit bestimmten Absichten geschaffen worden und wohne keineswegs autonom der Welt inne. Mit anderen Worten, Thesen wie jene vom Klassenbewußtsein der Arbeiterklasse können nicht getrennt werden von den Bedingungen ihrer Produktion, einschließlich der Absichten, der Identität oder anderen Charakteristika dessen, der jene Thesen äußert.[5] Diese Absichten zu ergründen, darum bemüht sich Hilbigs Protagonist im Dialog mit seinem Gegenspieler, der nichts als eine andere Inkarnation seiner selbst repräsentiert. Und er findet heraus, es ist die Intention der Ausbeutung dieser Klasse, welche die Macht veranlaßt, dem Arbeiter ein Klassenbewußtsein aufzuerlegen. Wirkliches Selbstbewußtsein wird durch dieses Klassenbewußtsein verhindert, kann doch jene Basisgeschichte durch das tägliche Tun und Treiben als Arbeiter lediglich "nacherzählt" werden, jede Nacherzählung indessen bleibt notwendig unvollkommen, erzeugt den "Zustand latenten Schuldbewußtseins"(DB,104), den Hilbig unaufhörlich beschreibt. Stück für Stück dekonstruiert Hilbigs Protagonist in seinem Dialog mit seinem Gegenüber im roten Sessel diese geschlossene Narration und stellt sie als ein Instrument der Machtausübung bloß. Deshalb auch die ständige heftige Abneigung des Arbeiters und Schriftstellers, der hier spricht, "gegen den Begriff Arbeiterschriftsteller"(DB,95), eins ihrer Elemente.

Hilbigs Dekonstruktion dieses Modells überzeugt vornehmlich dadurch, daß der Erzähler sich selbst keineswegs als ein narrativer Überzeugungskünstler von dessen Unhaltbarkeit präsentiert (damit bliebe er in den Grenzen des Modells, er bewiese erzählerisch, daß er tatsächlich ein Bewußtsein, wenn auch ein in den ideologischen Vorzeichen umgekehrtes, repräsentierte), sie überzeugt, weil der Erzähler anhand der Art und Weise seines Sprechens den Ich-Verlust und damit auch den Verlust an Bewußtsein demonstriert, den die Herrschaft jenes Modells notwendig zur Folge hat. Dieser Verlust zeigt sich nicht zuletzt an der Sprache, die eine "notorisch mit sich selbst entzweite"(DB,84) Sprache ist. Statt notwendiger Verbindungen zwischen den Ereignissen, die erzählt werden, unvermittelte mit "–" markierte Abbrüche. Dazu plötzliche Stilumschwünge zwischen "literarischer Emphase und lumpenproletarischer Froschperspektive"(DB,107), wie der Gesprächspartner im roten Sessel über die Sprache des anderen spottet. Das Ziel einer geschlossenen Narration ist stets die Versöhnung widerstreitender Interessen, etwa jener des Ichs und jener des Staates; Neutschs Roman *Spur der Steine* wäre innerhalb der DDR- Literatur als ein Musterbeispiel dafür zu nennen. Hilbigs Literaturbegriff einer dekonstruktiven Imagination schließt den Begriff der Versöhnung aus–ein Text der, um es mit Shoshana Felman zu sagen, im Exil auf Kolonos[6] geschrieben wurde. Die Rede eines solchen Textes ist nicht kognitiv, sondern selbstsubversiv performativ. Damit tilgt sie nicht die Spuren des Unbewußten, die den Text in ein Labyrinth oder ein Chaos verwandeln. Die semantische Struktur einer geschlossenen Narration wird charakterisiert durch die Bewegung eines agierenden Subjekts auf ein agierendes Objekt. Da in Hilbigs Text *Der Brief* das Objekt fehlt (nur Splitterteile eines zerbrochenen Ichs bewegen sich aufeinander zu), fehlt dem Ich-Erzähler eine Projektionsfläche, auf der er sich als Subjekt zu konstituieren vermöchte. Jeder seiner Schritte führt, wir erinnern uns an das Zitat aus dem Text *Herbsthälfte*, "unweigerlich nach Babylon"(UN,46), jener Ort, der den Propheten des Alten Testaments als die gottfeindliche Stadt erschien. Eine offene, vom Fehlen jedes inneren Zusammenhangs gekennzeichnete Rede wie die Hilbigs in seinen späteren Texten–eine Gotteslästerung.

Eins der wichtigsten Merkmale einer geschlossenen Narration ist White zufolge auch ein ordentlicher Schluß, bei dem eine Struktur konstituiert wird, "die den Ereignissen *die ganze Zeit schon* innewohnte"[7]. Bei Hilbig statt dieses Schlusses eine Fülle loser Enden. Das Streitgespräch zwischen den verschiedenen Inkarnationen des Protagonisten, die sein Über- Ich sowie sein Es repräsentieren, bricht plötzlich ab, ohne daß einer von beiden das Argument gewann. Der andere im roten Sessel verschwand einfach, nachdem sein Gesprächspartner festgestellt hatte, der Dialog könne auf Grund der Gefangenschaft des Diskurses zu keinem Ergebnis führen. Darauf wird weiter ergebnislos dem Verbleib des Briefes nachgeforscht. Im Laufe dieser Unternehmung erschlägt der Protagonist die Postbotin, welche zum einen das legale System repräsentiert als das Medium, in welchem der Brief unterwegs ist, und zum anderen als ein Objekt fungiert, auf welches der Protagonist sein Begehren richtet. Dies bedroht seine Schreibarbeit. Erst nach dem Mord an ihr sträubt "sich (ihm) die Feder nicht mehr" (DB,134), jede erzählerische Versuchung zu einer Subjekt-Objekt-Relation wird ausgeschaltet sein. Allein, daß der Brief niemals eintreffen wird, und daß die Postbotin nur die Illusion einer Realität erzeugen wird, die den Protagonisten in seinen Einsichten rückfällig werden läßt, steht von Anfang an fest. Weshalb wird der Brief dann abgeschickt? Der Erzähler weiß offenbar um die Gefahr der Atropie, die der Ausschaltung jeglichen Objekts notwendig innewohnt. Letztlich führt sie zum Verschwinden des Diskurses. Freud fand heraus,

> daß der Lebensprozeß des Individuums aus inneren Gründen zur Abgleichung chemischer Spannungen, das heißt zum Tod führt, während die Vereinigung mit einer individuell verschieden lebenden Substanz diese Spannungen vergrößert, sozusagen neue Vitaldifferenzen einführt, die dann abgelebt werden müssen.[8]

Das gilt ebenso für das Schreiben. Die selbstsubversive, performative Rede von Hilbigs Protagonisten benötigt einen Widerstand, etwa die Hypothese einer Realität oder eines agierenden Objekts, an welchem sie sich entzündet. Ist die Postbotin getötet, stürzt der Text rasch in sein Ende, ohne daß freilich das Verschwinden des Briefes aufgeklärt werden konnte.

Der offenen Enden im Text sind unzählige. Nachdem der Gesprächspartner im roten Sessel verschwunden ist, betritt plötzlich eine uns bislang unbekannte Person namens C. Lippold den Text, "ein seinem Kopf entsprungenes zweitgeborenes Ich, das wie eine andere Hauptfigur die Szenerie seines mit ihm zerfallenen Lebens beherrschte"(DB,166), kurz ein Doppelgänger. Der Ich-Erzähler beginnt Lippold sogleich aus einer unschlüssigen Besorgnis heraus zu verfolgen. Dabei geschieht es, daß jener gegen den Verfolger drohend eine Flasche erhebt; schließlich verliert jener Lippolds Spur. Aus Notizen Lippolds gelingt es dem Ich-Erzähler schließlich, die fehlende Handlung zu rekonstruieren: Lippold versuchte nach seinen Eilmärschen kreuz und quer durch die verwahrloste

Gegend und auf der Flucht vor Verwesungsgerüchen, die die Stadt plötzlich aussandte, einen zerfallenen Kachelofen zu rekonstruieren–vermutlich als eine Kompensation für seine mißglückte Schreibarbeit. Schließlich erschlug er die Postbotin. Interessanterweise vermag der Ich-Erzähler beim Entziffern der Notizen nicht mehr dahinterzukommen, "welche Textstellen C., welche mich zum Urheber haben."(DB,162) Die Grenzscheide innerhalb der Persönlichkeitsspaltung verrutscht unentwegt. Und der Fokus der Aufmerksamkeit schwingt ständig zwischen den verschiedenen Inkarnationen des Protagonisten hin und her–wie ein Metronom. Mittels dieses Bildes beschreibt Robert Con Davis Lacans Erzählmodell:

> es ist nichts Einheitliches, sondern ein gespaltener Prozeß, ein zweifacher, der, ähnlich einem Metronom, zwischen Produkt und Produktion hin- und herschwingt (zwischen manifestem Text und unbewußtem Begehren), hin und her, nie erreicht er einen Punkt der Stabilität oder Ganzheit.[9]

Für den unbewußten Diskurs mag in diesem Text Hilbigs das Konvolut der ominösen Manuskripte C. Lippolds stehen, das der Ich-Erzähler zu entziffern und zu deuten unternimmt. Dabei stellt er fest:

> Wenn im Widerspruch dazu (der Erzähler gibt vor, den Überblick über C.s Leben verloren zu haben, G.E.) die Form dieser Geschichte manchmal den Verdacht eines höheren, ja absoluten Überblicks nahelegt, so wäre das keineswegs im Sinne C.s, aber es ist ihm letztlich selbst zuzuschreiben: Er hat durch die Zerfaserung seiner Identität der Geschichte selber so schwere Lücken und Unklarheiten hinzugefügt, daß ich vieles aufzufüllen und zu retuschieren gezwungen war.(DB,161)

Der Protagonist erzählt also dergestalt, daß er Lücken in einem Text füllt; aber jene Lücken sind es genau, die den unbewußten Diskurs enthüllen[10]. Mittels der Interpretation dieser Lücken schafft er eine neue Narration, die selbstverständlich wiederum Lücken enthält, die interpretiert werden müssen usw. Diktiert schließlich Hilbigs Protagonist seine aus der Interpretation der Lücken im Text von C. Lippold entstandene Erzählung einer früheren Freundin in die Schreibmaschine, so geschieht es aus dem Bedürfnis, "die Geschichte irgendwie (zu) sichern. Sichern, das soll heißen, ich habe alles einem fiktiven Erzähler in den

Mund gelegt."(DB,165) Dabei gesteht er, es sei ihm nicht gelungen, diese Geschichte selber ins Reine zu bringen, auf Grund einer Handverletzung. Diese hatte sich jedoch C. Lippold beim Mord an der Postbotin zugezogen. Der Ich-Erzähler und C. Lippold werden in jenem Moment, in welchem die "Geschichte" ins Reine gebracht werden soll, wieder identisch. Ja, es stellt sich heraus, die Geschichte, die abgetippt werden soll, ist das uns zuvor beschriebene, lückenhafte Manuskript C. Lippolds selbst. Das heißt, die gesamte, uns auf 150 Seiten dargebotene "Geschichte" war nichts als der Schreibprozeß des Protagonisten, in welchem er mit seinem unbewußten Diskurs irgendwie zurande zu kommen versuchte. In der Folge des Abtippens der Geschichte gerät er mit seiner Freundin in einen Streit, als dessen Folge er in die verwahrloste Wohnung im Parterre zieht. Diesen Umzug hatte er indessen bereits zu Beginn vollzogen—das Ende des Textes schiebt sich vor seinen Anfang; alles beginnt von vorn.

Als Abschluß der Kommunikation zwischen den verschiedenen Inkarnationen des Protagonisten wird uns eine neuerliche Interpretation der verbleibenden Lücken angeboten, wir erfahren den Text des verlorengegangenen Briefes. Mit den erstaunlichen Worten: "Wie Byron taumle ich durch die dunklen Gedanken an den Inzest, und ich erfahre mich als Vampir" (DB,166), beginnt der Brief; mit den Worten "Dein ergebener C. Lippold!"(DB,167) endet er, nach einer Kette Reflexionen über Inzest, Tod und das Triviale. Dieser Briefinhalt ein weiteres loses Ende, eine neue Lücke. Kein Schluß, der den Leser erlöst. Schlagen wir, verwirrt, die Seite um, empfängt uns, unter der Überschrift "Die Angst vor Beethoven", eine Fortsetzung, der ein Zitat von Methusalem voransteht: "Taten, die nach dem Ende einer ganzen Welt rufen, als tilgte nur ein solches sie aus dem Gedächtnis"(DB,168). Solange die Welt nicht zu Ende ist, könnte man hinzufügen, vermag keine Erzählung ihr Ende vorwegzunehmen. Allein ist eine Erzählung ohne ein Ende noch eine Erzählung?

Peter Brooks zufolge entspricht unser Begriff der Handlung (plot) vielen Quellen, einschließlich der Geschichten unserer Kindheit.[11] Diese Geschichten sind zumeist Märchen mit dem sicheren Beginn "Es war einmal" und dem zuverlässigen Ende:

"Und wenn sie nicht gestorben sind..."–geschlossene Narrationen, die in uns eine epistemologische Matrix tief eingravieren. Hilbigs Protagonist des Textes *Der Brief* spürt die Geschichte seiner Kindheit auf, keineswegs ein Märchen, vielmehr eine Gruselgeschichte, also eine Geschichte jener Art, für welche der fünfte Stand, aus dem er stammt, den besten Nährboden darstelle, hause er doch "nahe bei der Unterwelt"(DB,100). Nur von den Privilegierten eines sozialen System, dem sogenannten Mittelstand, kann deshalb angenommen werden, ein Bedürfnis nach einer Handlungsstruktur, d.h. einer logischen und bedeutungsvollen Kette von Handlungsabläufen, sei ihnen von den Geschichten der Kindheit her eingeschrieben.

Hilbig baut die zentrale Geschichte seiner Kindheit als ein narratives Element in seinen Text ein: jene der Sprungfedermänner. Jene Horrorfiguren werden von den verängstigten Einwohnern der Gegend als Überreste versprengter SS-Brigaden vermutet. In der von Stollen durchsetzten Tagebaulandschaft verschanzt, vermögen sie, sich "mittels sinnreich montierter Spiralfedern unter ihren Stiefeln" unsichtbar über die Menschen hinwegzukatapultieren.

> Und wenn du sie wirklich erkennst, richten sie sich vom Boden auf und lüften plötzlich den weiten Umhang, das grün phosphoreszierende Skelett ist zu sehen, du siehst den gräßlich angemalten Totenschädel, dein Herz steht längst still, doch sie hüpfen näher, federleicht, um dich tödlich zu umarmen, sie schlagen ihren Mantel um dich, ziehen dich an ihre nun sehr muskulöse Brust, dabei stoßen sie dir, mit den Händen, die deinen Rücken fassen, zwei Dolchklingen unter die Schulterblätter, zwei dünne scharfe Messer, die sie immer an die Handgelenke geschmiedet tragen.(DB,92)

Dieses sein Handlungs- und Weltverständnis prägende Kindheits "märchen" umrahmt Hilbig mit der Schilderung eines typischen Alltagserlebnisses jener Zeit: Er begleitet die Mutter vom Konsum im Nachbarort, ihrem Arbeitsplatz, im Dunkeln nach Hause durch das Sprungfedermann-Areal... Hilbig erzählt plötzlich. In logischer Reihenfolge fügt er Ereignisse aneinander, bevor er er zu seiner radikalen Selbstreflexion über seine Identitäts- sowie Sprachkrise zurückkehrt. Dieses Krisenpotential war indessen der Grund für jene eingesprengte Narration; allein reflexiv vermag es offenbar nicht geklärt zu werden. An einen ähnlichen Punkt kommt Brooks bei seiner Analyse von Rousseaus Problem, mit Widersprüchen beim Verständnis des eigenen Selbst umzugehen. Um den Knoten zu lösen, schaltet er jedesmal eine "mächtige narrative Maschine" ein, mit deren Hilfe verschiedene, teils einander widersprechende Geschichten erzählt werden, die wieder neue Geschichten nach sich ziehen. Auch hier kein Ende, keine "Lösung", denn, wie sagt Sartre, "um sein Leben zu erzählen, muß man sein eigener Grabredner werden."[12] Im Unterschied zu Rousseau schaltet Hilbig indessen die Erzählmaschine stets rasch wieder aus, um das soeben Erzählte gegen den Strich zu bürsten, zu analysieren, hinterfragen, bisweilen zu verwerfen.

Interessant ist, daß auch DDR-Autoren, die sich einem äußerst kritischen Realismus verpflichtet fühlten, etwa Christoph Hein, dem Modell einer geschlossenen Narration folgten; Erzählhandlungen mit semantisch bedeutungsvollen Konfigurationen, mit einem Anfang, Mittelteil und einem (wenn auch oft tragischen) Ende. Diesem Modell liegt Hayden White zufolge die epistemologische Matrix von einer teleologischen Struktur der Geschichte zugrunde. Darin wird die Existenz eines legalen Systems vorausgesetzt, über welches sich Gesetz, Geschichte und Narration miteinander vermitteln lassen. Den Akteuren einer Geschichte bleibt innerhalb dieses Beziehungsgefüges nichts anderes, als für oder gegen das legale System (die sogenannte Realität) zu handeln. Allein Für- und Zuwiderhandlung legitimieren gleichermaßen die Existenz dieses Systems, kann doch nur ein selbstbewußtes, identitätslogisches Subjekt wirklich zuwiderhandeln, das zur Konstitution seines Selbstbewußtseins dieses legalen Systems bedurfte.

Wir erinnern uns, Hilbig gab seine mimetischen Ansprüche auf, die wiederum das Erzählmodell einer geschlossenen Narration bedingen, nachdem er sich vom offiziellen progressiv-linearen Geschichtsverständnis marxistischer Prägung verabschiedet hatte:

> es war, als ob ich den Hauptlauf eines Gewässers verlassen habe–in einem Irrewerden an der unbedenklich ihrem Gesetz gehorchenden Stromrichtung–, und in einen Seitenzweig vorstieß, der sich auf einmal als toter Arm herausstellte; vorerst stagnierten meine Gedanken, drohten zu versickern... doch wenn es mir gelungen war, in den ur-

> sprünglichen Fluß zurückzukehren, wußte ich, daß die toten Wasser des Seitenarms die gleichen waren wie die des Hauptstroms: sie führten zu nichts...(AA,87f.)

Mit der Aufgabe des Bildes vom Geschichtsstrom wird der Begriff der Zukunft irrelevant, welcher Theweleit zufolge "eine Funktion des Männer- Ichs/Männerbunds" [13] ist. Das Männer-Ich, wir erinnern uns, ist das gepanzerte Ich, in welchem die Wunschflüsse unterdrückt werden. In einer Literatur, die den Glauben an den Geschichtsstrom, die Zukunft und damit das Männer-Ich über Bord wirft–"Tod den Männern"(DW,82) könnte das Motto von Hilbigs Erzählung *Die Weiber* heißen–wird Platz für diese Wunschflüsse als Ausdruck der Kräfte des Unbewußten, dessen Spuren in geschlossenen Narrationen weitgehend zensiert sind. In Hilbigs Texten ist das Unbewußte, "das wie eine zweite antimaterielle Erde simultan mit der uns bekannten Erde(...) durch das All kreist"(EÜ,54) gleichsam der Hauptakteur. Erscheint es im Text *Die Weiber* als eine Wunschmaschine im Sinne Deleuzes und Guattaris, mittels derer der Protagonist versucht, Freuds heiligen Satz: wo Es war, soll Ich werden! in sein Gegenteil herumzureißen: wo Ich war, soll Es werden!, so zeigt es im Text *Der Brief* und auch im Roman *Eine Übertragung* eher eine andere Gestalt. Es erscheint fremdbestimmt, "irgendeiner gespenstigen Indoktrination"(EÜ,250) erlegen. In einer Art Selbstanalyse–*Übertragung* ist der Begriff der Psychoanalyse, "welcher das beziehungsreiche Feld zwischen Analysand und Psychoanalytiker bezeichnet" [14]– versucht der Protagonist, die Strukturen dieser Fremdbestimmung aufzuspüren, welche ihn letztlich am Leben und Schreiben hindern. Er befragt nicht zuletzt seine Träume. In dem einen stößt er seinen Körper im Alter von zwölf Jahren in einen Abgrund (EÜ,250), in einem anderen zerreißt er in einem Keller Pappkartons, wobei er die Zähne zu Hilfe nimmt, beginnt sich für die Kreuzworträtsel, mit denen sie vollgestopft waren, zu interessieren, jedoch sie waren alle bereits ausgefüllt bis auf ein Wort, das einen zischenden oder pfeifenden Laut beschreiben sollte. Er hofft jeden Moment, das Wort zu finden, als er abgelenkt wird von einer Frau, die in die Hände klatscht, wie, um ihm den Sinn des fehlenden Wortes anzudeuten: "ein Laut, den ich in der Kehle nachzuahmen versuchte, was mir mit dem von Pappe verstopften Rachen nicht gelang. Ich brachte nur ein Gurgeln, ein würgendes Lallen hervor, von dem ich erwachte." (EÜ,33) Sein Unbewußtes erscheint in diesen Texten, um es mit Lacan zu sagen, wie eine Sprache strukturiert, "der Diskurs des anderen"[15]. Nicht völlig deutlich wird, ist es in Hilbigs Augen von Anfang an fremdbestimmt oder handelt es sich um "Unterdrückungsapparate, die dem Unbewußten (später,G.E.) injiziert werden."[16] Wie auch immer, der Protagonist hat die herrschende symbolische Ordnung so tief internalisiert, daß sie ihn gleichsam aus seinem Innersten her angreift. Der Störfaktor ist dabei natürlich der Körper; deshalb stößt er ihn im Traum in die Tiefe. Aus all diesen Gründen ist es für den Protagonisten unmöglich herauszufinden, wer er "*eigentlich* war"(EÜ,30), auch nicht die fast 350 seitige Selbstanalyse des Textes *Eine Übertragung* verhilft ihm zu dieser geschlossenen Narration, ohne jene gerät ihm das Erzählen notwendig in eine Krise. Letztlich handelt es nur mehr von sich selbst. Hilbigs Roman, er handelt einzig von der Unmöglichkeit, einen Roman zu schreiben. Freud zufolge ist das Unbewußte dasjenige, das sich entzieht–dem Bewußtsein sowie Raum und Zeit[17]. Wird es zum Hauptakteur des Textes wie bei Hilbig, tritt folgerichtig an die Stelle einer chronologischen Erzählzeit *Aion*, die es dem Protagonisten in *Die Weiber* etwa gestattet, zu einer Richterin zu sagen: "Sie sind nur wenig jünger als ich, Sie sind etwa so alt wie meine Mutter"(DW,50). Ebenso wird der Ort der Erzählung relativ: "Kora L., die überhaupt nicht hier sein konnte (sie hatte die DDR in Richtung Westberlin verlassen, G.E.), saß am Nachbartisch."(EÜ,313) Hilbig nennt seine Texte selbst einen "Diskurs"(EÜ,84). Was ist das? Roland Barthes zufolge ist ein Diskurs "die Bewegung des Hin- und Herlaufens"[18], in Foucaults Augen stellt er

> nicht die majestätisch abgewickelte Manifestation eines denkenden, erkennenden und es aussprechenden Subjekts (dar): Im Gegenteil handelt es sich um die Gesamtheit, worin die Verstreuung des Subjekts und seine Diskontinuität mit sich selbst sich bestimmen können. Es ist ein Raum der Äußerlichkeit, in dem sich ein Netz von unterschiedlichen Plätzen entfaltet.[19]

Deleuze und Guattari haben für ein derartiges Phänomen die Bezeichnung Rhizom gefunden, eine Metapher für labyrinthische, intertextuelle Verkettungen, die Deleuzes und Guattaris Lieblingsidee einer völlig "unreglementierten Entfaltung des Multiplen"[20] entspricht. In der Botanik bedeutet ein Rhizom eine spezifische Metamorphose der Sproßachse von Pflanzen, etwa bei der Kartoffel: ein Luftsproß durchbricht die Erdoberfläche und stirbt später ab, während die Pflanze unterirdisch in horizontaler Richtung weiterwuchert–ein dezentrales Wachstum, vergleichen wir das Rhizom mit einer Baumwurzel oder auch mit einem im Sproß zusammenschießenden Wurzelbündel. Die Bilder der beiden letzteren Wurzelformen benutzen Deleuze und Guattari zur Beschreibung von Denk- und Textformen, die sie ablehnen. Die Baumwurzel meint dabei das klassische, sprich metaphysische, das Wurzelbündel das romantische Buch, welche "sich durch die Innerlichkeit einer Substanz oder eines Subjekts konstituier(en)"[21]. Wenn es auch auf den ersten Blick so scheint, das moderne, mit der Romantik beginnende Denken, welches mit dem Dualismus, den binären Oppositionen von Subjekt und Objekt, Natur und Geist, gebrochen zu haben meint, hat diesen Bruch nicht wirklich vollzogen:

> Während die Einheit im Objekt fortwährend vereitelt wird, triumphiert im Subjekt ein neuer Typ von Einheit. Die Welt hat ihre Hauptwurzel verloren, das Subjekt kann nicht einmal mehr Dichotomien bilden; es erreicht aber eine höhere Einheit der Ambivalenz und der Überdeterminierung in einer Dimension, die zu derjenigen des Objekts immer als Supplement hinzutritt. Die Welt ist chaotisch geworden, aber das Buch bleibt Bild der Welt, Würzelchen- Chaosmos statt Wurzel-Kosmos.[22]

Wir könnten mit dem Bild der Baumwurzel auch vormoderne, geschlossene Narrationen, mit der büscheligen Wurzel moderne, offene Narrationen und mit dem Rhizom postmoderne, d.h. disperate, a-signifikante Textformen beschreiben, denen es keinesfalls mehr um ein "Bild der Welt" geht, sondern um Experimente mit ihr. Folgerichtig beschreiben Deleuze und Guattari ein Buch in Übereinstimmung mit Foucault als "eine Werkzeugkiste"[23]. Gibt es in der Struktur einer Baum- oder büscheligen Wurzel eine Ordnung zwischen den einzelnen Punkten, so kann und muß jeder Punkt eines Rhizoms mit einem anderen verbunden werden, wobei

> nicht nur ganz unterschiedliche Zeichensysteme ins Spiel gebracht (werden), sondern auch verschiedene Arten von Sachverhalten(...). Ein Rhizom verknüpft unaufhörlich semiotische Kettenteile, Machtorganisationen, Ereignisse in Kunst, Wissenschaft und gesellschaftlichen Kämpfen.[24]

Auf Hilbigs späteren Text treffen alle die Charakteristiken eines Rhizoms zu. Er hat multiple Eingänge (neue Anfänge mitten im Text wie etwa das Erscheinen des Doppelgängers im Text "Der Brief") und viele Ausgänge (all die losen Enden, die keineswegs Lösungen sind). Sein Hauptprinzip scheint das der Heterogenität. Und er kann, ohne daß es seine Qualität mindert, an jeder Stelle zerbrochen werden, das Rhizom "wuchert entlang seinen eigenen oder anderen Linien weiter."[25] Die Linien sind das wichtigste, Segmentlinien (etwa Linien von Reterritorialisierungsprozessen) und Fluchtlinien. "Diese Linien verweisen ununterbrochen aufeinander. Deshalb kann man nie von einem Dualismus oder einer Dichotomie ausgehen, auch nicht in der rudimentären Form von Gut und Böse."[26] Wichtig scheint mir Deleuzes und Guattaris Hinweis, daß Diskurse zumeist Mischformen von Baumwurzel und Rhizom darstellen, etwa die Romane Kafkas, wo Buchführung und Bürokratie "plötzlich zu sprossen beginnen und Stengel hervortreiben. Ein intensiver Strich verselbstständigt sich, eine halluzinatorische Wahrnehmung, eine Synästhesie, eine perverse Mutation, ein Spiel von Bildern reißt sich los..."[27] Hier sind wir wieder bei der Malweise Francis Bacons, deren Beschreibung durch Deleuze meines Erachtens auch für den Diskurs Wolfgang Hilbigs zutrifft: ständig der Gefahr ausgesetzt, den geltenden Konventionen der Repräsentation zu genügen, die er wie jedermann unbewußt aufsog, gibt Hilbig ihnen zunächst nach (er schreibt Erzählungen, einen Roman), um sie jedoch bei jeder Gelegenheit zu unterlaufen, mittels Halluzinationen, Inseln der Sprachzertrümmerung, Anfällen von schwarzem Humor... Diagramme, *Fluchtlinien.* In Hilbigs Roman *Eine Übertragung* sind diese Gelegenheiten zumeist Wortspiele, etwa die doppelte

Verwendung des Wortes "Entlassung"(EÜ,68) für die Absolvierung eines Durchfalls und die Freilassung aus dem Gefängnis. Oder die Alliteration Weben/Wellen(EÜ,211), die den Ich-Erzähler von der Vorstellung des Meeres zum Bewußtwerden der Spinnweben um ihn und von diesem Punkt aus zur Kreation einer merkwürdigen, "schräg zum Sproß verlaufenden"[28] Wucherung anregen, teils aus Erinnerungen, teils aus Halluzinationen bestehend, welche die gerade im Entstehen begriffene Struktur eines Romans von neuem zerreißt.

Hilbigs "Geschichten", es erübrigt sich fast zu sagen, waren keineswegs dazu geeignet, der "Macht, (die) das Nichts war" (DB,63), zur Selbsterkenntnis zu verhelfen.

Fußnoten

1 Hayden White. "The Value of Narrativity in the Representation of Reality." W.J.T. Mitchell. Hg. *On Narrative.* Chicago und London: The University of Chicago Press, 1980: 1-25,22.

2 Ebda.,13.

3 Ebda.,9.

4 Barbara Herrnstein Smith. "Narrative Versions, Narrative Theories." W.J.T. Mitchell. Hg. *On Narrative.* a.a.O. 209-232,212.

5 siehe Barbara Herrnstein Smith. *Contingencies of Value.* Cambridge, MA und London: Harvard University Press, 1988,89.

6 siehe Shoshana Felman "Beyond Oedipus: The Specimen Story of Psychoanalysis" Robert Con Davis Hg. *Lacan and Narration.* Baltimore und London: The John Hopkins University Press, 1983: 1021-1054. Kolonos ist Felman zufolge der Ort, an dem Ödipus schließlich die De-zentriertheit seines Selbstbewußtseins nicht nur begreift (wie in "König Ödipus"), sondern auch akzeptiert.

7 Hayden White. "The Value of Narritivity in the Representation of Reality", a.a.O.,19.

8 Siegmund Freud. "Jenseits des Lustprinzips." *Gesammelte Werke.* London: Imago, 1940, Bd.VIII, 3-69,60.

9 Robert Con Davis. "Introduction: Lacan and Narration" Robert Con Davis. Hg. *Lacan and Narration.* a.a.O.,857.

10 Ebda,854.

11 Peter Brooks. *Reading for the Plot.* New York: Vintage Books, 1985,XI.

12 Ebda.,33.

13 Klaus Theweleit. *Männerphantasien.* a.a.O. Bd.II,406.

14 Gerda Pagel. *Lacan zur Einführung.* a.a.O.,127.

15 Ebda.,17.

16 Deleuze und Guattari. *Rhizom.* Berlin: Merve, 1977,55.

17 Gerda Pagel. *Lacan zur Einführung.* a.a.O.,126.

18 Ebda.,12.

19 Michel Foucault. *Die Archäologie des Wissens*. Frankfurt am Main: suhrkamp,1973,82.

20 Manfred Frank. *Was ist Neostrukturalismus?* a.a.O.,443.

21 Deleuze und Guattari. *Rhizom*. a.a.O.,15.

22 Ebda.,10.

23 Ebda.,40.

24 Ebda.,24.

25 Ebda.,16.

26 Ebda.

27 Ebda.,26f.

28 Manfred Frank. *Was ist Neostrukturalismus?* a.a.O.,443.

Schluß

Die Unangemessenheit des Begriffs Arbeiterschriftsteller im Falle des Arbeiters und Schriftstellers Wolfgang Hilbig

schön ist der dilettanten aufstand im orchestergraben.
Wolfgang Hilbig[1]

Ich habe Wolfgang Hilbigs Sprachtraumata von verschiedenen Seiten betrachtet und sie als den wichtigsten Bestandteil seiner *Ausdrucksmaschine* erkannt, welche kein Ich, sondern ein Wir zum Verfasser hat. Ein Wir, das die "Verdammten dieser Erde"(DB,147) repräsentiert, die in jeder Hinsicht "Herabgewürdigten"(EÜ,154). Ein solches Schreiben, aus Gründen des Selbstschutzes "lange geheimgehalten", wird Hilbigs eigenen Worten zufolge "aufständisch gegen die Akademie"; in seinem Diskurs tritt "neben flüchtig gestreifte Bildung das Ungebildete als eine ebenbürtige Größe"(ZP,203). Dieser Aufstand gegen die Bildung ist, wie wir sahen, einer gegen die Verbildung, welche etwa annimmt, "etwas wie Geist ließe sich entwickeln oder ausbreiten ohne die Mittel, die zur Ausführung von Gedanken nötig sind(...), die geistigen Produktionsmittel" (DB,88), und aus diesem Irrtum heraus einen Begriff wie jenen des Arbeiterschriftstellers kreiert.

> Das *Mitleid* des Bildungsbürgertums–machen wir uns nichts vor, genau dieses, wenn nicht geistfeindliche, so doch sehr klassenbewußte Empfinden hat irgendwann einmal den Begriff *Arbeiterschriftsteller* geprägt–stürzt sich mit seiner ganzen differenzierten und wohlabgewogenen Wut, mit der ganzen Palette seiner Urteilskraft auf das eine Talent, das in den unteren Klassen gesichtet wird. Und es geschieht, was geschehen mußte, die Überzeugung, daß die eigentliche Heimstatt

> des Geistes das Bildungsbürgertum ist, wird erneut konsolidiert, das Talent wird eine Nummer zur Bewunderung, eine Ausnahme.(DB,87)

Wir haben auch gesehen, wieso für einen, der als Arbeiterschriftsteller apostrophiert wird, "der Tod in dieser Konstellation"(EÜ,73) lauern muß, und genau jener ist es, gegen den Hilbig mit seiner *Ausdrucksmaschine* ficht. Beinahe könnte man sagen, es ist die unterschiedliche Bewertung des Todes, die Hilbigs Literaturbegriff von jenem des sozialistischen Realismus unterscheidet. "Mit ihrem Tod", so heißt es im Lehrbuch *Der sozialistische Realismus,* "preisen die Helden die Unsterblichkeit der Sache der Revolution, denn nur für das wahrhaft Heilige, Teure und Ewige kann man freudig und stolz das Wertvollste geben, das der Mensch besitzt, das Leben."[2] Hilbigs *Ausdrucksmaschine,* sie unterminiert jede Art geistige Haltung, die mit Begriffen des Heiligen, Teuren, Ewigen operiert und damit folgerichtig den Tod verklärt. Der Protagonist des Textes *Eine Übertragung* findet einen Namen für diese Haltung: das "männliche() Bewußtsein"(EÜ,198). Und da für Hilbig alles Bewußtsein männlich ist, versucht er in seiner *Ausdrucksmaschine,* die Kräfte des Unbewußten und seiner Wunschflüsse, damit den Körper, zu mobilisieren. Einer feministischen Überzeugung zufolge könnten allein Frauen die von dem männlichen Bewußtsein geschaffenen Strukturen aufbrechen. Deleuze fügt hinzu: auch kleine Jungs vermögen dies, sofern sie stottern oder Linkshänder sind[3]. Hilbigs Text vor Augen können wir ergänzen: ebenso Männer, sofern sie wie Büchners Woyzeck oder Hilbigs Protagonist solch unterprivilegierten Klassen zugehören, daß ihnen die Ausbildung eines männlichen Bewußtsein versagt bleiben muß. "Unterhalb des Lebens sitzen(d)" starren sie hinauf, "voll Neid auf alles Menschliche" (DW,80). Etwas wie Tod scheint aus dieser Perspektive kaum attraktiv. Die unterdrückte Klasse ist Benjamin zufolge der wirkliche Aufbewahrungsort für historisches Wissen. Interessiert sich einer für die Geschichte Mitteldeutschlands in den 50er, 60er, 70er Jahren des zwanzigsten Jahrhunderts, so lese er etwa bei Hilbig über die Befindlichkeit der Arbeiter in der alten Abdeckerei nach, jener absolut Unterprivilegierten, die "Wurzeln und Rechte nie gehabt hatten"(AA,65).

Ich habe Hilbigs Text einer *kleinen Literatur* zugeordnet, weil dies der einzige Begriff zur Bezeichnung von Texten ist, die sich gegen all die Etiketten sperren, mit denen wir Literatur gewöhnlich zu bekleben pflegen, ein Begriff für das Andere. Dabei geht es Deleuze und Guattari zufolge "um 'Werden' aller Art"[4], sei es das Tierwerden bei Kafka, das Frau- oder Erdewerden bei Hilbig, kurz, um das Anders-Werden als einer Fluchtlinie aus den bestehenden Strukturen. Das Ergebnis sind Wolfgang Hilbig zufolge keine Texte mehr, in denen sich "lediglich Namen und Individuen präsentieren"(ZP,201), sondern anonyme Texte, in denen, ähnlich wie den Sagen, "der dialogische Charakter der Sprache"(ZP,199) nicht unterdrückt wird. Auf diese Weise ermöglichen sie, unzensiert und rhizomatisch, den Ausdruck kollektiver Erfahrungen.

Für die weitere Forschung über Wolfgang Hilbigs Texte erscheint es mir angebracht, eine Konkordanz zu erstellen. Wahrscheinlich wird diese meinen Eindruck bestätigen, daß Wolfgang Hilbig nicht im engeren Sinn sprachschöpferisch arbeitet. Er ist äußerst innovativ insofern, als er sich unentwegt selbstkritisch über die Vorausetzungen seines eigenen Schreibens zurückbeugt. Die Folge ist freilich ein Schreibakt, der—als eine unendliche Bewegung innerer Spiegelungen—in der Tendenz "nichts anderes als sich selbst bezeichnet."[5] Und derlei Schreibakte sind es genau, die wir heute als Literatur genießen, anstatt ihrer Aufforderung nachzukommen, mittels ihrer Spiegel die Konstitution unserer Subjektivität selbstkritisch zu hinterfragen. Sogar Texte einer *kleinen Literatur*, in einem vom Prinzip des Warentauschs beherrschten Kontext gedruckt und vermarktet, wirken damit ungewollt kompensatorisch.

Fußnoten

1 Wolfgang Hilbig. "prosa meiner heimatstraße" a.a.O., 96.

2 *Der sozialistische Realismus*. a.a.O., 210.

3 Gilles Deleuze. *Logique du Sens*. a.a.O., 10.

4 Deleuze und Guattari. *Rhizom*. a.a.O., 35.

5 Michel Foucault. *Die Ordnung der Dinge*. Frankfurt a.M.: Suhrkamp, 1974, 368.

Bibliographie

Bahro, Rudolf. *Die Alternative*. Reinbek bei Hamburg: Rowohlt, 1980.

Becker, Jurek. "Zum Spitzeln gehören immer zwei" *Die Zeit*. 3.8.1990.

Berührung ist nur eine Randerscheinung. Hrsg. von Erb, Elke und Anderson, Sascha. Köln: Kiepenheuer& Witsch, 1985

Bogue, Ronald. *Deleuze and Guattari*. London and New York: Routledge, 1989:121.

Braun, Volker. *Unvollendete Geschichte*. Frankfurt: Suhrkamp, 1977.

Brooks, Peter. *Reading for the Plot*. New York: Vintage Books, 1985.

"Bücherspiegel" *Der Spiegel*. 49 (1989).

Bürger, Peter. *Theorie der Avantgarde*. Frankfurt: Suhrkamp, 1974.

DDR-Handbuch. Bd.I. Köln: Verlag Wissenschaft und Politik, 1985.

Cersowsky, Peter. *Phantastische Literatur im ersten Viertel des 20. Jahrhunderts*. München: Fink, 1983.

Con Davis, Robert. "Introduction: Lacan and Narration" *Lacan and Narration*. Hrsg. Con Davis, Robert. Baltimore and London: The John Hopkins University Press, 1983.

Deleuze, Gilles und Guattari, Felix. *Kafka Pour une Littérature Mineure*. Paris: Les Éditions de Minuit, 1975.

——. *Anti-Ödipus*. Frankfurt a.M.: Suhrkamp, 1988.

——. *Rhizom*. Berlin: Merve, 1977.

Deleuze, Gilles und Parnet, Claire. *Dialoge*. Frankfurt a.M.: Suhrkamp, 1980.

Deleuze, Gilles. *Francis Bacon: The Logic of Sensation*. Paris: Edition de la difference, 1981.

——. *Logique du Sens*. Paris: Les Éditions de Minuit, 1969.

Der sozialistische Realismus. Leipzig: VEB Bibliographisches Institut, 1979.

Derrida, Jaques. *Grammatologie*. Frankfurt: Suhrkamp, 1983.

Domday, Horst. "Die DDR- Literatur als Literatur der Epochenillusion. Zur Literaturgeschichtsschreibung der DDR-Literatur" *Die DDR im vierzigsten Jahr*. Köln: Edition Deutschlandarchiv, 1989.

Drawert, Kurt. "Dieses Jahr, dachte ich, müßte das Schweigen der Text sein" *CONstructiv*. 5(1992).

dtv Brockhaus in 20 Bänden. München: dtv, 1989.

Emmerich, Wolfgang. "Gleichzeitigkeit. Vormoderne, Moderne und Postmoderne" *Text und Kritik*. Sonderband: Bestandsaufnahme Gegenwartsliteratur, 1988.

Endler, Adolf. "Nachwort" Hilbig, Wolfgang. *Zwischen den Paradiesen*. Leipzig: Reclam, 1992.

Felman, Shoshana. "Beyond Oedipus: The Specimen Story of Psychoanalysis" *Lacan and Narration*. Hrsg. Con Davis, Robert. Baltimore and London: The John Hopkin University Press, 1983.

Foucault, Michel. *Die Archäologie des Wissens*. Frankfurt a.M.: Suhrkamp, 1973.

——. *Die Ordnung der Dinge*. Frankfurt a.M.: Suhrkamp, 1974.

——. "Preface" Deleuze, Gilles und Guattari, Felix. *Anti-Oedipus*. Minneapolis: University of Minnesota Press, 1990.

——. *Überwachen und Strafen*. Frankfurt a.M.: Suhrkamp, 1989.

Frank, Manfred. *Was ist Neostrukturalismus?* Frankfurt a.M.: Suhrkamp, 1984.

Freud, Siegmund. *Psychologische Schriften*. Frankfurt: Fischer, 1982.

Fuchs, Jürgen. "Heraus aus der Lüge und Ehrlichkeit herstellen" *Frankfurter Rundschau*. 21.12.1991.

Fühmann, Franz. *Fräulein Veronika Paulmann aus der Pirnaer Vorstadt oder etwas über das Schauerliche bei E.T.A. Hoffmann*. München: dtv, 1984.

Gallas, Helga. *Kontroversen im Bund proletarisch- revolutionärer Schriftsteller*. Neuwied und Berlin: Luchterhand, 1971.

Göttsche, Dirk. *Die Produktivität der Sprachkrise in der modernen Prosa*. Frankfurt: Athenäum, 1987.

Heimann, Bodo. "Progressive Universalpoesie und Avantgardismus" *Perspektiven der Romantik*. Hrsg. Reinhard Görisch. Bonn: Bouvier: 1987.

Heise, Ulf. "Müdigkeit über dem Weichbild des Aufbaus" *Thüringer Tageblatt*. 6.6.1991.

Henrich, Rolf. *Der vormundschaftliche Staat*. Leipzig und Weimar: Gustav Kiepenheuer, 1990.

Hesse, Egmont. *Sprache & Antwort*. Frankfurt a.M.: Fischer, 1988.

Hilbig, Wolfgang. *Abwesenheit*. Frankfurt a.M.: Fischer, 1979.

——. *Alte Abdeckerei*. Frankfurt a.M., 1991.

——. *Der Brief*. Frankfurt a.M.: Fischer, 1985.

——. *Die Weiber*. Frankfurt a.M.: Fischer, 1987.

——. *Die Versprengung*. Frankfurt a.M.: Fischer: 1986.

——. *Eine Übertragung*. Frankfurt a.M.: Fischer, 1989.

——. *Unterm Neomond*. Frankfurt a.M.: Fischer, 1982.

——. *Zwischen den Paradiesen*. Leipzig: Reclam, 1992.

——. *Die Territorien der Seele*. Berlin: Friedenauer Presse: 1986.

——. "prosa meiner heimatstraße" *Neue Rundschau* 2(1990).

Jäger, Manfred. *Kultur und Politik in der DDR*. Köln: Edition Deutschlandarchiv, 1982.

Kant, Hermann. "Die Waffen des Gewissens" *Zu den Unterlagen. Publizistik 1957-1980*. Berlin: Aufbau- Verlag, 1981.

Kant, Immanuel. *Werke*. Berlin: Georg Reimer, Bd.V. 1908.

——. *Kritik der reinen Vernunft*. Hamburg: F. Meiner, 1965.

Kittler, Friedrich A. "Das Phantom unseres Ich und die Literaturpsychologie: E.T.A. Hoffmann–Freud–Lacan." *Urszenen*. Frankfurt a.M.: Suhrkamp, 1977.

Klemperer, Victor. *LTI*. Leipzig: Reclam, 1990.

Kolbe, Uwe. "Kern meines Romans" *Bestandsaufnahme2*. Halle und Leipzig: Mitteldeutscher Verlag, 1981.

Königsdorf, Helga. *Adieu DDR*. Reinbek bei Hamburg: Rowohlt, 1990.

Kristeva, Julia. "The true-real" *The Kristeva Reader*. Hrsg. Toril Moi. New York: Columbia University Press, 1986.

Kunert, Günter. *Der Sturz vom Sockel*. München, Wien: Hanser, 1992.

Lacan, Jaques. *Ecrits*. New York and London: Norton, 1977.

Leonhard, Wolfgang. *Die Revolution entläßt ihre Kinder*. Köln: Kiepenheuer & Witsch, 1987.

Lyotard, Jean Francis. "Complexity and the Sublime" *Postmodernism. ICA Documents*. London: FAB, 1989.

——. *The postmodern Condition: A report on Knowledge*. Minneapolis: University of Minnesota Press, 1984.

Maaz, Hans-Joachim. *Der Gefühlsstau. Ein Psychogramm der DDR*. Berlin: Argon, 1990.

Müller, Heiner. *Stücke*. Leipzig: Reclam, 1989.

Naumann, Michael. *Die Geschichte ist offen*. Reinbek bei Hamburg: Rowohlt, 1990.

Neumann, Gert. *Die Klandestinität der Kesselreiniger*. Frankfurt a.M.: Fischer, 1989.

——. *Elf Uhr*. Frankfurt, a.M.: Fischer, 1981.

Neutsch, Erik. *Die Spur der Steine*. Halle: Mitteldeutscher Verlag, 1967.

Nietzsche, Friedrich. *Kritische Studienausgabe*. München: dtv, 1988.

Novalis. *Schriften*. Hrsg. von Paul Kluckhohn und Richard Samuel. Stuttgart: W. Kohlhammer, 1960-1975.

Pagel, Gerda. *Lacan*. Hamburg: Junius, 1989.

Richter, Hans. "Gespräch mit Wolfgang Kohlhaase" *Sinn und Form*. 5(1979).

Saße, Günter. "Der Kampf gegen die Versteinerung der Materie Wirklichkeit durch die Sprache" *DDR- Jahrbuch*. Hrsg. von Klussmann, Paul Gerhard und Mohr, Heinrich, Bonn: Bouvier, 1987.

Schlegel, Friedrich. *Kritische Schriften*. München: Hanser, 1971.

Schmitt, Hans Jürgen. "Die journalistische Bedeutung neuerer Erzählformen" *Hansers Sozialgeschichte der deutschen Literatur*. Bd.V. München und Wien: Hanser: 1983.

Schlosser, Hans Dietrich. *Die deutsche Sprache in der DDR*. Köln: Verlag Wissenschaft und Politik, 1990.

Schulte-Sasse, Jochen. "Der Begriff der Literaturkritik in der Romantik" *Geschichte der deutschen Literaturkritik*. Stuttgart: Metzlersche Verlagsbuchhandlung, 1985.

——. "Das Konzept bürgerlich- literarischer Öffentlichkeit und die historischen Gründe seines Zerfalls" *Aufklärung und literarische Öffentlichkeit*. Frankfurt a.M. Suhrkamp, 1980.

——. "Notes on Imagination, Time, Narration" Manuskript.

——. "Literarische Wertung: Zum unausweichlichen Verfall einer literaturkritischen Praxis" *Zeitschrift für Literaturwissenschaft und Linguistik*. 71(1988).

——. "Foreword" Sloterdijk, Peter. *Thinker on stage: Nietzsches Materialismus*. Minneapolis: University of Minnesota Press, 1989.

Schulz, Genia. "Graphomanien" *Merkur*. 41(1987).

Simpson, Patricia A. "Where the Truth lies: Silence in the Prose of Gert Neumann" Paper, vorgetragen auf der GSA-Tagung in Los Angeles, Oktober 1991.

Sloterdijk, Peter. *Der Denker auf der Bühne. Nietzsches Materialismus*. Frankfurt a.M., 1986.

Smith, Barbara Herrnstein. *Contingencies of Value*. Cambridge, Mass. and London: Harvard University Press, 1988.

——. "Narrative Versions, Narrative Theories" *On Narrative*. Hrsg. Mitchell, W.J.T. Chicago and London: The University of Chikago Press, 1980.

Statut der sozialistischen Einheitspartei Deutschlands. Berlin: Dietz Verlag, 1976.

Stendhal. *La Chartreuse de Parme*. New York: G.H. Richmond & Co.,1896.

Strittmatter, Erwin. *Ole Bienkopp*. Berlin: Aufbau-Verlag: 1963.

Süßkind, Patrick. *Das Parfüm*. Zürich: Diogenes, 1985.

Theweleit, Klaus. *Männerphantasien*. Reinbek bei Hamburg: Rowohlt, 1987.

White, Hayden. "The Value of Narritivity in the Representation of Reality" *On Narrative*. Hrsg. Mitchell, W.J.T. Chikago and London: The University of Chicago Press, 1980.

Wittstock, Uwe. "Kellerreden von Jack the Ripper" *Frankfurter Allgemeine Zeitung*. 28.11.1987.

Wolf, Christa. *Kassandra*. Berlin: Aufbau- Verlag, 1990.

——. *Kein Ort Nirgends*. Darmstadt, Neuwied: Luchterhand, 1979.

——. *Was bleibt?* Frankfurt a.M.: Luchterhand, 1990.

Zivilverteidigung 9. Berlin: Volk und Wissen, 1985.

Žižek, Slavoj. *Die Grimassen des Realen* Köln: Kiepenheuer& Witsch, 1993.

Žižek, Slavoj. "Le Stalinisme: Un Savoir Decapitonne" *Analytica*. 33 (1983).

——. *Looking awry*. Cambridge, Mass. and London: MIT Press, 1991.

——. *The sublime Object of Ideology*. London and New York: Verso, 1989.

Index